er ausgebildete Winzer ist passionierter
en sowie Geräte zum Heimrösten.

Hans Baluschek, „*Hier können Familien*
f Pappe, erscheint mit freundlicher
andesmuseum für Jugendstil, Art Deco und

logie des Weines © 1980, Eugen Ulmer KG,

hmigung der Stiftung Stadtmuseum Berlin,

CC BY-SA 2.0, Flickr

NC-ND 2.0, Flickr
s, CC BY 2.0, Flickr
en, wenn nicht anders vermerkt, angefertigt

Nationalbibliothek
et diese Publikation in der
e bibliografische Daten sind
ar.

-Produktion GmbH, Göttingen
wickau

Der Autor

Claus Fricke lebt und arbeitet in Berlin. I
Kaffeeröster und vertreibt Rohkaffeeboh

Abbildungsnachweis

Seite 181: Die Reproduktion des Gemäld
Kaffee trinken", 1895, Mischtechnik a
Genehmigung des Bröhan-Museum,
Funktionalismus, Berlin.

Seite 189, 190 und 196 aus: Troost, Techn
Stuttgart.

Seite 15, 24 und 27: Mit freundlicher Gen
Berlin.

Seite 19: Chales Haynes, Roasting Coffee,

Seite 34, 132: Simon Kraßort

Seite 59: RoZis, Flickr

Seite 131: rytc, Coffee plantation, CC BY-

Seite 175: Christy, Haru in the French Pre

Alle anderen Abbildungen und Fotos wur
von Martin Meyer, Nürnberg.

FSC www.fsc.org MIX Papier aus verantwortungsvollen Quellen FSC® C110508

Bibliografische Information der Deutsche
Die Deutsche Nationalbibliothek verzeich
Deutschen Nationalbibliografie; detaillier
im Internet über http://dnb.d-nb.de abru

3., aktualisierte Auflage 2017

Lotzestraße 22a, D-37083 Göttingen
www.werkstatt-verlag.de

Satz und Gestaltung: Die Werkstatt Medie
Druck und Bindung: Westermann Druck

ISBN 978-3-89533-563-1

es beiden über einen gewissen Zeitraum Preissicherheit gewährleistet und damit zumindest mittelfristig ein wirtschaftliches Vorgehen bei der Erzeugung von Produkten ermöglicht, die den Launen der Natur ausgesetzt sind und zudem meist nicht länger gelagert werden können, ohne zu verderben.

Im Lauf der 150-jährigen Geschichte der Agrarrohstoffbörsen trat dieser Konstellation jedoch noch ein dritter Teilnehmer bei: der Spekulant. Sein Geschäft ist das Beurteilen und Beeinflussen der (Fehl-)Einschätzungen des Marktes auf Seiten der Produzenten und Händler. Angebot und Nachfrage, die beiden Grundparameter jedes funktionierenden Marktes, haben für ihn nur im Hinblick auf ihre zeitliche Entwicklung und Divergenz Bedeutung: Am Rohstoff selbst hat der Spekulant keinerlei Interesse. Er erzielt seinen Gewinn allein mit Wetten auf sinkende oder steigende Preise.

Um zu vermeiden, dass der Rohstoffumsatz an den Warenterminbörsen jenseits der realwirtschaftlichen Angebots-Nachfrage-Verhältnisse allzu stark durch Spekulation beeinflusst wird, gab es einmal sogenannte Positionslimits, d.h. eine Obergrenze an Futures pro Spekulant. Diese Handelsbeschränkung wurde dank erfolgreicher Lobbyarbeit und begünstigt durch den Zeitgeist des Neoliberalismus vor ca. zehn Jahren komplett abgeschafft, mit der Folge, dass mittlerweile nur noch um die 10 % der Umsätze an den Rohstoffbörsen auf Produzenten und Händler zurückgehen. Die restlichen 90 % werden durch Wetteinlagen erzielt. Der unlimitierte Kauf von Futures führt zum Aufbau massiver Preisblasen bei den Rohstoffen. Beim Kaffee beträgt die Menge, die in Futures gehandelt wird, mehr als das Zwanzigfache der weltweiten Jahresernte! Damit ist die eigentliche Absicht von Rohstoffbörsen, Preis- und Planungssicherheit für Produzenten, Händler und auch Verbraucher herzustellen, einer für Mensch und Erde völlig verantwortungslosen – und bei den Grundnahrungsmitteln sogar todbringenden – Spekulationsgier der Banken, Versicherungen und Hedgefonds zum Opfer gefallen.

Verschärfend kommt hinzu, dass die eigentliche Arbeit dieser Heimtücke, Niedertracht und Schäbigkeit heute von Computern mit immer ausgetüftelteren Programmen vollbracht wird. Sie verschieben in Sekundenbruchteilen reale Geldsummen, also Geld, das einmal von Menschen durch ihre Arbeitskraft und mit Hilfe der Ressourcen unseres Planeten erwirtschaftet wurde, in der Größe ganzer Volkswirtschaften rund um den Globus und lassen das Karussell dieses Irrsinns sich schneller und schneller drehen.

Es ist aber unser aller Planet Erde. Jeder Haushalt, der seinen Kaffee wieder selbst röstet, steigert die direkte private Nachfrage nach Rohkaffeebohnen und ebnet einem Markt den Weg, der für Mensch wie Erde zuträglicher und gerechter ist.

Vorwort zur ersten Auflage

Haben Sie schon einmal einen Kaffee getrunken, der aus gerade erst zwölf Stunden zuvor gerösteten Bohnen zubereitet wurde? Für mich war es eine Offenbarung – die sinnliche Erfahrung einer Kostbarkeit unseres Planeten, die ich zuvor nicht gekannt habe. Nie wieder wollte ich einen anderen Kaffee trinken. Damit fingen aber auch die Schwierigkeiten an: Die Suche nach frischgeröstetem, also höchstens vier Tage altem Röstkaffee gleicht der berühmten Suche nach der Stecknadel im Heuhaufen. Zwar gibt es in den Großstädten inzwischen wieder kleine Betriebe, die das Kaffeerösten als eine Handwerkskunst betreiben. Sie sind eine echte Bereicherung auf dem langweiligen Kaffeemarkt und beteuern auch gerne, dass ihre Röstung nicht mehr als vier Tage zurückliegt. Jedoch hat mir die Tasse leider oft anderes berichtet. Das ist freilich verständlich: Die Nachfrage nach den einzelnen Kaffeeprovenienzen ist allzu unregelmäßig, und geröstet wird erst, wenn die Schütte leer ist, was nicht selten einige Wochen oder Monate dauert. Ganz verloren war ich in den kleinen Städten, wo nach wie vor nur der Supermarkt oder der Bäcker mit ihren hinlänglich bekannten Kaffeeleichen aufwarten.

Mittlerweile weiß ich, dass das heimische Kaffeerösten nicht schwieriger ist als Eierkochen oder Plätzchenbacken. Und so wundere ich mich darüber, dass nicht jeder seine Bohnen selbst röstet. Allein schon der Duft von 1001 Kaffeearomen (so viele sind es tatsächlich ungefähr), der während des Röstens und noch lange danach die Wohnung durchzieht, ist es wert, sich mit dieser einfachen Garkunst der Küche wieder vertraut zu machen. „Wieder" deshalb, weil es vor nicht allzu langer Zeit die Regel und nicht die Ausnahme war, den Kaffee zu Hause zu rösten. Es trägt zur Lebensfreude bei und lässt Sie mit jeder Privatröstung neu entdecken, was Kaffee, was Espresso eigentlich sein kann.

Auch weitere Gründe sprechen für die Wiederbelebung des heimischen Kaffeeröstens: erstens die langfristige Steigerung der Qualität der Rohkaffeebohnen und zweitens die Erzielung fairer Preise für die Kaffeeanbauer, die es wahrlich bitter nötig hätten.

Am Kaffeemarkt lässt sich besonders gut beobachten, was die Globalisierung mit ihren Tendenzen zur Deregulierung und Privatisierung bewirken kann: nämlich eine privat organisierte Planwirtschaft hervorzubringen. Soweit man beim Kaffee überhaupt noch von Markt sprechen kann, wird er

Die personifizierte Europa trinkt Kaffee (Lithographie um 1840).

von den fünf größten Kaffeeröstern (Nestlé, Kraft, Procter & Gamble, Sara Lee, Tchibo) mit ihren standardisierten Marken kontrolliert. Die 25 Millionen Rohkaffeeproduzenten (70% der weltweit gehandelten Rohkaffeebohnen werden von kleinen Familienbetrieben erzeugt), die mit den Rohkaffeebohnen einst ihre Lebensgrundlage gesichert haben, geraten zunehmend unter Druck, denn ihnen werden von den mächtigen Marktführern die Verkaufspreise für ihre Produkte diktiert. Auch lokale Exporteure verschwinden unter dem Druck der internationalen Konkurrenz. Und ganze Staaten, die zur Steigerung ihrer Deviseneinnahmen die Kaffeeproduktion gefördert haben (Burundi erwirtschaftet ca. 80 % seiner Devisen mit Kaffee-Exporten, Äthiopien 54 %), geraten in die Schuldenfalle: Sie können ihren Bedarf an ausländischen Waren nur über Kredite decken.

Für die fünf Röstriesen hingegen funktioniert dieses Marktmodell blendend. So heißt es im Geschäftsbericht 2001 von Tchibo, dass der „Konzernbereich Kaffee von einer günstigen Entwicklung der Rohkaffeepreise profitiert" habe und dadurch der Jahresüberschuss „überproportional" um 47 % auf 181 Mio. Euro angestiegen sei. Auf Kosten der Rohkaffeeproduzenten: Die können mit dem heutigen Erlös für ihre Produkte nur noch ein Viertel dessen kaufen, was ihnen der Erlös vor 40 Jahren ermöglichte: Unverarbeitete Kaffeekirschen kosten derzeit zwischen 10 und 20 Cent pro Kilo, ein Preis, der meist unterhalb der Produktionskosten liegt.

Zwar sind seit März 2005 die Kaffeepreise in den Verbraucherländern auf ca. 70 Cent pro Pfund gestiegen, und die Konzerne haben bereits vorsorglich weitere Preissteigerungen angekündigt. Die Großröster reichen die wachsenden Energie- und Transportkosten an die Verbraucher durch. Auch die Beschaffungskosten sind seit Ende 2004 für die Großröster gestiegen – zum einen, weil das größte Kaffeeanbaugebiet der Welt, Brasilien, eine Dürreperiode zu überstehen hatte, zum anderen, weil den Investmentgesellschaften, Hedgefonds, Pensionskassen und Privatleuten Rohstoffe wie Öl und Metalle zu teuer geworden sind und daher vermehrt Agrar- und Tropenprodukte als sogenannte Investitionsobjekte entdeckt werden. Investition heißt hier die Wette auf steigende oder fallende Preise. Nachdem beim Kaffee jahrelang auf fallende Preise gesetzt worden ist, geht es Anfang 2007 in die entgegengesetzte Richtung. So ist der Rohkaffeepreis an der New Yorker Börse binnen kurzer Zeit um 25 % gestiegen. Auch diese Kostensteigerungen sollen an die Verbraucher weitergereicht werden.

Die eigentlichen Produzenten der Kaffeebohnen jedoch bekommen von der plötzlichen Wertsteigerung ihres Produktes nichts ab – Weltmarktpreis ist nicht gleichbedeutend mit Produzentenpreis. Im Gegenteil werden die Großeinkäufer sie wohl eher darauf hinweisen, dass die Transport- und Verarbeitungskosten gestiegen seien und der Absatz bei den Verbrauchern aufgrund der höheren Preise stagniere. Zudem ist mit Vietnam ein ganz neues Kaffeeland auf den Weltmarkt gestoßen, das in der Kaffeeproduktion mittlerweile direkt hinter Brasilien und knapp vor Kolumbien auf Platz zwei steht und mit seiner Robusta-Ernte regelmäßig für ein Überangebot an Rohkaffeebohnen sorgt. Damit wird der Druck auf die Erzeuger, ihre Verkaufspreise zu senken, eher noch größer werden.

Die Folgen dieser Entwicklung sind eine weiterhin dramatisch sinkende Qualität der Rohkaffeebohnen sowie immense Umweltprobleme: Überdüngung, intensive chemische Schädlingsbekämpfung, extreme Anfälligkeit für Krankheiten usw. Noch vor einigen Jahren haben die Kaffeebauern generell mit der Hand geerntet, um sicherzustellen, dass nur die reifen roten Kaffeekirschen gepflückt würden; die unreifen, grünen ließ man zum Reifen noch am Zweig und erntete sie erst später. Meist überwachten die staatlichen Behörden der jeweiligen Erzeugerländer dieses selektive Ernten durch strenge Qualitätskontrollen. Unter dem Druck des seinerzeitigen extremen Preisverfalls setzte sich jedoch allmählich die mechanisierte und späte Ernte durch, und diese Tendenz wird sich unabhängig von der Preisentwicklung noch fortsetzen, ja verstärken. Wie schon jetzt werden auch weiterhin reife und unreife, schwarze und faulende Kaffeekirschen gleichzeitig gepflückt, was die Kosten für wiederholtes Ernten spart. Diesen eigentlich ungenießbaren Rohkaffee-Mix „veredeln" die Röstkonzerne mit Hilfe ausgefeilter Industrietechnologien zu standardisierten Kaffeemischungen, die aus bis zu 20 Kaffeeprovenienzen bestehen. Die Rohkaffeebohnen werden von den Großröstern heute nur als eine Art Rohstofflieferant gebraucht, aus dem bestimmte Geschmacksbausteine für unterschiedliche Markentypen extrahiert werden. Beim industriellen Rösten geht es also nicht mehr um eine optimale Geschmacksvielfalt, sondern um die Herstellung bestimmter Geschmacksbausteine für die Marken. Manche Kaffeearomen haben mittlerweile schon Patentnummern.

Das vorliegende Buch hat es zum Ziel, dem Kaffeeliebhaber fundierte Kenntnisse über das Kaffeerösten zu vermitteln und ihn in die Lage zu versetzen, wie ein Profi bei sich zu Hause in Kleinstmengen Kaffee zu rösten. Wenn Sie das Buch gelesen und ein wenig Rösterfahrung gesammelt haben, werden Sie in der Lage sein, jederzeit aus frischgerösteten Bohnen einen Kaffee herzustellen, der die im Supermarkt gekaufte Ware geschmacklich um Längen übertrifft. Je mehr Kaffeeliebhaber dies tun, desto größer wird die private Nachfrage nach guten und sehr guten Kaffeebohnen werden. Auf dieser Grundlage könnte zwischen Kaffeeproduzent und Kaffeekonsument eine direkte Handelsbeziehung aufgebaut werden, die es dem Kaffeeproduzenten, einem Winzer gleich, erlauben würde, die Verkaufspreise für seine Produkte selbst zu bestimmen.

Ein Kaffeeliebhaber, der zu Hause mit jeder Privatröstung neu entdeckt, was Kaffee, was Espresso eigentlich sein kann, wird irgendwann auch den Wunsch haben, unterschiedliche Sorten, Anbauregionen, Aufbereitungsarten etc. kennenzulernen. Dazu sollte er die Rohkaffeebohnen möglichst direkt beim Produzenten einkaufen. Über das Internet könnte ein Kontakt zwischen Produzent/Genossenschaft und Verbraucher hergestellt werden. Wie im Weinhandel würde der Produzent sichtbar, bekäme einen Namen und eine Adresse, an die sich der Verbraucher wenden könnte. Dort erführe er dann auch aus erster Hand mehr über die zum Kauf angebotenen Rohkaffeebohnen: Botanische Arabica-Varietät, Bodenart, wo und in welcher Höhe gewachsen, wie gepflückt, wie aufbereitet, wie war das Kaffeejahr usw. Dass gute Bohnen ihren Preis haben, wäre dann selbstverständlich.

Rohkaffee hat zudem den Vorteil, dass er ohne nennenswerten Qualitätsverlust mindestens zwei Jahre lang gelagert werden kann. Die Ansprüche hinsichtlich der Lagerbedingungen (trocken, dunkel, nicht zu warm) können in jeder Mietwohnung erfüllt werden. Wie der Weingenießer, der leidenschaftlich bemüht ist, ein paar gute Tropfen auf Lager zu haben, so könnte auch der Kaffeegenießer also einige gute Bohnen vorhalten: z.B. ein 2006er Kenia AA; gewaschen; Arabica-Varietät: SL-28; Region Nyeri; Karatina Town-Genossenschaft. Oder ein 2006er Sumatra; one; semi-washed; Arabica-Varietät: Sumatra; Region: Zentral-Sumatra; Gajo Mountain Mill. Auch ein 2007er Äthiopien Yirgacheffe gehört in ein gut sortiertes Kaffeelager: Grad Two; gewaschen; Arabica-Varietät: Heirloom; Region: Yirgacheffe (in Sidamo); M.A.O. Lot 2007.

Der Kaffeeanbauer wiederum wird in einem solchen Handelsumfeld bemüht sein, die territorialen und botanischen Feinheiten seiner Arabica-Pflanzen herauszuarbeiten, um interessierte Kunden zu gewinnen und zu halten. Die Zukunft des Kaffees wird, zur Freude der Kaffeeanbauer und -liebhaber gleichermaßen, größtmögliche Vielfalt anstelle des heutigen Einerleis sein. Was das bedeutet, male man sich zur Veranschaulichung einmal beim Gegenbeispiel Wein aus: Wie wäre es, wenn Jahr für Jahr die gesamte Weinproduktion der Welt zu ca. 80 % vermischt und dann von fünf Großkonzernen in ein paar standardisierten Weintypen – etwa: voll und rund, mild und aromatisch, kräftig und würzig – abgefüllt und als „Weinkrönung" verkauft würde: geschmacklich und kulturell ein Graus.

Die Vielfalt an Kaffeegenuss braucht der beim Wein nicht nachzustehen. Diese hoffnungsvolle Vision hat lediglich eine kleine Voraussetzung: Der Kaffee muss, der Kaffee darf wieder zu Hause geröstet werden. Dazu benötigen Sie ein paar Begriffe und Kenntnisse (da, frei nach Kant, Anschauung ohne Begriffe blind ist), die Sie sich auf den folgenden Seiten aneignen können. Vergessen Sie aber über dem Lesen nicht, das Gelernte mit Muße in die Praxis umzusetzen (da, wiederum frei nach Kant, Wissen ohne Anschauung leer bleibt). Die Kaffeeanbauer und Kaffeeliebhaber sagen Ihnen schon jetzt ein herzliches Dankeschön.

Einleitung

Kleine Kulturgeschichte des häuslichen Kaffeeröstens

Uralte Verfahren in der Provinz Kaffa

Wie und warum wir einst auf die Idee kamen, die Kerne der roten Kaffeekirschen zu rösten und aus den gerösteten Kernen eine trinkbare Flüssigkeit zu bereiten, ist uns nicht mehr bekannt. Umso mehr wissen wir heute darüber, wie wir Rohkaffeebohnen durch die Röstung veredeln und daraus einen wunderbaren Kaffee herstellen können. Dass dies auch heute noch für Kleinstmengen ohne Wissenschaft und technischen Aufwand möglich ist, zeigen uns die Menschen im Hochland von Äthiopien. Mit ganz einfachen Mitteln rösten die Haushalte in der dortigen Provinz Kaffa, die als die Urheimat der Kaffeepflanze gilt, einen exzellenten Kaffee.

Bewerkstelligt wird dies mit einem gusseisernen Stövchen, einer flachen, konkaven Blechpfanne, einem handlichen Holzhaken (oder Löffel) und Rohkaffeebohnen, die aus den roten Kaffeekirschen der naheliegenden Urwälder stammen. Im Stövchen wird mit Holzkohle eine satte Glut erzeugt und das Blech aufgesetzt (siehe Bild rechts oben). Dann werden zwei Handvoll Bohnen, die kurz zuvor gewaschen wurden, in die Pfanne geworfen und mit dem Holzhaken sorgfältig bewegt und gewendet, damit keine Bohne etwa schwarze Brandflecken bekommt. Schon nach wenigen Minuten verfärben sich die Rohkaffeebohnen, ein subtiler Qualm steigt auf, es beginnt zu knistern und zu knacken, umwerfende, fast betäubende Kaffeearomen entweichen den nunmehr aufgeblähten Bohnen und verzaubern den ganzen Raum. Der Röster – meist ist es eine Rösterin – ist jetzt sehr konzentriert bei der Sache, wendet und bewegt die Bohnen unablässig mit dem Haken. Ist eine bestimmte Röstfarbe erreicht, wird die Pfanne ganz schnell vom Feuer gezogen; die heißen, gleichmäßig braunen, glänzenden Bohnen werden in einen Mörser geschüttet und zusammen mit etwas Kardamom zu Pulver zerstampft. Dieses Kaffeemehl wird anschließend in eine dünnhalsige, schwarze Tonkanne befördert, mit warmem Wasser aufgefüllt und in der Kanne zweimal aufgekocht – schon kann der Bunna, wie dieser Kaffee in Äthiopien heißt, verkostet werden: schwarz glänzend, wie poliertes Ebenholz, blumige, fruchtig-feine Säure, leicht pfeffrig, herrlicher Körper mit einer unglaublichen Tiefe.

Manchem mag diese Art des Kaffeeröstens banal erscheinen. Hinter dem einfachen Verfahren steht jedoch ein Erfahrungsschatz, der von vielen Generationen zusammengetragen worden ist und wohl auf der ursprünglichen Methode basiert, den Kaffee zu rösten. Ihm lässt sich praktisch das gesamte Wissen entnehmen, das für das Selbströsten wesentlich ist: Oberstes Ziel muss immer sein, die Bohnen so zu rösten, dass sie innen wie außen eine gleichmäßige Farbe bekommen; sie müssen gar sein und nicht etwa außen braun und innen noch roh. Den richtigen Gargrad erreichen wir durch eine angemessene, sanfte Hitzequelle – nicht zu viel und nicht zu wenig Hitze – und durch eine gleichmäßige Übertragung der Hitze in die Bohnen. In Kaffa geschieht dies durch den Kontakt der Bohnen mit dem heißen Blech und durch das sorgfältige Bewegen und Wenden der Bohnen, mit dem vermieden wird, dass sie schwarz werden, also anbrennen, was unweigerlich den Geschmack ruinieren würde. Schließlich kommt es darauf an, die Röstung im richtigen Moment abzubrechen und die Bohnen danach entweder gleich weiterzuverarbeiten oder aber sie in einen bereits vor Röstbeginn bereitgestellten Behälter zu geben und durch Rühren abzukühlen.

Verborgen bleibt uns bei einem solchen Röstvorgang die fortlaufende „Kommunikation“ des Rösters mit den Bohnen: Er oder sie achtet darauf, welche Geräusche und Düfte die Bohnen während des Röstens entwickeln, wann das erste Knacken und Knistern beginnt und wieder beendet ist, wann das zweite Knacken beginnt – das mehr einem Verbrennen trockener Tannennadeln gleicht – und wann die Bohnen zu rufen scheinen: Es reicht, sofort abbrechen, sonst verderben wir.

Kaffeerösten in Europa ab 1670

In Kaffa wird nach wie vor der Kaffee auf der heimischen Feuerstelle geröstet. Und dies war auch in Europa so, nachdem das Kaffeegetränk dort bekannt geworden war – zumindest in den ersten 200 Jahren.

In Deutschland wurde der Kaffee erst spät, um 1670, eingeführt. Da zunächst ausschließlich Rohkaffeebohnen erhältlich waren – den Beruf des Kaffeeröster gab es ja noch nicht – sah man sich vor die Aufgabe gestellt, das Rösten zu Hause selbst vorzunehmen.

Zur damaligen Zeit befand sich die technische Anlage der Küche in einem Umbruch. Im Mittelalter war der Herd, ursprünglich ein offenes Feuer auf dem Fußboden, auf Tischhöhe aufgemauert worden, um das Kochen zu erleichtern; es wurde aber weiter am offenen Feuer gearbeitet. Der Rauch zog durch Türen und Fenster ins Freie. Hilfsmittel beim Kochen und Braten waren Dreifuß, Kesselhaken, Bratroste, Halteböcke, Spieße. Gegen Ende des Mittelalters kamen Rauchfang und Schornsteine in Mode. Der Herd rückte an die Wand. Noch bevor der Kaffee in Europa bekannt wurde, gab es die ersten Kochherde mit einer kupfernen Platte mit Löchern zum Einsetzen von Kochtöpfen. Sie waren aber vorerst die Ausnahme. Die Regel war um 1700 der aufgemauerte Herd mit offener Feuerstelle.

Die ersten Kaffeehaushaltsröster waren deshalb auch für diesen Herdtyp konzipiert. Es waren eiserne Rösttrommeln, also Hohlzylinder, durch die mittig ein eiserner Kurbelspieß gesteckt wurde. Der Zylinder wurde zur Hälfte mit Rohkaffeebohnen gefüllt (diese verdoppeln ihr Volumen während der Röstung) und verschlossen. Den Spieß legte man dann auf zwei Halteböcke, so dass der Kaffee über dem offenen Herdfeuer wie ein Spießbraten mit der Hand gedreht wurde. Die beim Rösten so wichtige Kontrolle des Röstverlaufs war hier natürlich eingeschränkt, da die Veränderung der Bohnenfarbe nicht direkt beobachtet werden konnte. Wahrscheinlich haben die damaligen Heimröster sich ausschließlich auf Nase, Ohren, Zeit und Erfahrung verlassen, was ja auch völlig ausreicht. Wie bei der offenen Blechpfannenröstung ist Trommelröstung Kontaktröstung. Lediglich ist die Bewegung der Bohnen durch Rotation ersetzt. Kontaktröstung blieb bis 1954 die einzige Methode, Röstwärme in die Bohnen zu bringen.

Geräte für das Abkühlen der frischgerösteten Bohnen gab es zu dieser Zeit noch nicht. Ob man überhaupt bemüht war, die noch heißen Bohnen nach dem Rösten extra abzukühlen, ist unbekannt. Wenn ja, dann gab man sie vermutlich in eine Schüssel und kühlte sie durch Rühren. Im Morgenland hingegen existierten zu dieser Zeit bereits Geräte, die ausschließlich der Abkühlung der heißen Bohnen dienten.

Ende des 18. Jahrhunderts standen in den europäischen Küchen die gemauerten und meist mit Kacheln und Marmor verkleideten Sparherde. Erstmals war jetzt die Feuerstelle umschlossen. Sie bestand aus einer den Feuerraum abschließenden Feuertür, einem Rost, auf den das Feuer gesetzt wurde, und dem Aschenfall. Brennmaterialien waren Holz, Torf und verschiedene Kohlearten (Anthrazit, Steinkohle, später die Eierkohlen und Briketts). Die Kochfläche war anfangs aus Ziegeln gemauert oder bestand aus kupfernen Platten mit Löchern, später dann aus gusseisernen Herdplatten. In die eisernen Herdplatten waren Öffnungen eingearbeitet, die mit jeweils zwei bis vier Ringen und einem Deckel verschlossen wurden. Gab es Bedarf an einer „Blitzkochplatte“, wurden je nach Topfdurchmesser Deckel und Ringe herausgenommen und der Topf passgenau direkt in den Feuerraum gesetzt. Sparöfen waren ein Quantensprung in der Küchenherdgeschichte und, in immer ausgeklügelteren Varianten, praktisch bis Anfang 1950 in jedem europäischen Haushalt in Gebrauch.

Parallel zu diesen Neuentwicklungen entstanden zwangsläufig auch neue Arten von Haushaltsröstern, in denen fortan am heimischen Herd nicht nur Kaffee geröstet wurde, sondern auch Braunmehl, Roggen, Weizen, Gerste, Braumalz, Eicheln, Feigen, Brombeerblätter u.a. Es handelte sich dabei um offene, später mit einem Deckel versehene Pfannen, auch Pauken genannt, die meist aus Eisen, später auch aus emailliertem oder vernickeltem Stahl, Messing oder Aluminium hergestellt wurden. Sie waren mit niedrigem oder hohem Rand sowie einem Holzgriff versehen. Die Rohkaffeebohnen schüttete man in die Pfanne und setzte diese auf die Herdplatte oder auf eine Ringöffnung in den Feuerraum; eine Hand hielt den Pfannengriff, die andere rührte stetig mit einem Kochlöffel durch die Bohnen. War der gewünschte Röstgrad erreicht, wurde die Pfanne vom Feuer gezogen und in eine kühle Schüssel geleert. Dort rührte man dann die heißen Bohnen so lange um, bis sie genügend abgekühlt waren.

Diese Röstpfannen wurden mit grobem Haushaltssalz und Zeitungspapier gereinigt, indem man das Salz mit dem Papier so lange in die Pfanne einrieb, bis das Papier nicht mehr braun wurde, und danach so lange mit frischem Papier nachrieb, bis an einem feuchten Finger, der über die geputzte Fläche fuhr, kein Salzgeschmack mehr haften blieb. Später, ab 1920, gab es diese Röstpfannen auch mit einem Scharnierdeckel und einem Rührwerk ähnlich dem des Passiersiebs „Flotte Lotte". Auch sie waren zum Einsetzen in ein Herdplattenloch konstruiert, also mit einem breiten Rand versehen, der ringförmig um die Pfannenaußenwand verlief, entweder mittig oder oberkantig. Sie konnten auch auf einen Spiritus-, Gas- oder Elektrokocher gestellt werden. Der Deckel, der in geschlossenem Zustand der Erhaltung der Rösthitze in der Pfanne diente, konnte zwecks Begutachtung der Röstfarbe der Kaffeebohnen zur Hälfte aufgeklappt werden.

Klassische Pauke (Ende 19. Jh.) für Sparherde

Elektrischer Heimröster, halbautomatisch: gedreht wird mit der Hand.

Für kurze Zeit kamen auch kugelförmige Röster in Mode; sie waren mit einem mechanischen Rührwerk ausgestattet und wurden wie die Pfannen auf bzw. durch ein Ringloch in den Feuerraum gesetzt. Auch die zylindrischen Trommelröster waren in modifizierter Form weiterhin in Gebrauch. Da die Halteauflagen für die Spießstange bei den neuen Herdtypen wegfielen, wurden sie kurzerhand in den Röster integriert, zum Beispiel in der Weise, dass in ein Eisenblech eine Öffnung geschnitten wurde und die Halterungen auf die entstandenen Ränder gesetzt wurden. Die Platte mit der in den Halterungen liegenden Trommel konnte man dann über eine geöffnete Herdplatte setzen. Bei manchen Trommelröstern war das Trommelblech perforiert, bei anderen nicht, und es gab noch viele weitere sinnreiche Erfindungen.

Zum Ende des 19. Jahrhunderts war dann in der Küchenherdgeschichte eine weitere Entwicklung zu verzeichnen: Die seit Beginn des Industriezeitalters erworbenen Kenntnisse in der Hüttentechnik erlaubten es nunmehr, transportable Eisenherde herzustellen. Zugleich war die seit 1800 begonnene Verteilung von Leuchtgasanlagen an die Haushalte, seit 1882 auch die hochgespannte Elektrizität, so weit fortgeschritten, dass sich in den Küchen eine neue Energiequelle anbot. In diese Zeit fiel auch der bis heute größte Innovationsschub bei den Kaffeehaushaltsröstern. Zahlreiche Neukonstruktionen kamen bis 1939 auf den Markt. Für viele dieser kleinen, transportablen, vom Herdfeuer unabhängigen Haushaltsröster wurde ein Patent angemeldet, so dass sie durch die in den nationalen Patentämtern noch heute archivierten

Patentschriften gut dokumentiert sind. Als Wärmequelle diente ihnen vorwiegend Holzkohle, die in einem Eisenstövchen glühte, über dem eine zylindrische oder kugelförmige Rösttrommel mit Hilfe einer Handkurbel gedreht wurde. Diese Trommel wurde auf zwei Halterungen gelagert und halb gefüllt mit Rohkaffeebohnen. Ein Konstrukteur integrierte sogar als selbsttätigen Antrieb einen Uhrwerkmechanismus. Dies blieb aber meines Wissens eine Ausnahme.

In den zwanziger Jahren verwandte man für die Erzeugung der notwendigen Rösthitze meist Gaskocher, ab den dreißiger Jahren vermehrt Stromkocher. In dieser Zeit gab es auch die ersten zylindrischen Haushaltsröster, in die elektrische Heizstäbe eingebaut waren. Gedreht wurde aber weiterhin mit der Hand.

Da bis weit in die fünfziger Jahre des 20. Jahrhunderts hinein in den Normalhaushalten überwiegend die Kohle-Sparherde standen, blieben auch die unverwüstlichen Kaffeepauken für das Rösten von Rohkaffeebohnen weiterhin in Gebrauch. Doch nahm das heimische Kaffeerösten ab den zwanziger Jahren merklich ab.

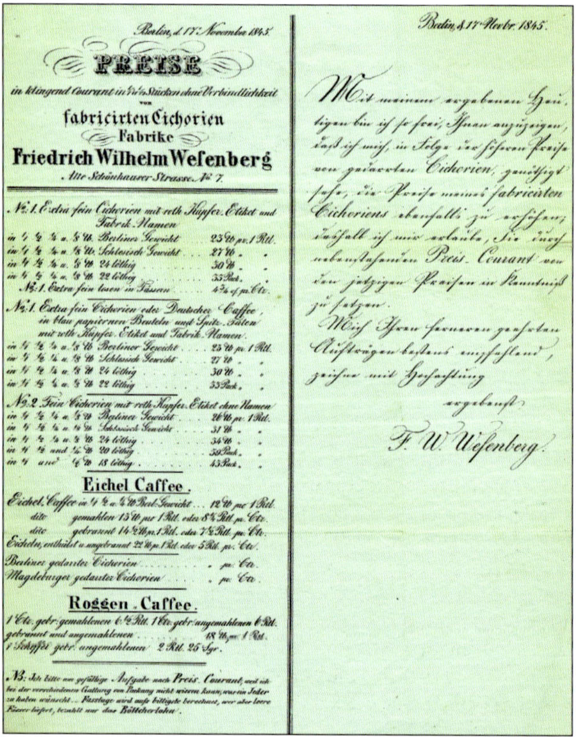

Berlin, d. 17. November 1845.

PREISE

in klingend Courant in 1/6 u. 1/3 Stücken ohne Verbindlichkeit von

fabricirten Cichorien

Fabrike

Friedrich Wilhelm Wesenberg

Alte Schönhauser Strasse No 7.

No 1. Extra fein Cichorien mit roth Kupfer-Etiket und Fabrik-Namen

in 1/1 1/2 1/4 u. 1/8 ℔ Berliner Gewicht ... 23 ℔ pr. 1 Rtl.
in 1/1 1/2 1/4 u. 1/8 ℔ Schlesisch Gewicht ... 27 ℔ " "
in 1/1 1/2 1/4 u. 1/8 ℔ 24 löthig ... 30 ℔ " "
in 1/1 1/2 1/4 u. 1/8 ℔ 22 löthig ... 33 Pack " "
No 1. Extra fein losen in Fässern ... 4 3/4 pr. Ctr.

No 1. Extra fein Cichorien oder Deutscher Caffee, in blau papiernen Beuteln und Spitz-Düten mit roth Kupfer-Etiket und Fabrik-Namen.

in 1/1 1/2 1/4 u. 1/8 ℔ Berliner Gewicht ... 25 ℔ pr. 1 Rtl.
in 1/1 1/2 1/4 u. 1/8 ℔ Schlesisch Gewicht ... 27 ℔ " "
in 1/1 1/2 1/4 u. 1/8 ℔ 24 löthig ... 30 ℔ " "
in 1/1 1/2 1/4 u. 1/8 ℔ 22 löthig ... 33 Pack " "

No 2 Fein Cichorien mit roth Kupfer-Etiket ohne Namen

in 1/1 1/2 1/4 u. 1/8 ℔ Berliner Gewicht ... 26 ℔ pr. 1 Rtl.
in 1/1 1/2 1/4 u. 1/8 ℔ Schlesisch Gewicht ... 31 ℔ " "
in 1/1 1/2 1/4 u. 1/8 ℔ 24 löthig ... 34 ℔ " "
in 1/1 1/2 und 1/4 ℔ 20 löthig ... 39 Pack " "
in 1/1 und 1/4 ℔ 18 löthig ... 43 Pack " "

Eichel Caffee.

Eichel-Caffee in 1/1 1/2 u. 1/4 ℔ Berl. Gewicht ... 12 ℔ pr. 1 Rtl.
dito gemahlen 13 ℔ pr 1 Rtl. oder 8 3/4 Rtl. pr. Ctr.
dito gebrannt 14 1/2 ℔ pr. 1 Rtl. oder 7 1/2 Rtl. pr. Ctr.
Eicheln, enthülst u. ungebrannt 22 ℔ pr. 1 Rtl. oder 5 Rtl. pr. Ctr.

Berliner gedarrter Cichorien ... pr. Ctr.
Magdeburger gedarrter Cichorien ... pr. Ctr.

Roggen-Caffee.

1 Ctr. gebr. gemahlenen 6 1/2 Rtl. 1 Ctr. gebr. ungemahlenen 6 Rtl.
gebrannt und ungemahlenen ... 18 ℔ pr. 1 Rtl.
1 Scheffel gebr. ungemahlenen 2 Rtl. 25 Sgr.

NB: Ich bitte um gefällige Aufgabe nach Preis-Courant, weil ich bei der verschiedenen Gattung von Packung nicht wissen kann, was ein Jeder zu haben wünscht. – Fastage wird aufs billigste berechnet, wer aber leere Fässer liefert, bezahlt nur den Böttcherlohn.

Berlin, d. 17. Novbr. 1845.

Mit meinem ergebenen Heutigen bin ich so frei, Ihnen anzuzeigen, daß ich mich in Folge der höheren Preise von gedarrten Cichorien, genöthigt sehe, die Preise meiner fabricirten Cichoriens ebenfalls zu erhöhen; weshalb ich mir erlaube, Sie durch nebenstehenden Preis-Courant von den jetzigen Preisen in Kenntniß zu setzen.

Mich Ihren ferneren geneigten Aufträgen bestens empfehlend, zeichne mit Hochachtung

ergebenst

F. W. Wesenberg.

Preisliste aus der Berliner Zichorienfabrik Wesenberg, 1845.

Schwarzröster und Hightech-Geräte

Bis 1781, also während der ersten 100 Jahre nach Einführung des Kaffees in Deutschland, wurde Kaffee hierzulande ausschließlich von eigener Hand geröstet und nur als Rohkaffee gehandelt. Mittlerweile wurde er natürlich auch besteuert. Die Folge war, dass die Bohnen unter der Hand gehandelt wurden, und zwar so erfolgreich, dass 1781 Friedrich II., der preußische König, sich genötigt sah, den gesamten Kaffeehandel in Preußen zu verstaatlichen. Andere Länder folgten diesem Beispiel. Von diesem Zeitpunkt an durfte Kaffee nur noch in festgelegten Staatlichen Brandhäusern geröstet werden; die heimische Röstung war strengstens verboten. Zur Durchsetzung seiner Verordnung schickte Friedrich II. sogenannte „Kaffeeriecher" – vom Volksmund als „Schnüffler" verspottet – herum, die riechend darüber zu wachen hatten, dass nicht privat geröstet wurde.* Es sind aber keine Gerichtsakten aus dieser Zeit bekannt, aus denen hervorginge, dass ein Schwarzröster sich vor Gericht hätte verantworten müssen. Mit dem Tode Friedrichs 1786 wurde das staatliche Kaffeemonopol wieder aufgehoben. Die Staatlichen Brandhäuser wurden dann zum Ausgangspunkt eines bis dahin unbekannten Handwerksgewerbes: Kaffeeröster.

Der Übergang von der privaten über die staatliche zur gewerblichen Röstung vollzog sich nur langsam. Teilweise übernahmen die seit 1769 gegründeten Zichorienfabriken auch die Röstung von echtem Kaffee – eine ungute Aufgabenverquickung –, teilweise lag die Kaffeeröstung in den Händen kleinerer Kolonialwaren- und Lebensmittelhandlungen.

Die technischen Entwicklungen im Verkehrswesen – Dampfschifffahrt und Eisenbahn – begünstigten eine erhöhte Einfuhr von Rohkaffeebohnen und führten zu einem größeren Angebot an geröstetem und ungeröstetem Kaffee. Der Verbrauch des begehrten Artikels Kaffee stieg sprunghaft an, und damit wiederum wuchs der Bedarf an gewerblichen Röstmaschinen.

---

* Der vollständige Wortlaut der „Königl. allergnädigste Verordnung, den Verkauf des gebrannten Kaffees betreffend" vom 21. Januar 1788, kann im Internet unter folgender Adresse nachgelesen werden: *web-archiv.staatsbibliothek-berlin.de/altedrucke.staatsbibliothek-berlin.de/Rechtsquellen/index.html*, „Digitale Quellen" anklicken, Klapp-Menü von NCC öffnen, hier „Bd. 7, 1781" anklicken, dann auf der dortigen blau unterlegten Taskleiste „Inhalt" anzeigen lassen, im „Chronologischen Register von 1781" Punkt 4 „Auszug aus der Königl. Allergnädigsten Verordnung de dato den 21. Jan. 1781. den Verkauf des gebrannten Caffees betreffend" anklicken (ganz rechts VII. 93-95, d. 21. Jan. 1781) und mit Hilfe der Pfeiltaste in der blau unterlegten Taskleiste blättern; der Auszug der Kaffeeverordnung hat insgesamt zwei Seiten.

Die Firmen J. M. Lehmann (seit 1850) und Friedrich Müller (seit 1856) gehörten zu den ersten, die sich mit Konstruktion und Bau gewerblicher Röstmaschinen für Kaffee, aber auch für Kakao, Feigen, Getreide u.a. beschäftigten. Während diese beiden Firmen nicht mehr existieren, produziert die 1868 in Emmerich am Rhein gegründete Firma van Gülpen, Lensing & Gimborn bis heute industriemäßig Röstmaschinen. Die Gruppe firmiert inzwischen unter dem Namen Probat, benannt nach ihrem um 1880 auf den Markt gebrachten Koksschnellröster *Probat*, einem bewährten Shopröster, der noch heute in modifizierter Form angeboten wird und bei den kleinen Ladenröstbetrieben äußerst beliebt ist. Bis zum Jahre 1900 hatte die Firma Probat 50.000, 34 Jahre später schon 100.000 Gewerberöster verkauft. Allein an diesen Zahlen lässt sich ablesen, dass Kaffeerösten zu Hause nicht mehr selbstverständlich war.

Ein Grund, es dennoch zu tun, war die Gewissheit, dass man dann reinen Kaffee in der Tasse hatte und keinen mit Zichorien, Gerste, Roggen, Weizen, Feigen, Rübenschnitzeln, Eicheln oder anderen Zutaten gestreckten Ersatz. Auch Zuckerkaramel und Maltodextrin werden gerne zugesetzt – was übrigens heute noch gesetzlich erlaubt ist; es muss allerdings auf der Verpackung angegeben werden. Und der Kaffee darf dann nicht mehr als „Röstkaffee“ deklariert werden.

Und natürlich sprach der Preis für den Kauf von Rohkaffee, der ca. vier Fünftel unter dem für fertiggeröstete Bohnen lag: 1900 kostete 1 kg gerösteter Kaffee umgerechnet 1,50 Euro, 1 kg Rohkaffeebohnen dagegen nur ca. 0,30 Euro. Auch heute kosten Rohkaffeebohnen aus Spitzenlagen im Vergleich zum Röstkaffee weniger als die Hälfte, durchschnittlich gute Bohnen sogar noch weniger. Gegen die Eigenröstung wiederum sprachen vor allem der Arbeitsaufwand und die schwankende Qualität der Röstergebnisse. Kaffeerösten zu Hause erfordert Muße, und in jener Zeit war die Haushaltsführung noch harte, zeitraubende Arbeit: Wäsche musste mit der Hand gewaschen, die Kleidung großenteils selbst gefertigt werden; Brennmaterialien wurden geschleppt, um sieben Monate im Jahr die Öfen des Hauses und ganzjährig den Küchenherd in Gang halten zu können. Das Essen musste täglich eingekauft und nach Hause getragen werden, denn Kühlschränke gab es noch nicht; bei der Zubereitung der täglichen Mahlzeiten war oftmals eine Großfamilie zu bedenken. Es galt, eine meist größere Kinderschar zu versorgen, die Wohnung sauberzuhalten und noch viele andere tägliche Mühen zu bewältigen. Das Kaffeerösten war da eher eine lästige Pflicht, mit der die Hausfrau meist das älteste Kind betraute. So waren angebrannte Bohnen wohl eher die Regel als die Ausnahme.

Trotz der Fortschritte in der Herdtechnik war es seinerzeit nicht einfach, gute Röstergebnisse zu erzielen. Die Form der Röstpfannen hatte den Nach-

Die Kaffeeriecher, Holzstich nach einem Gemälde von L. Katzenstein, 1892.

teil, dass selbst mit Rührwerk ein gleichmäßiges Rösten kaum möglich war, nehmen doch die Kaffeebohnen mit ihrer flachen Seite eine äußerst stabile Lage auf dem heißen Pfannenboden ein. Einige der Bohnen bleiben daher zu lange unbewegt im Kontakt mit dem heißen Eisenboden und verkohlen. Auch das Material, dickes Gusseisen, ist aus heutiger Sicht völlig ungeeignet fürs Rösten, da es zu lange braucht, um heiß zu werden, dann aber die Hitze um so intensiver abgibt, besonders wenn die Pfanne direkt im Feuer steht. Blechpfannen, wie man sie in Äthiopien verwendet, sind bei weitem geeigneter. Die von Adolf Spinner Ende des 19. Jahrhunderts in Offenbach im Schwarzwald gebauten Haushaltskugelröster mit Rührwerk brachten in dieser Hinsicht einen Fortschritt. Zylindrische Trommelröster, die dieses Problem ohnehin nicht hatten, waren als Herdröster nicht mehr so verbreitet.

Vor diesem Hintergrund bedeutete der Kauf von bereits geröstetem Kaffee, auch wenn er im Vergleich zur Rohware ziemlich teuer war, schlicht eine Arbeitserleichterung und manchmal auch Qualitätsverbesserung.

Mit den Marken- und Warenzeichengesetzen von 1874 und 1894 wurde der Weg dafür bereitet, dass Firmen ihre Marken gesetzlich schützen lassen und auf diese Weise ein Alleinstellungsmerkmal gegenüber den Konkurrenten aufbauen konnten. Im Kaffeehandel war damit ein großer Schritt zur Etablierung gewerblicher Kaffeeröster getan. Die gerade entstehende Werbebranche, früher treffender „Reklamemacher" genannt, die seit 1855 flächendeckende Aufstellung von Litfaßsäulen sowie die neuen, auflagenstarken Boulevardzeitungen mit Reklameanzeigen taten ein Übriges.

Während des Ersten Weltkrieges und kurz danach stieg die Nachfrage nach Haushaltsröstern nochmals stark an, wobei in jener Notzeit sicherlich das Rösten von Getreide oder Eicheln eine wichtige Rolle spielte. Danach aber ging sie kontinuierlich zurück, bis die zehn verbliebenen Röstmaschinenhersteller in Deutschland die Produktion von Haushaltsröstern einstellten. Gleichzeitig stieg die Zahl der gewerblichen Kaffeeröster in Deutschland bis 1939 auf ca. 6.000. 1939, mit Beginn des Zweiten Weltkrieges, wurde die Einfuhr von Rohkaffeebohnen verboten und das heimische Rösten wieder unter Strafe gestellt. Immerhin hielten ca. 2.000 gewerbliche Röster bis zum Kriegsende durch, hauptsächlich durch die Herstellung von Kaffee-Ersatz (Malz-, Gerstenkaffee etc.). In den Privathaushalten wurde – zumindest in den ersten Kriegsjahren – trotz Verbots vielfach weiterhin Kaffee geröstet, nur eben heimlich. Viele hatten noch Rohkaffeebohnen im Vorrat, der nun wie ein Schatz gehütet und nur zu besonderen Anlässen angegriffen wurde. Dann wurden alle Ritzen an Türen und Fenstern fest mit Baumwolldecken abgedichtet. Einer passte auf der Straße auf, und während und nach der Röstung musste die Küchentür fest verschlossen bleiben. Geröstet wurde meist in einer Pauke.

Mit der Währungsreform von 1948 kamen nach neun Jahren erstmals wieder Rohkaffeebohnen nach Deutschland, allerdings in furchtbarer Qualität und mit stolzen 30 DM pro kg Steuern belastet. Wie zu Zeiten des Alten Fritz blühte allerorts der Kaffeeschwarzmarkt, und die Bohnen wurden wie Trüffeln gehandelt. Erst 1953 sank die Kaffeesteuer auf 3 DM (heute 2,19 Euro/kg). Bis weit in die sechziger Jahre hinein blieb Kaffee teuer, aber ungemein beliebt und begehrt: ein Luxusartikel.

1954 ereignete sich dann eine kleine Revolution in der Rösttechnik. Seit Hunderten von Jahren war die Übertragung der Hitze in die Rohkaffeebohnen ausschließlich durch den Kontakt der Bohnen mit dem heißen Metall erfolgt. 1954 röstete die Firma Heimbs in Braunschweig erstmals mit einem bereits 1926 zum Patent angemeldeten, aber erst jetzt technisch ausgereiften sogenannten Aerotherm-Verfahren, bei dem eingeblasene Heißluft die Bohnen bewegt und gleichzeitig allseitig Wärme in sie überträgt. Röstmaschinen, die mit Heißluftzufuhr (Konvektion) rösten, heißen heute allgemein Fluid-Bed-Roaster. Das Verfahren erlaubt eine ungemein schnelle Röstung und damit die Erhaltung von Aromen, die bei den längeren Trommel-, d.h. Kontaktröstungen, verloren gehen. Fluid-Bed-Roaster ermöglichen des Weiteren wiederholbare, sekundengenaue Röstungen. Das heißt jedoch nicht, dass Konvektionsröstung ein qualitativ besseres Röstergebnis hervorbrächte als Kontaktröstung. Freilich auch kein schlechteres (wenn man die Bohnen nicht gerade in 60 Sekunden röstet, was bei den Fluid-Bed-Roastern möglich wäre), sondern es entsteht einfach ein anderes Röstprofil.

Das Aerotherm-Verfahren, die Perfektionierung der Vakuum-Verpackung und der Beginn der Fernsehwerbung veränderten parallel zum Strukturwandel im Lebensmittelhandel (also dem Übergang vom kleinen Spezialgeschäft zum Supermarkt) das Kaffeegeschäft grundlegend. In den sechziger Jahren gab es bundesweit nur noch ca. 600 Röster. Einige von ihnen erkannten schnell, dass Geld nur über die Masse verdient werden kann; Kaffeevielfalt stört da nur. So beschränkte man sich meist auf höchstens vier Geschmacksrichtungen (fein, aromatisch elegant; aromareich und würzig; mild und herzhaft; sehr mild und vollmundig), stellte sie aus verschiedenen Kaffeeprovenienzen so preiswert wie möglich zusammen, gab ihnen einen Markennamen und startete umfangreiche Werbekampagnen. Kaffee wurde so für den Verbraucher immer erschwinglicher und ist heute so preiswert wie nie zuvor.

Vom heimischen Kaffeerösten war ab den sechziger Jahren praktisch keine Rede mehr. Fragt man heute noch danach, so lautet meist die erstaunte Gegenfrage: „Ja, geht das denn zu Hause überhaupt?" Die Zahl der gewerblichen Kaffeeröster schrumpfte weiter auf ca. 200. Anscheinend war damit aber die Talsohle erreicht: Seit den neunziger Jahren steigt die Zahl der gewerblichen Röster wieder an. Das hat wohl vor allem mit dem neuen Trend zum guten Essen und Genießen und der damit verbundenen Nachfrage nach authentischen, unverfälschten Lebensmitteln zu tun. In vielen Städten gibt es wieder kleine Röstbetriebe, die nach alter Handwerkskunst Kaffee rösten und meist zwischen fünf und zehn Kaffeeprovenienzen anbieten. Das ist eine überaus erfreuliche Entwicklung auf dem so eintönig gewordenen Kaffeemarkt.

Der wahre Kaffeeliebhaber würde seine Bohnen nie im Geschäft *mahlen* lassen: Er hat in seiner Küche eine gute Kaffeemühle stehen. Gemahlen wird nur nach Bedarf und kurz vor der Zubereitung einer Tasse oder Kanne. Der logische zweite Schritt müsste für den Genießer sein, auch die *Röstung* zu Hause vorzunehmen. Nur so ist ein kompletter Kaffeegeschmack möglich. Glücklicherweise werden auf dem Markt mittlerweile sehr gute Heimröstmaschinen angeboten. Und dass das Kaffeerösten keineswegs eine lästige Hürde auf dem Weg zu einer guten Tasse Kaffee, sondern vielmehr pure Lebensfreude ist, können wir den Kindheitserinnerungen des italienischen Dramatikers, Regisseurs und Schauspielers Eduardo de Filippo entnehmen, der 1900 in Neapel geboren wurde und 1984 in Rom verstarb. Lauschen wir seinem ungekürzten Bericht.

L'abbrustulaturo (Der Kaffeeröster)

Eine Erinnerung von Eduardo de Filippo

Um das Jahr 1908 lebten wir in der Vico Ascensione im Stadtteil Chiaia, Haus Nummer 13. In dieser Querstraße zur Via dei Mille wiederholte sich, wie in so vielen anderen Straßen und Gässchen Neapels, allmorgendlich zu früher Stunde ein besonderes, den weniger wohlhabenden Familien wie den vermögenderen Kaffee-Süchtigen gleichermaßen unentbehrliches Ritual: das Kaffeerösten; denn wer die ungerösteten Bohnen kaufte, sparte Geld, und das heimische Rösten erforderte nichts weiter als Geduld und Geschicklichkeit. Die notwendige Menge wurde alle ein oder zwei Wochen hergestellt, je nach Bedarf, Budget und Begehrlichkeit einer jeden Familie. Und da das Ritual natürlich nicht überall gleichzeitig stattfand, kauerte also jeden Tag auf irgendeiner Terrasse oder irgendeinem Balkon eine Hausfrau oder ein Großvater und drehte die Kurbel des Kaffeerösters. Bevor ich weitererzähle, mag es sinnvoll sein, eine Beschreibung dieses Gerätes zu geben, das für die meisten Neapolitaner bereits nur mehr in der Erinnerung existiert.

Es handelte sich um einen 30 bis 60 Zentimeter langen Zylinder bzw. eine Trommel mit einem Durchmesser von etwa 15 Zentimetern. An seinem einen Ende steckte ein langer Stift, an dem anderen eine Handkurbel. Den Rohkaffee füllte man durch eine in der Mitte des Zylinders befindliche Klappe, die hernach mittels eines Hakens wieder gut verschlossen wurde. Der kleine Röstofen bestand aus einer rechteckigen „Schachtel" mit Füßchen, die wie der Zylinder aus Metall war und auf deren Boden der Rost lag, auf dem die Kohlestückchen entzündet wurden. Jede der beiden Seitenwände hatte eine kleine Aussparung: In die eine konnte der Stift des Zylinders eingelassen werden, in die andere, genau gegenüber gelegene, die Kurbel. War dies vollbracht, so konnte der Röstvorgang beginnen.

Kleine Parenthese: Warum sprach ich von Terrassen und Balkonen? Weil die stark ölhaltigen Kaffeebohnen beim Rösten einen dichten Rauch entwickelten, der in einem geschlossenen Raum unerträglich gewesen wäre, unter freiem Himmel dagegen nicht die geringste Unannehmlichkeit verursachte, sondern im Gegenteil, indem er sich in der Luft verteilte und vom Winde fortgetrieben wurde, der gesamten Nachbarschaft zur Freude gereichte.

Durch das Drehen der Handkurbel purzelten die Bohnen durcheinander, stiegen und fielen immer wieder aufs Neue gegen die glühend heiße Trommelwand, bis sie den richtigen Röstgrad erreicht hatten. Von Zeit zu Zeit nahm man den *abbrustulaturo* aus seinem Halt und schüttelte ihn ein paar Mal, um die Beeren klappern zu hören und aus diesem Geräusch auf ihr Gewicht zu schließen, denn im Laufe des Röstvorgangs brannten sie ein und wurden dadurch immer leichter. Damit war es aber nicht getan – auch ihre Farbe galt es im Auge zu behalten, indem man ab und zu die Klappe im Zylinder öffnete und einen prüfenden Blick hineintat; und wenn sie ein mönchskuttendunkles Braun angenommen hatten, nahm man den Zylinder sofort vom Feuer und schüttete die siedenden Beeren auf ein großes Tablett oder einen Teller aus Terrakotta, wo man sie mit einem Holzlöffel gut verteilte und so lange weiterbewegte, bis sie erkaltet waren. Mit jedem Scharren des Löffels stiegen Wolken von Rauch auf, die ihrerseits einen köstlichen, durchdringenden, unwiderstehlichen Duft verströmten …

Auch ich, der ich mich um diese Stunde noch in den Laken räkelte in dem Bemühen, den Zeitpunkt hinauszuschieben, da ich würde aufstehen und zur Schule gehen müssen, sprang, kaum hatte das verführerische Arom meine Nase erreicht (und das tat es sogar bei geschlossenem Fenster!), voll Tatendrang und Vorfreude auf den neuen Tag aus dem Bett. Auf diese Weise wurde mir der Kaffee, lange noch bevor ich die Erlaubnis erhielt, ihn zu trinken, zum Weckmittel und Symbol des Tagesanbruchs.

Der Duft des frischgerösteten Kaffees, einer der herrlichsten Wohlgerüche überhaupt, begleitete mich beim Waschen und Anziehen, beim Frühstück, das aus einer Milchsuppe bestand, welche ich mit Appetit löffelte, und während ich die Stufen hinunterlief … Auf der Straße war der Geruch dann schwächer, weil Rauch eher nach oben steigt als herabzusinken, aber er blieb mir durch die Stimmen, die ich vernahm, gleichwohl gegenwärtig. Wie erfreuten mich die Rufe, die von einem Fenster zum anderen schallten, den ganzen Weg über von meinem Zuhause bis zur Schule! „Ahh, welch ein Kaffeeduft, welche Herrlichkeit!“, sang der Chor der Straßenverkäufer.

Ein filigranes Fräulein wandte sich an eine Matrone mit gewaltig auftoupiertem schwarzem Haar und frug: „Meine Dame, haben *Sie* Ihren Kaffee schon gemacht?“, worauf die andere erwiderte: „Natürlich –!

Wir rösten zweimal die Woche. Unser *nonno* ist nie mit uns zufrieden und macht es daher selbst.“ Ein Diener in Wespentracht – schwarz-gelb gestreifter Rock – mit schwarzen, an den Schläfen mit Haarlack fixierten Koteletten, auf dem Balkon einer herrschaftlichen Wohnung stehend, zu dem vornehmen Dienstmädchen der Nachbarswohnung: „In Kürze, meine Teure, muss ich Sie verlassen, der Kaffee will wieder einmal gedreht werden.“ Und sie: „Gehen Sie ruhig, gehen Sie… Ich selbst mache den Kaffee immer samstags, doch es ist stets eine große Verantwortung, verehrter Ciro: Es genügt, dass man einen einzigen Augenblick lang abgelenkt ist, und schon sind die Bohnen verbrannt und das ganze Haus verqualmt!“

Bevor mich dann das Portal der Schule in der San Pasquale im Chiaia-Viertel verschluckte, erreichte meine Ohren häufig noch das „Ahhh…!“ des auf der gegenüberliegenden Straßenseite praktizierenden Flickschusters, der vor Arbeitsbeginn sein Tässchen Kaffee schlürfte; und dieses „Ahhh…!“ war von enormer Beredsamkeit. Es verriet Genuss, Wohlgefallen, Sinnlichkeit – Befriedigung und Begierde zugleich –, ja Staunen und Verzückung spiegelten sich in ihm: ein Ensemble von Empfindungen, das ich später, als Erwachsener, selbst im Kaffee wiederfinden würde, das mir damals jedoch, mit acht Jahren, Lust machte zu lachen…

Und ein vergnügtes Lachen war es auch, als ich mit 29 Jahren den wahren, großen Erfolg mit Sik-Sik, dem Zauberkünstler, erzielte. Ich glaube, jedermann erinnert sich noch an die Aufforderung des Taschenspielers: „Meine Damen und Herren, wenn irgendjemand hier aus dem Publikum auf die Bühne kommen möchte…“, und den famosen Einsatz seines Gehülfen: „Bin schon da!“ Diese drei Wörter waren damals, im Jahre 1929, zu einer regelrechten Manie geworden. Man brachte sie überall, bei jeder passenden und unpassenden Gelegenheit an: auf der Straße, wenn man von einem Bürgersteig zum andern wechselte, in den Lokalen, zu Hause, an den fashionablen Badestränden. Ein Jüngling erblickte ein schönes Mädchen? Gleich rief er aus: „Bin schon da!“ Eine Naschkatze, der eine süße Versuchung serviert wurde, schnurrte: „Bin schon da!“ Ja, selbst in den Bars und Restaurants verfielen die Kellner beim Wink der Kunden in Laufschritt und trompeteten dabei: „Bin schon da!“
So viel Popularität zog schließlich die Aufmerksamkeit des Patrons der zu jener Zeit wegen ihres ausgezeichneten Espressos bekannten “BAR DELLE ANTILLE” auf sich. Don Ciro bat mich, in seiner Vitrine ein Foto

von Sik-Sik auszustellen und ihm womöglich einen Satz beizugeben, der seinen Kaffee anpriese. Diesen Wunsch erfüllte ich ihm und setzte unter eine Vergrößerung meines Konterfeis, das mich in der Pose des Taschenspielers zeigte, folgende Zeilen:

„Der Kaffee der Antillenbar
selbst Gott, wird er des Dufts gewahr,
lässt exklamieren: Bin schon da!"

Vor dieser Vitrine bildeten sich von morgens bis abends kleine Menschentrauben, die sich über die drei Verslein amüsierten, derweil das Geschäft der Bar auf Hochtouren lief. Der Patron jubelte, doch leider währte die Freude nicht lang... Eines Morgens erschien ein Bote der Kurie, der „jenen elenden Hanswurst", „jenen unehrerbietigen Schmierenkomödianten" beschuldigte, den Namen des Herrn missbräuchlich geführt zu haben, und dem Eigentümer des Lokals befahl, das Foto mit den blasphemischen Versen aus der Vitrine zu entfernen.

Um ehrlich zu sein, so war ich mir keiner Irreverenz bewusst: Hatte nicht sogar Di Giacomo Gott den Herrn samt Petrus auf die Piazza Dante herabsteigen, ein Café betreten und folgende Bestellung beim Kellner aufgeben lassen: „Zwei halbe Limonaden, bitteschön!"...? Warum Limonade, Kaffee aber nicht? Ach, weiß der Himmel.

Eduardo de Filippo

deutsch von Katrin Grünepütt 2004

1. Praxis: Wir rösten Kaffee

Im Grunde besteht Kaffeerösten in einer gezielten Übertragung von Rösthitze in die Bohnen. Dies ist auf zwei Wegen möglich:

- durch **Kontakt:** Dabei werden die Rohkaffeebohnen durch zahlreiche Berührungen mit einem heißen Metall erhitzt.
- durch **Konvektion:** Dabei werden Rohkaffeebohnen durch heiße Gase erhitzt, die allseitig gleichzeitig auf sie einwirken.

Seit kurzem gibt es auch Röster auf dem Markt, die als Heiztechnik Infrarotstrahlung bzw. elektromagnetische Induktion in ihren Röstern verwenden (Ceroffee, Genesis, Novoroaster, Aillio, siehe in weiter hinten in diesem Buch). Und auf dem nordamerikanischen Markt gibt es für den Heimkafferöster bereits die ersten praxistauglichen Erfindungen für die Mikrowelle: kegelförmige Einweg-Kartontaschen, angefüllt mit Rohkaffeebohnen. Für die hiesigen Profi- und Heimröster bleiben jedoch das Kontakt- und das Konvektionsverfahren vorerst noch die bestimmende Heiztechnologie.

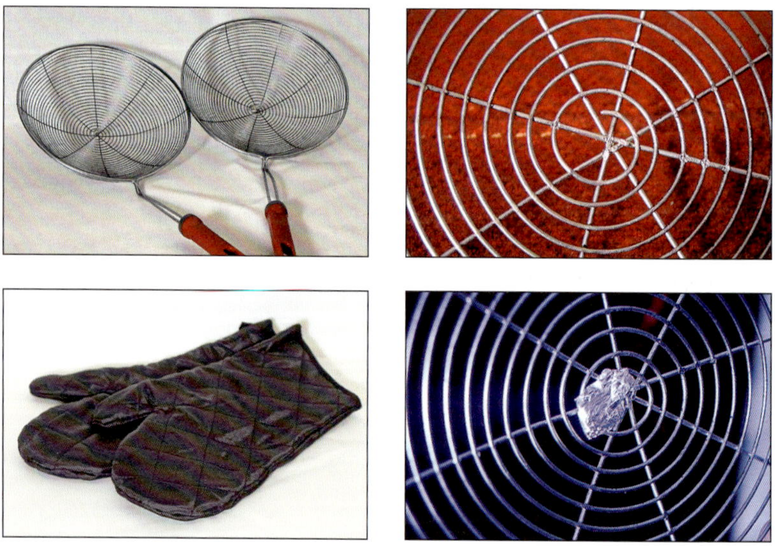

Zwei Wokhandsiebe zum Kühlen der Bohnen und zwei Ofenhandschuhe (Bilder links). Verschließen des kleinen Lochs in der Mitte der Siebe mit Alufolie (Bilder rechts).

A. Kontaktröster

A.1 Pfannenröstung

Die Pfannenröstung ruiniert fast jede gute Bohne. Dennoch kann sie für den Heimröster eine gute Übung sein: Der gesamte Röstprozess ist für Augen, Nase und Ohren nachvollziehbar, vom ersten Knacken über die Rauchentwicklung und dem zweiten Knacken, welches mehr dem Verbrennen von Tannennadeln gleicht, bis hin – wenn man denn will – zum Verkohlen. Auch kann man bei diesem Verfahren lernen, wie schnell einzelne Bohnen anbrennen, wenn sie nicht bewegt und gewendet werden.
Falls Sie in der glücklichen Lage sind, noch über einen Kohle-Sparherd zu verfügen, können Sie mit einer Wok-Pfanne sehr gute Ergebnisse erzielen. Wichtig ist, dass zwei Drittel des Wok-Bodens auf oder in der Feuerstelle sitzen. Und Sie müssen viel üben und wissen, worauf es ankommt.

- Leichte, unbeschichtete Pfannen mit Deckel, Gas- oder Elektroherd,
- ein Ofenthermometer,
- einen großen Holzlöffel zum Rühren,
- ein Paar Ofenhandschuhe,
- zwei Metallsiebe oder Seihen für das Kühlen. Ideal sind die großen Wokhandsiebe, die es für wenig Geld im asiatischen Lebensmittelladen gibt – lediglich das kleine Loch in der Mitte der Siebe muss man mit etwas Alufolie verschließen, indem man die Alufolie faltet, durch das Loch steckt und beidseitig umschlägt.
- abgewogene Menge Rohkaffeebohnen (z.B. 100 g, max. 450 g).

Um die Röstfarbe leichter bestimmen zu können, besorgen Sie sich bereits geröstete Kaffeebohnen, die den von Ihnen bevorzugten Röstgrad haben.

- Alle Gerätschaften griffbereit an den Arbeitsplatz legen und für gute Lichtverhältnisse sorgen.
- Falls eine Abzugshaube vorhanden ist, stellen Sie sie an; sonst öffnen Sie das nächstliegende Fenster.
- Ofenthermometer in die Pfanne legen, Deckel aufsetzen und langsam erhitzen.
- Zeigt das Thermometer ca. 240 °C an, Ofenhandschuhe anziehen, Thermometer aus der Pfanne nehmen, Bohnen in die Pfanne geben, Deckel aufsetzen.
- Beginnen Sie damit, die Bohnen leicht zu schütteln oder kreiseln zu lassen. Denken Sie an einen Goldgräber am Fluss, der die Erde in seiner Pfanne kreiseln lässt und leicht hochwirft; die Bohnen dürfen keinen Augenblick unbewegt bleiben. Sobald sie länger als eine Minute unbewegt auf dem heißen Röstboden liegen, beginnen die ersten Verkohlungen auf der Bohnenoberfläche. Achten Sie darauf, dass die Pfanne immer auf der Herdplatte bleibt.

Kühlung der Bohnen über der Spüle mit Wokhandsieben.

Die Bohnen bis auf Handwärme abkühlen.

- Lenken Sie Ihre Aufmerksamkeit auf das erste Knacken. Beurteilen Sie den Duft des Röstrauchs. Den Deckel nach wie vor nicht abheben.
- Warten Sie das Ende des ersten Knackens ab und halten Sie die Bohnen in Bewegung.
- Schauen Sie jetzt jede Minute nach den Bohnen. Wie ist die Farbentwicklung? Temperatur etwas verringern.
- Kurz bevor die Bohnen die Farbe erreicht haben, die Sie wünschen bzw. die mit der Farbe der Vergleichsprobe übereinstimmt, beenden Sie die Röstung, indem Sie die Bohnen in ein Sieb schütten. Die Bohnen rösten aufgrund der großen von ihnen aufgespeicherten Hitze auch außerhalb des Röstbehälters immer noch ein wenig nach.
- Herd ausschalten, Pfanne auf eine kalte, brandgeschützte Fläche stellen und sofort mit dem Kühlen der Bohnen beginnen.
- Dazu bewegen Sie entweder die Bohnen mit einem Holzlöffel, oder Sie kippen sie so lange wechselweise von einem Sieb ins andere, bis sie auf Handwärme abgekühlt sind.
- Meist befindet sich nach dem Rösten auf den Bohnen noch ein Silberhäutchenrest, ein von Natur aus jeder Kaffeebohne mitgegebenes, ganz feines silbrigglänzendes Schutzhäutchen, welches in der Röstpraxis auch als Spreu bezeichnet wird (siehe auch das Kapitel „Die

reife Kaffeekirsche und ihr Steinkern"). Auf den Kaffeegeschmack hat er keinen Einfluss, aber wenn Sie ihn dennoch loswerden möchten, gehen Sie zum Spülbecken und pusten, während Sie die Bohnen von einem Sieb ins andere schütten, leicht über die Bohnen.

- Berechnung des Einbrands (siehe hierzu Seite 134) und Beurteilung der Röstcharge.
- Frischgeröstete Bohnen dürfen auf keinen Fall gleich in einen Behälter gefüllt und dann luftdicht verschlossen werden – das aus den Bohnen austretende CO_2 würde den Behälter zum Platzen bringen. Warten Sie mit dem Verschließen noch einen halben Tag.
- Frischgeröstete Bohnen erreichen auch erst einen halben Tag bis zu drei Tagen nach der Röstung ihren vollen Geschmack. Dieser geht dann ab dem zweiten Tag ganz langsam, ab dem fünften Tag sehr rasch wieder verloren. Durch Oxidation, d.h. dadurch, dass der Platz des aus den Bohnen entweichenden CO_2 durch Sauerstoff eingenommen wird, entwickelt sich zunehmend ein negativer Geschmack.

A.2 Herdplatten-Maisröster (manuelle Popcornmaschine)

Im Prinzip gehört ein solches Gerät zu den besten Kaffeeröstern für den Privathaushalt. Jedoch finden sich derzeit auf dem Markt nur drei manuelle Herdmaisröster, die auch für das Kaffeerösten geeignet sind: der *Whirley-Pop,* ein weiteres Gerät aus Edelstahl sowie die neueste Variante, die *Sweet & Easy Snack Machine*, ausgestattet mit einem dicken Boden aus Edelstahl und Seitenwänden aus Aluminium. Dank dieser Materialkombination lässt sich die Rösttemperatur während des Kaffeeröstens relativ gut steuern. Nur diese drei Modelle erzeugen genügend Hitze, um die Rohkaffeebohnen zu rösten und nicht bloß zu backen – was zu einer flachen, dünnen Tasse führen würde.

Praktisch jeder Röstgrad, von hell bis sehr dunkel, kann mit diesen beiden Röstern erreicht werden, auch wenn die hellen Röstgrade schwerer zu erzielen sind. Ein Tipp: Für eine hellere Röstung stellen Sie in dem Moment, in dem Sie die Rohkaffeebohnen in den Topf schütten, die Hitze etwas herunter, um sie dann beim ersten Knackgeräusch wieder leicht heraufzudrehen. Ein Maisröster ist ein klassischer Kontaktröster. Man kann mit ihm bis zu 250 g rösten, wobei sich mit zunehmender Füllmenge allerdings auch die Rauchmenge enorm vergrößert. Wenn Sie eine Dunstabzugshaube in der Küche haben oder direkt am offenen Fenster rösten können, sind auch 250 g Rohkaffeebohnen zu schaffen; andernfalls bleiben Sie lieber bei 100 g bis 150 g pro Röstvorgang.

Herdmaisröster, ergänzt mit einem Candy-Thermometer.

Alle drei Maisröster sind mit einem Paddelrührwerk ausgestattet, das per Hand über eine Kurbel bewegt wird, und bei beiden lässt sich der Röstprozess beobachten. Schauen Sie aber, um keine wertvolle Rösthitze zu verlieren, erst nach dem ersten Knacken in den Röstbehälter. Hierfür müssen Sie nur die eine Hälfte des Deckels öffnen. Da im weiteren Fortgang der Röstung der Rauch zunimmt und auch den Innenraum des Rösters ausfüllt, was die Sicht auf die Bohnen erschwert, ist zur Beurteilung der Röstfarbe eine Taschenlampe oder kleine Tischlampe sehr hilfreich. Profis verwenden Tageslichtlampen mit 6000 und 6500 Kelvin, da nur sie die Farben natürlich wiedergeben.

Besonders bei flachen Bohnen kann es passieren, dass sie das Rührwerk verklemmen. Drehen Sie dann einfach in die entgegengesetzte Richtung,

Blick in den Innenraum des Herdmaisrösters: Paddelwerk und Rohkaffeebohnen

Notwendige Werkzeuge für die Anbringung des Candy-Thermometers in den Herdplatten-Maisröster

um das Problem zu beheben. Bevor Sie mit dem Popcornröster zu arbeiten beginnen, ist es empfehlenswert, diesen im kalten Zustand mit ca. 100 g Bohnen zu füllen und das Rühren ein wenig zu üben.

Wenn das Rührwerk klemmt, schauen Sie nach, um ein besseres Verständnis für das Problem und seine Lösung zu bekommen. Den *Whirley-Pop*-Röster, der aus Aluminium ist, dürfen Sie niemals bei voller Hitze aufheizen – stellen Sie beim Gasherd eine niedrige, beim Elektroherd maximal die mittlere Stufe ein. Das gilt auch für den Edelstahlröster. Einen Röster dürfen Sie nie unbeaufsichtigt erhitzen; bei dem Aluröster kann der Boden durchschmelzen, wenn er unsachgemäß erhitzt wird.

Unabdingbar ist es, beide durch ein sogenanntes Candy-Thermometer zu ergänzen, dessen Skala bis 280 °C (550 °F) reicht. Die Anbringung ist denkbar einfach, wenn man zweierlei beherzigt: Erstens sollte man einen untermaßigen Bohrer wählen; wenn also der Durchmesser der Thermometerspitze, wie beispielsweise beim *Cooper*-Modell, 4 mm beträgt, empfiehlt sich ein 3,8-mm-Bohrer, da das enge Bohrloch dem Thermometer zusätzlichen Halt verleiht. Zweitens sollte das Bohrloch nicht genau in der Mitte des Topfdeckels, sondern um etwa 5 cm in Richtung des Drehkurbelgriffs versetzt liegen. Denn die mit dem Candy-Thermometer zusammen gelieferte Klammer, die der stabilen Fixierung und schnellen Lösung des Thermometers dienen soll, befestigt es auf eine Weise, dass es nicht senkrecht, sondern in einem Winkel von ca. 75° bis 80° in den Röstraum des Gerätes hineinragt. Durch die Versetzung des Bohrlochs wird es möglich, die Thermometerspitze mehr zur Mitte des Röstraums als zu den Seitenwänden hin auszurichten, und außerdem ist dann genügend Spielraum vorhanden, um sie knapp über den Paddelflügeln zu platzieren, also ca. 2,5 cm über dem Boden des Röstbehälters.

Die einfachste und praktischste Methode, die richtige Lage des Bohrlochs auf dem Deckel des Rösters zu bestimmen, ist die Anfertigung einer kleinen Papierschablone. Messen Sie zuerst mit einem Lineal den Durchmesser des Thermometergehäuses (beim aktuellen *Cooper*-Modell beträgt er 5,4 cm). Zeichnen Sie mit einem Zirkel auf festes Papier einen Kreis mit dem entsprechenden Radius und schneiden diesen aus: Dies ist jetzt Ihre Schablone. Natürlich könnten Sie das Thermometer auch umgekehrt auf ein Blatt Papier stellen und einen Stift um das Gehause herumführen. Nur hätte der so entstandene Kreis keinen sichtbaren Mittelpunkt, und auf diesen kommt es vor allem an.

Ist die Kreisschablone fertig, schauen Sie sich den Aufbau des Herdmaisrösters genauer an. Er besteht aus zwei Klapp-

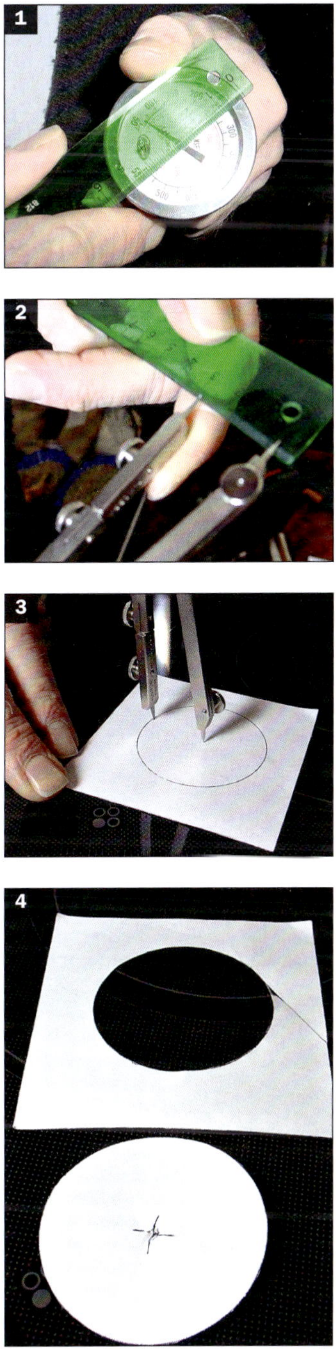

Die Anbringung eines Candy-Thermometers in den Herdplatten-Maisröster in einzelnen Arbeitsschritten:

1. **Messen des Durchmessers des Thermometergehäuses beim *Cooper*-Modell**
2. **Übertragung der Maße auf einen Zirkel**
3. **Anfertigung einer Schablone (Übertragung der Maße auf Papier mit Hilfe eines Zirkels)**
4. **Ausschneiden der Papierschablone**

deckeln, die rechts und links an einer ca. 3 cm breiten Mittelachse befestigt sind. Auf der Mittelachse ragt mittig das Zahnrad der Vertikalachse des Paddelrührwerks heraus. Die Horizontalachse der Drehkurbel, die ebenfalls auf der Mittelachse befestigt ist und deren Zahnrad in das Zahnrad der Vertikalachse greift, wird zur Hälfte von einem Holzgriff umfasst, der über den Rand des Rösters hinausreicht. Halt bekommt der gesamte Aufbau durch eine Randklemme unterhalb des Holzgriffs und einen 1 cm langen und 5 mm dicken Metallbolzen (innenliegend, genau 180° gegenüber der Randklemme), der in einer Lochnut, knapp unterhalb des Röstbehälterrands, einrastet. Beide Deckel haben an ihrem äußersten Rand mittig jeweils einen Holzknopf zum Öffnen und Schließen. Möchten Sie den gesamten Aufbau vom Rösttopf lösen, so klappen Sie zuerst beide Deckel hoch und schieben dann die Randklammer nach oben. In den einen der beiden Klappdeckel ist ein Sichtfenster eingearbeitet, der andere hat stattdessen eine einfache Feststellklammer und nun bald auch ein Bohrloch für das Candy-Thermometer.

Dazu legen Sie nunmehr die Zirkelschablone mittig auf die gedachte Achse, welche die Deckelhälfte in zwei glei-

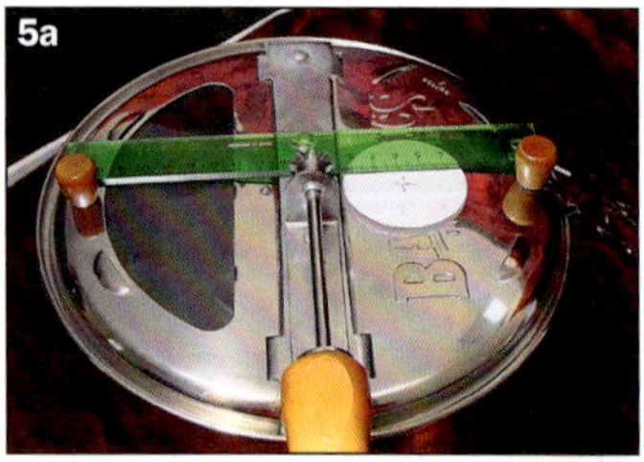

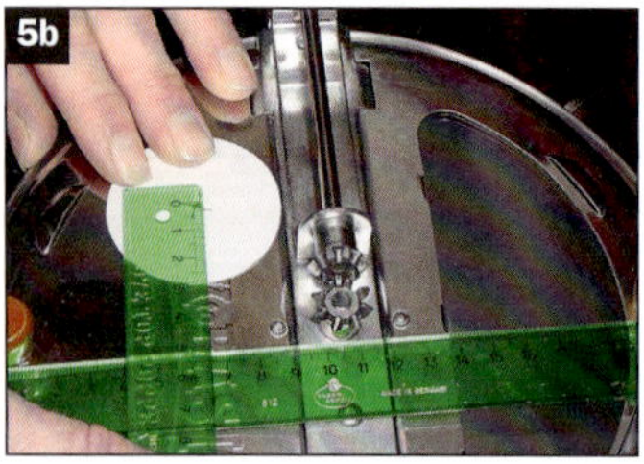

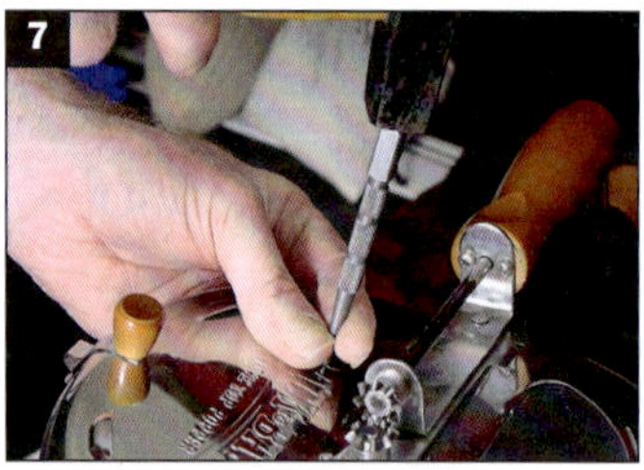

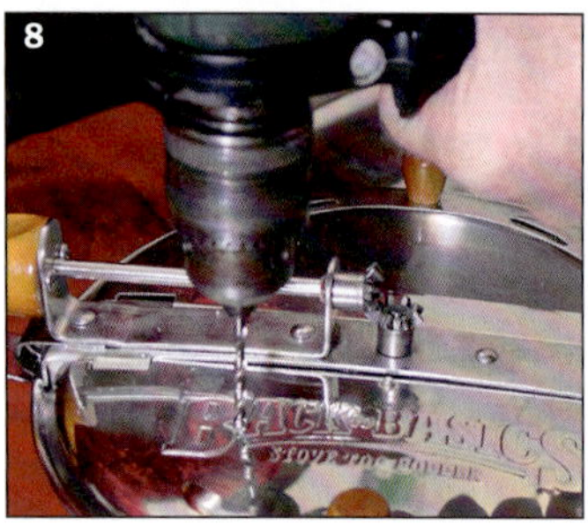

5. Bestimmung des Bohrlochs auf dem Deckel des Herdplatten-Maisrösters mit Hilfe von zwei Linealen und der Schablone
6. Markierung des Bohrlochs mit Hilfe der Schablone
7. Einschlagen einer gut sichtbaren Bohrermarkierung mit dem Körner
8. Bohren mit der Bohrmaschine

che Teile teilt. Der äußerste Rand der Schablone liegt direkt am nächstliegenden Rand der 3 cm breiten Mittelachse. Daran ändert sich auch nichts, wenn Sie die Schablone jetzt langsam in Richtung des Holzgriffes verschieben, und zwar so weit, dass der Mittelpunkt der Schablone sich um ca. 5 cm von der gedachten Mittelachse entfernt, von wo aus Sie mit dem Verschieben begonnen haben. Mit einer Nagelspitze oder einem Filzstift markieren Sie durch den Mittelpunkt der Schablone hindurch den Bohrpunkt und schlagen anschließend – vorsichtig, um Verbiegungen und Dellen im Deckel zu vermeiden – mit einem Körner eine gut sichtbare Bohrermarkierung, damit der Bohrer später nicht abrutschen kann. Am besten ist es, wenn Ihnen bei diesem Arbeitsschritt noch ein Helfer zur Seite steht, so dass eine Hand den Körner halten, die andere den Deckel von unten stabilisieren und eine dritte mit dem Hammer leicht auf den Körner schlagen kann.

Wenn Sie dann den untermaßigen Bohrer in die Bohrmaschine eingespannt und den Rösttopf entweder zwischen die Knie geklemmt oder Ihrem Helfer zum Festhalten in beide Hände gedrückt haben, beginnen Sie vorsichtig (um den Deckel nicht zu beschädigen), jedoch mit voller Drehzahl zu bohren. Anschließend entgraten Sie

9

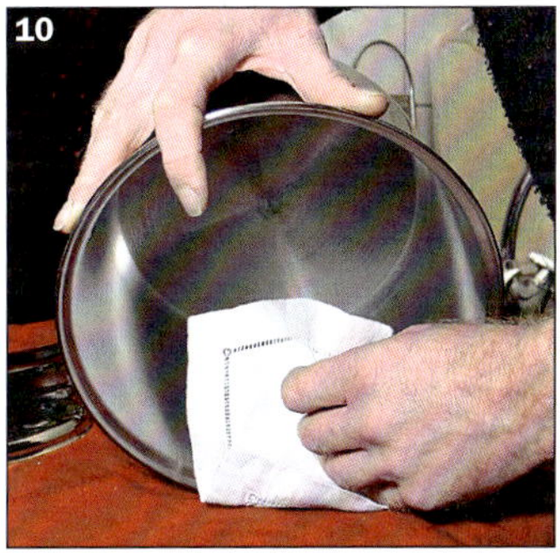
10

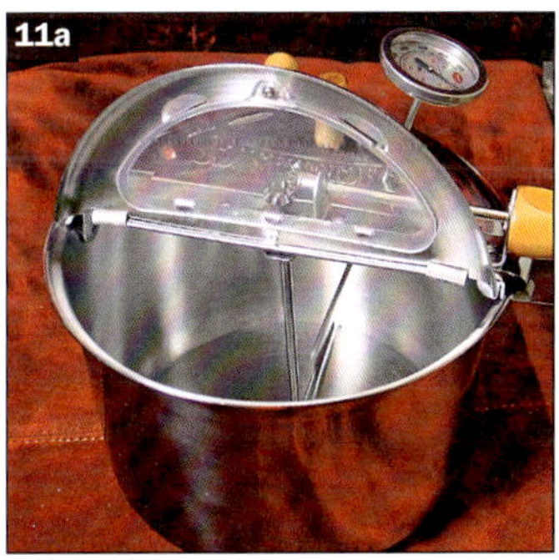
11a

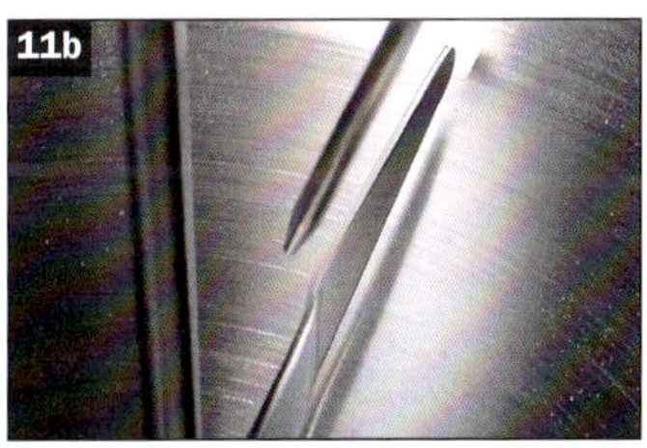
11b

9. **Der Aufbau des Herdmaisrösters wird vom Rösttopf gelöst.**
10. **Bohrspäne werden aus dem Rösttopf entfernt.**
11. **Das Thermometer wird mit dem Clip fixiert und ausgerichtet.**

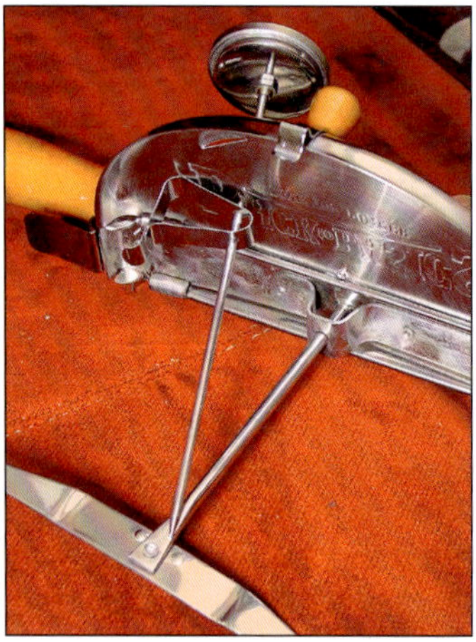

Das Thermometer ist fixiert und ausgerichtet.

die Bohrränder, reinigen den Innenraum des Rösters von den Bohrspänen, lassen das Thermometer in das Bohrloch ein und befestigen es innenseitig mit dem Clip. Dieser besteht aus einem ca. 16 cm langen und 1,3 cm breiten, zu einem gleichschenkligen Dreieck gebogenen Stahlband. Anfang und Ende des Stahlbands sind jeweils zu einem 5 mm breiten Falz gebogen und liegen in der gebogenen Clipform aufeinander. In der Nähe einer der Dreieckspitzen befinden sich zwei vorgebohrte Löcher. Der Clip fixiert das Thermometer dann richtig, wenn die Thermometerstange in diesen beiden Löchern steckt und jener Winkel des Clipdreiecks nach unten zeigt, in dem Anfang und Ende des Stahlbands zusammentreffen, wenn Letztere beide also nicht die Innenseite des Deckels berühren. Anschließend richten Sie das Thermometer so aus, dass seine Spitze knapp über den Paddelflügeln steht.

Bei dem *Whirley-Pop* kann es am Anfang vorkommen, dass beim Erhitzen irgendwann das Rührwerk über den Boden schleift oder sogar stockt. Dies geschieht, wenn die Hitze den Aluboden nach oben drückt, der so zum Hindernis für die Rührpaddel wird. In diesem Fall nehmen Sie den Topf von der Platte und drücken mit einem langstieligen Holzkochlöffel den Boden rechts und links von der Antriebswelle des Rührwerks nach unten. Bei einem Edelstahlröster passiert so etwas natürlich nicht. Schützen kann man den Aluboden, indem man den Maisröster in eine gusseiserne Pfanne stellt und dann mit dem Rösten beginnt.

Wenn Sie möchten, können Sie den Innenraum des Rösters nach ca. 20-maligem Gebrauch mit kochendheißem Wasser und einer Tellerbürste reinigen. Die Röstpatina ist aber dem Röstergebnis keineswegs abträglich, im Gegenteil. Sollte Ihnen aber doch einmal eine Röstung schwarz angebrannt sein, können Sie, nachdem Sie eine Schutzbrille aufgesetzt und

Gummihandschuhe angezogen haben, Ihren Topf mit 25%igem Salmiak (aus der Apotheke), heißem Wasser, Spülmittel, Scheuerschwämmchen und einer alten Zahnbürste wieder tipptopp sauber bekommen. Nach einer solchen Behandlung muss der Topf allerdings äußerst intensiv mit klarem Wasser ausgespült werden.

Wenn Sie es vermeiden, während des Röstens ständig den Deckel zu heben, stattdessen die Röstentwicklung vor allem nach Geräusch, Geruch, Thermometerstand und Zeit beurteilen und den Deckel nur für ein abschließendes Urteil ein paar Mal öffnen, haben Sie mit dem Maisröster einen erstklassigen Kaffeeröster in der Küche, der allerdings Handarbeit, Zeit und Muße erfordert.

- Maisröster *Sweet & Easy Snack Machine*, Maisröster aus Edelstahl oder *Whirley-Pop*-Röster, ergänzt durch ein Thermometer,
- Gas- oder Elektroherd,
- ein Paar Ofenhandschuhe,
- Kochlöffel, zwei Metallsiebe (beispielsweise Wok-Siebe, siehe unter Pfannenröstung) oder Seihen,
- abgewogene Menge Rohkaffee (z.B. 125 g; maximal 250 g),
- Uhr mit Sekundenanzeiger (z.B. Stoppuhr, Schachspieluhr);
- für die Erleichterung der Röstfarbbestimmung: Bohnenvergleichsprobe, die den von Ihnen bevorzugten Röstgrad hat.

Rohkaffeebohnen werden abgewogen. Mit der Aufheizphase beginnt das Rösten.

Bevor Sie beginnen, hier noch ein paar nützliche Tipps: Nehmen Sie für die ersten Röstungen 100 g ganz preiswerter Rohkaffeebohnen. Bis Sie Ihre Kaffeebohnen mit dem Herdmaisröster souverän rösten können, werden Sie sie vermutlich mindestens zweimal in Zeichenkohle verwandelt haben. Klemmen Sie in der Aufheizphase eine drei- bis viermal gefaltete Alufolie unter das gesamte Sichtfenster. Dieses ist nämlich aus Acrylglas und kann bei unsachgemäßer Temperaturführung schnell verbiegen und blasig werden.

Passiert Ihnen das, so ist das jedoch kein Unglück, denn das Fenster lässt sich leicht ersetzen, entweder durch ein dünnes, mit einer normalen Haushaltsschere zugeschnittenes Alublech vom Baumarkt oder wiederum durch ein Acrylglas, zugesägt mit einer feinen Säge. Besonders der Edelstahl-Röster hat einen dickwandigen Boden, der die Hitze sehr gut speichert. Das Candy-Thermometer zeigt die Temperatur des Rösterinnenraums an; die des Materials und vor allem des Rösterbodens liegen weit darüber! Geben Sie beim

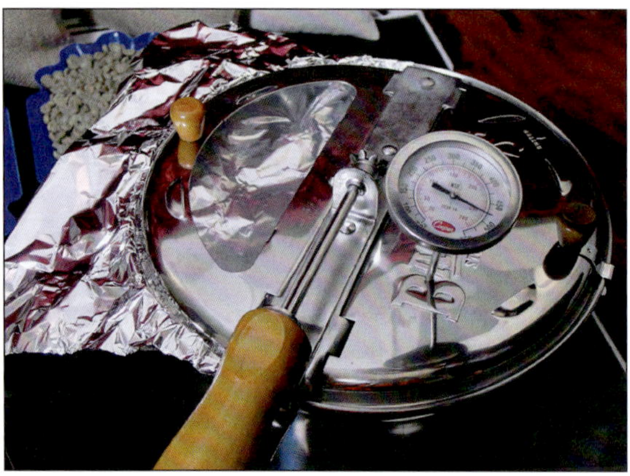

Acrylglas wird bei unsachgemäßer Temperaturführung blasig und verbiegt sich (oben). Um das zu verhindern, sollten Röstanfänger das Sichtfenster des Rösters mit Alufolie schützen (unten).

Aufheizen Acht, dass Sie den Röster nicht überhitzen. Zu Übungszwecken können Sie einmal bei 180 °C die Aufheiztemperatur auf null reduzieren und beobachten, wie weit die Thermometersäule danach noch steigt.

Überhaupt sollten Sie als Anfänger zunächst mit etwas niedrigeren Temperaturen arbeiten. Beim Edelstahlröster reichen 205 °C (400 °F) zum Aufheizen aus, beim Aluröster kann es ein wenig mehr sein. Wenn die Bohnen im Röster sind, achten Sie darauf, dass die angezeigte Temperatur nicht unter 160 °C sinkt und 205 °C nicht übersteigt. Nur zum Ende der Röstung hin darf sie etwas darüber liegen. Später, wenn Sie genügend Erfahrungen mit Ihrem Röstgerät gesammelt haben, können Sie auch mit anderen Rösttemperaturen und -zeiten experimentieren.

Bei den ersten Röstungen wird es unvermeidlicherweise etwas hektisch zugehen: Haben Sie nach Beendigung der Röstung die heißen Bohnen in ein Sieb gegeben, so stellen Sie, noch bevor Sie mit der Kühlung der Bohnen beginnen, den leeren Topf in eine angemessene Entfernung von der inzwischen abgeschalteten Herdplatte und achten insbesondere darauf, dass der Holzgriff des Rösters nicht über die noch glühheiße Platte ragt, was unweigerlich (und von Ihnen zuerst unbemerkt) zu Verkohlungen an der Griffunterseite führen würde.

Ablauf

- Alle Gerätschaften griffbereit an den Arbeitsplatz legen und für gute Lichtverhältnisse sorgen.
- Abzugshaube anstellen oder das nächstliegende Fenster öffnen.
- Stellen Sie den leeren Maisröster auf die Herdplatte und beginnen Sie bei geschlossenem Deckel mit dem Aufheizen: bei einem Gasherd mit niedriger Einstellung, beim Elektroherd mit einer mittleren Einstellung.
- Auf keinen Fall den Röster jetzt unbeaufsichtigt lassen.
- Schauen Sie auf das Thermometer: Sind 205 °C erreicht, so reduzieren Sie die Hitzezufuhr ein wenig. Merken Sie sich für die nächsten Röstungen die Schaltereinstellung am Herd, die Sie für eine gelungene Aufheizung des Rösters gewählt haben.
- Öffnen Sie den Deckel, legen Sie die Alufolie beiseite und schütten Sie die Rohkaffeebohnen in den Röster.
- Dann schließen Sie den Deckel (ohne Folie) sofort wieder und beginnen mit Hilfe des Rührwerks gemächlich, aber ununterbrochen zu rühren. Länger als eine Minute dürfen die Bohnen nicht unbewegt bleiben. Die Temperatur fällt um ca. 10 °C bis 15 °C. Eine Minute nach

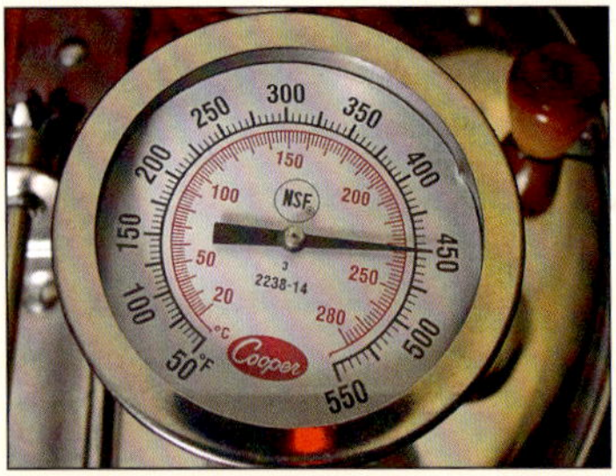

Das Thermometer zeigt die Innentemperatur des Rösttopfs an.

Nach dem Aufheizen werden die Rohkaffeebohnen in den Röstbehälter geschüttet und bis zum Ende des Röstvorgangs ständig im Röster bewegt.

Beginn des ersten Knackens verringern Sie die Temperatur und rösten zu Ende.

- Die Temperatur wird nach dem Einschütten der Rohkaffeebohnen auf ca. 175 °C fallen. Keinesfalls darf sie aber unter 160 °C sinken: Die Bohnen würden dann nur gebacken und nicht geröstet. Auch mehr als 200 °C sind kritisch (Verbrennungsgefahr). Nur gegen Ende der Röstung sind 200 °C erlaubt. Fällt die Temperatur unter 160 °C, müssen Sie die Hitzezufuhr etwas erhöhen.
- Denken Sie nochmals daran, dass das Thermometer die Lufttemperatur im Röstbehälter anzeigt, die Temperatur am Boden des Rösters ist natürlich höher.
- Nach ca. sechs bis neun Minuten sollte das erste Knacken zu hören und Röstrauch zu sehen sein. Jetzt noch eine Minute warten.

- In einem Ein-Minuten-Rhythmus kontrollieren Sie dann die Röstfarbe der Bohnen: Deckel auf, beurteilen, Deckel zu. Am besten ist es natürlich, die Entwicklung des Röstprozesses allein durch Geruch und Geräusch (erstes Knacken, zweites Knacken) zu beurteilen, ohne dafür in den Röstbehälter hineinzusehen, was stets den Verlust wertvoller Rösthitze bedeutet.
- Kurz bevor die Bohnen die Farbe erreicht haben, die Sie wünschen bzw. die mit der Farbe der Vergleichsprobe übereinstimmt, beenden Sie unverzüglich die Röstung, indem Sie die Bohnen in ein Sieb geben (dabei Ofenhandschuhe anziehen!).
- Für Fortgeschrittene gibt es noch eine andere Röstmethode mit dem Maisröster: Nachdem die Temperatur im leeren Maisröster sich bei 230 °C stabilisiert hat, ziehen Sie die Ofenhandschuhe an, öffnen den Deckel, legen die Alufolie beiseite, schütten die abgewogene Menge Bohnen ins Innere und verschließen rasch wieder den Deckel.

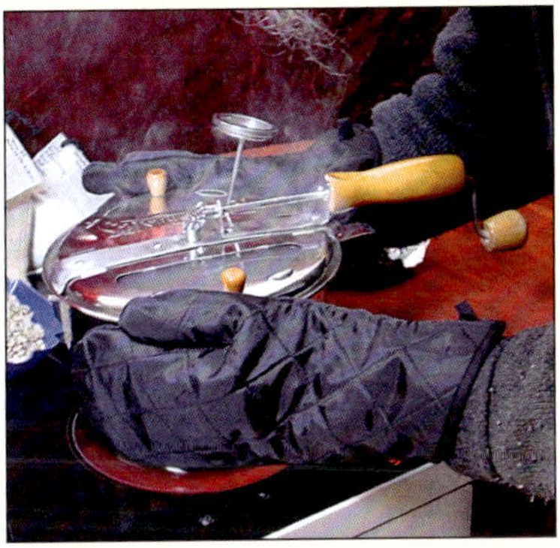

Wir drehen weiter. Rohkaffeebohnen werden wieder kurz aufgerüttelt. Ende des Röstens.

- Dann umfassen Sie mit Ihren beiden (ofenhandschuhgeschützten!) Händen den Röstbehälter und rütteln ihn sanft hin und her zwecks gleichmäßiger Verteilung der Bohnen. Danach beginnen Sie in mäßiger Geschwindigkeit das Rührwerk zu drehen. Steigt die Temperatur, umfassen Sie den Röstbehälter wieder mit Ihren Händen und rütteln oder wirbeln Sie die Bohnen ca. 30 bis 40 Sekunden leicht hin und her. Dabei müssen Sie unbedingt darauf achten, dass der Rösttopf stets mittig auf der Platte steht. Nach den 30 bis 40 Sekunden drehen Sie wieder das Rührwerk, jetzt etwas schneller, bis das Thermometer erneut Temperaturanstieg meldet; dann wieder rütteln und wirbeln, aber etwas kräftiger, dann wieder etwas schneller rühren usw. Nach Beendigung des ersten Knackens können Sie kurz nach den Bohnen schauen. Ab 190 °C bis 205 °C rütteln und wirbeln Sie nur noch, dann ein kurzer Blick nach der Röstfarbe der Bohnen, und kurz bevor die gewünschte Farbe sich bildet, schütten Sie die Bohnen in ein Sieb. Das kombinierte Rühren, Rütteln und Wirbeln ist sinnvoll, weil beim Maisröster als klassischem Kontaktröster immer wieder die Gefahr besteht, dass die Bohnen zu lange im Kontakt mit dem heißen Boden des Behälters stehen und infolgedessen verkohlen.
- Herd ausschalten, Maisröster auf eine kalte, brandgeschützte Fläche stellen, wobei auch der Holzgriff nicht über die heiße Herdplatte ragen darf, und sofort mit dem Kühlen der Bohnen beginnen.
- Dazu bewegen Sie entweder die Bohnen mit einem Holzlöffel, oder Sie kippen sie so lange wechselweise von einem Sieb ins andere, bis sie auf Handwärme abgekühlt sind.

Abkühlung der Bohnen: wechselweise von einem Woksieb ins andere.

Vorratsbehälter aus Edelstahl, kann luftdicht verschlossen werden.

- Falls Sie die Silberhäutchen entfernen möchten, gehen Sie zum Spülbecken und pusten leicht über die Bohnen, während Sie diese von einem Sieb ins andere schütten.
- Wegen des aus den frischgerösteten Bohnen austretenden CO_2 verschließen Sie den Aufbewahrungsbehälter vorerst nicht luftdicht.
- Ihren optimalen Geschmack haben die Bohnen ca. zwölf Stunden bis zu drei Tagen nach der Röstung erreicht.

(Internet-Informationen: *www.popcornpopper.com/24000.html, www.wabashvalleyfarms.com*. Kaffeerösten mit dem Whirley Popcorn Maker ist in zahlreichen kurzen Filmen auf YouTube zu sehen: *www.youtube.com,* dort nach „coffee roasting Whirley Pop" suchen.)

A.3 Swissmar A8200 Bravi

Der *Swissmar A8200 Bravi,* dessen Vorläufermodell *Swissmar Alpenröster* hieß, wird seit einiger Zeit nicht mehr hergestellt. Ob Swissmar ihn in nächster Zukunft wieder auf den Markt bringen wird, ist noch nicht entschieden. Nach wie vor werden jedoch die 110- und 220/230-Volt-Varianten des *Swissmar A8200 Bravi* u.a. bei eBay für relativ wenig Geld angeboten. Bei dem Gerät handelt es sich um einen klassischen Trommelröster, mit dem ca. 250 g Rohkaffeebohnen pro Durchlauf geröstet werden können.

Die Bauart des *Swissmar A8200 Bravi* erinnert an eine moderne Weinkelter in Kleinformat. Geröstet wird in einem perforierten Hohlzylinder aus stabilem V2A-Blech. Der bei der Röstung rotierende Zylinder wird mit einer aufklappbaren Haube abgedeckt, welche die Rösthitze so gut isoliert, dass das Gerät während des Röstens außen nur handwarm wird. Die Heizelemente für die Erzeugung der notwendigen Rösthitze liegen abgedeckt von einem Chassis unterhalb der Trommel. Über das rechts neben der Trommel liegende benutzerfreundliche Steuerungsdisplay können verschiedene Röststufen eingegeben werden, wobei die auf diese Weise gewählte Röstzeit während des Arbeitsvorgangs nicht mehr verändert werden kann. Zusätzlich ist der *Swissmar A8200 Bravi* mit einem Absaugstutzen ausgerüstet, der ein gezieltes Ableiten (z.B. mit einem aufgestülpten Schlauch) des Röstrauchs ermöglicht. Der Rauch ist denn auch eine Schwachstelle des *Swissmar A8200 Bravi.* Wenn Sie 200 g Rohkaffeebohnen rösten, müssen Sie unbedingt für einen ausreichenden Rauchabzug sorgen, sei es mit Hilfe einer Luftabzugshaube, eines offenen Fensters oder indem Sie direkt unter freiem Himmel, z.B. auf dem Balkon, rösten.

Ein weiteres Problem stellt die relativ groblöchrige Rösttrommel dar, in der Perlbohnen oder andere kleinförmige Bohnen sich schnell verhaken, infolgedessen nicht mehr bewegt werden und schließlich verkohlen. Auch die Abdeckung der Rösttrommel bedeutet einen Abstrich: Rösten nach Sicht funktioniert nicht. Man kann nur nach Geruch, Gehör und Zeit gehen – was im Grunde ja auch ausreicht –, mit der zusätzlichen Einschränkung freilich, dass das erste und zweite Knacken wegen der gut isolierenden Haube ziemlich schwer zu hören ist. Sofortiges Stoppen bzw. Verlängern der Röstzeit während des Röstvorgangs ist beim *Swissmar A8200 Bravi* nur über Umwege möglich: Sie müssen auf dem Display eine hohe bzw. dunkle Röststufe wählen und die Röstung dann mit der Taste „Cool" stoppen. Ein individuelles Rösten ist so nur indirekt und mit einigen Schwierigkeiten möglich. Schließlich ist die Kühlphase des *Swissmar A8200 Bravi* sehr langsam, was zu einer säurearmen, matten Tasse führen kann.

Ausrüstung

- *Swissmar A8200 Bravi*,
- abgewogene Menge Rohkaffeebohnen,
- Bohnenvergleichsprobe,
- Schüssel für die frischgerösteten Bohnen.

Ablauf

- Folgen Sie den Anweisungen des Herstellers.
- Durch eine Verringerung (10–20 %) der vom Hersteller angegebenen Einfüllmenge können Sie noch weitere Geschmacksnuancen innerhalb der einzelnen Röstprofile erreichen: bei den mittleren säurebetonter, bei den dunkleren mit mehr Röstbitterstoffen.

(Internet-Informationen: *www.swissmar.com.*
Einige Beiträge über den *Swissmar A8200 Bravi* können Sie auch in den Kaffeeforen lesen, zum Beispiel im Kaffeenetz: *www.kaffee-netz.de/vom-rohkaffee-zum-selbstr-ster.*)

A.4 Hottop Roaster KN-8828

Der *Hottop Roaster KN-8828,* ein klassischer Trommelröster, ist ein anspruchsvolles Heimgerät der Hochpreiskategorie, dessen Bedienung schon einige Grundkenntnisse des Kaffeeröstens voraussetzt. Auch sollte der Nutzer einen Sinn für Technik und ihre Anwendung mitbringen.

Das Gerät gibt es mittlerweile in drei Ausführungen: *KN-8828P-2K* (röstet nach neun individuell einstellbaren Röstprogrammen), *KN-8828B-2K* (arbeitet nach manueller Arbeitsweise oder nach individuell einstellbaren Röstprogrammen) und *KN-8828B-2K+* (wie *KN-8828B-2K*, jedoch ergänzt um einen USB-Anschluss und zwei K-Thermofühler, die während der Röstung eine ziemlich genaue Abbildung der Bohnen- und Röstraumtemperaturen ermöglichen).

Die 250 g Rohkaffeebohnen, die pro Durchgang geröstet werden dürfen, erzeugen weitaus mehr Rauch, als die eingebauten Rauchfilter verarbeiten können. Rauch- und Luftfilter müssen nach einiger Zeit ausgetauscht werden, es fallen also Wartungskosten an. Allerdings lassen sich die Rauchfilter mehrmals mit heißem Wasser reinigen und nach dem Trocknen wiederverwenden. Vor dem Einschütten der abgewogenen Bohnen muss der *Hottop* einige Minuten lang vorgeheizt werden. Bei den neuen Modellen verhindert ein Schutzgitter das unbeabsichtigte Berühren der Geräteoberfläche während des Röstens, die sehr heiß wird. Der Stellplatz des Rösters muss deshalb so gewählt werden, dass das Gerät rundherum frei steht, das heißt, es darf nicht unter Regalbrettern, einem Küchenhängeschrank oder neben dem Kühlschrank platziert werden.

Dem ambitionierten Kaffeeheimröster bietet der *Hottop* einiges. Sowohl Rösten mittels Automatik als auch individuelles Rösten ist möglich. Der Röstprozess kann zu jeder Zeit gestoppt oder in Zehn-Sekunden-Schritten (gerade zum Ende des Röstens hin keine kleine Zeitspanne!) verlängert werden. Vor Ablauf der eingestellten Zeit ertönt ein Klingeln. Durch ein großes Glasfenster an der Stirnseite der Rösttrommel kann die Röstfarbentwicklung direkt beobachtet werden. Der *Hottop* arbeitet relativ leise, das erste und das zweite Knacken sind gut hörbar. Ist das gewünschte Röstprofil erreicht, werden die Bohnen entweder automatisch oder durch Drücken der Stopptaste direkt aus der Rösttrommel in die darunter befindliche Metallkühlschale ausgeworfen und mit dem dann einsetzenden mechanischen Rührwerk mittels Föhnluft schnell auf Handwärme abgekühlt. Die Silberhäutchen werden bereits während der Röstung in einem Filter gesammelt, den Sie nach jeder Röstung reinigen müssen.

Äußerst praktisch für das heimische Kaffeerösten ist die Ausstattung des *KN-8828B-2K+* mit einem USB-Anschluss. In Verbindung mit zwei K-Thermofühlern, USB-Kabel und z.B. der im Internet frei verfügbaren Artisan-Röstsoftware (siehe hierzu auch die Seiten 79 bzw. 215 im vorliegenden Buch) lassen sich am eigenen Computer Röstzeit, Bohnenmenge und Röstraumtemperatur grafisch darstellen und sogar steuern.

Auch die bei allen drei Modellen bestehende Möglichkeit der Geschwindigkeitssteuerung des Ventilators ist beachtenswert: Röstprofile lassen sich damit noch differenzierter ausarbeiten.

Info

► Ausrüstung und Ablauf siehe *Swissmar A8200 Bravi.*

(Internet-Informationen: *www.hottop.com.tw, www.hottopusa.com;* auch über den *Hottop* gibt es Filme auf Youtube zu sehen: *www.youtube.com,* dort nach „Hottop coffee roasting" suchen. Einige Beiträge über den *Hottop* können Sie auch in den Kaffeeforen lesen, z. B. im Kaffeenetz: *www.kaffee-netz.de/vom-rohkaffee-zum-selbstr-ster.)*

A.5 Quest M3s

Auch den *Quest* gibt es nun in einer verbesserten Ausführung, die in Zusammenarbeit mit zahlreichen Nutzern des nach wie vor sehr beliebten Rösters entwickelt wurde. Das aktuelle Modell *Quest M3s* hat eine im Vergleich zu seinem Vorgänger *M3* verkürzte Rösttrommel, die eine bessere Kontrolle der Rösthitze ermöglicht.

Wie das ältere Modell gibt es auch den *M3s* in einer 110- und einer 220-Volt-Variante. Er wird von der kleinen taiwanesischen Manufaktur Fong Long Enterprise in Handarbeit hergestellt. Von seiner Bauweise her ist er eigentlich ein Ladenröster im Kleinformat. Er wiegt ordentliche 12 kg, hat die Maße B 24 cm x H 33 cm x L 36 cm, ist aus rostfreiem, poliertem Edelstahl und sollte beim Rösten auf einer rutschfesten Unterlage stehen. Mit seinen etwas mehr als 1000 Watt sollte er zudem direkt mit einer einzelnen Wandsteckdose verbunden werden und nicht zusammen mit anderen Geräten an einer Verteilersteckdose angeschlossen sein. Preislich liegt er in der Klasse des *Hottop Bean Roaster*. Er ist in sehr solider Handarbeit hergestellt und verzichtet auf ausgeklügelte Mikroelektronik. Das heißt aber auch, dass der *Quest* nicht unbedingt ein Röster für Anfänger ist, sondern eher für den fortgeschrittenen Heimröster.

Die Temperatur wird über ein Analog-Thermometer gemessen; ein Glasfensterchen sowie ein Probenzieher ermöglichen die optische Kontrolle des Röstverlaufs. Die Rösttemperatur wird über die Regelung der Stromstärke gesteuert (Einstellskala 1 bis 15). Laut Hersteller sollen Chargen bis zu 300 g geröstet werden können. Die Praxis zeigt, dass 200–250 g nicht überschritten werden sollten, will man den Röstverlauf noch kontrollieren können. Wie bei den großen Ladenröstern kann mithilfe eines Lüfters (Einstellskala 0 bis

Quest M3s

8) die heiße Luft im Röstraum bewegt und gleichzeitig die Spreu (chaff) der Bohnen abgesaugt werden. Der Röster verfügt damit neben der Temperaturregelung, die mithilfe der Stromstärkeregulierung eingestellt wird, über ein weiteres wirkungsvolles Steuerungselement. Das Zusammenspiel von Luft (Konvektionsröstung) und Stromstärke (Kontaktröstung) ist am Anfang nicht leicht abzustimmen, da mit der Luft natürlich auch die Rösthitze aus der Rösttrommel gesaugt wird und dabei die laufenden Röstprozesse in den Bohnen abgebrochen und in das unerwünschte Backstadium überführt werden können.

Um während der Röstung ein noch genaueres Bild der im Röstinnenraum herrschenden Temperaturen zu erhalten, ist es sinnvoll, den *Quest* durch ein digitales Thermometer zu ergänzen. Der Hersteller bietet hierfür passgenaue K-Thermofühler (für die Messung der Bohnen-Temperatur während einer Röstung) an. Ein solcher Fühler wird in das hierfür bereits vorgebohrte, mit einer Schraube verschlossene Loch eingesetzt und mit einem digitalen Thermometer (z.B. von Voltcraft K202, Amprobe TMD-56, Center 306) verbunden. Dieses teilt Ihnen bei der Röstung die jeweils aktuelle Temperatur der unmittelbaren Bohnenumgebung mit. Zusätzlich informiert Sie das bereits in der Grundausstattung des *M3s* enthaltene Analog-Stabthermometer über die Röstrauminnentemperatur.

Das analoge Stabthermometer können Sie aber auch abschrauben und durch einen weiteren K-Thermofühler ersetzen. Mithilfe eines Datenloggers (z.B. von Voltcraft K202, Amprobe TMD-56, Center 306) können Sie dann die jeweiligen Messdaten der beiden K-Fühler während einer Röstung auf Ihren Computer übertragen und mittels einer Röstsoftware (z.B. der im

Internet frei verfügbaren Artisan-Software, siehe hierzu auch die Seiten 79 bzw. 215 im vorliegenden Buch) grafisch darstellen. Zudem stört dann das Gehäuse des Analog-Stabthermometers nicht beim Ziehen einer Bohnenprobe mit der *Quest*-Probenzieherlanze.

Ein Röstprofil könnte zum Beispiel so aussehen: Nachdem ca. 8–10 Minuten bei 200 °C vorgeheizt wurde, öffnen Sie den Deckel des Einfüllschachts, füllen 200 g Bohnen hinein und achten darauf, dass keine Bohnen im Luftkanal liegenbleiben. Die Temperatur sinkt jetzt auf ca. 80 °C, die Einfüllklappe bleibt geöffnet, Stromstärke auf 3,5 bis 4A stellen, Lüfter auf 1. Bei 160 °C die Einfüllklappe schließen, Stromstärke auf 4 bis 4,5A erhöhen, Lüfter auf 3. Knapp vor dem Erreichen der 190 °C Stromstärke auf 3 bis 3,5A reduzieren, Lüfter eine Stufe erhöhen. Nun mit dem Probenzieher eine Bohnenprobe ziehen, eine Bohne wählen, in die hohle Hand legen, Probenzieher mit restlichen Bohnen in die dafür vorgesehene Halterung so zurückführen, dass die gezogenen Bohnen wieder weiterrösten können und nicht im Probenzieher liegen bleiben! Die heiße Bohne in der hohlen Hand mit Hilfe der eigenen Puste abkühlen und geschmacklich prüfen, indem man sie sehr bewusst kaut: Ist sie sauer und brenzlig oder malzig-süß oder eher aromareich und würzig, ist der Sodageschmack dominant oder schon verhaltener usw.? (Profiröster schlucken die zerkaute Bohne tapfer herunter, Sie können sie aber natürlich auch so weit wie möglich ausspucken!) Sind 200 °C erreicht und die probierte Bohne schon sehr würzig und rund, drehen Sie die Stromstärke kurz auf 2A herab, wobei der Lüfter unverändert bleibt oder eventuell erhöht wird. Wieder eine Probe ziehen, eventuell die Stromstärke 0,5A bis 1,0 A erhöhen usw. Die Handgriffe müssen jetzt natürlich sitzen, und Sie müssen wissen, was Sie warum tun! Sind 220 °C und 15–16 Minuten Röstzeit erreicht, Röstung abbrechen, indem Sie die Klappe an der Frontseite des *Quest* mit Hilfe des Hebelarms öffnen: Die dampfenden Kaffeebohnen purzeln jetzt unverzüglich in das dafür vorgesehene perforierte Stahlkästchen. Jetzt unbedingt die Stromstärke auf null stellen, damit Ihnen die Heizelemente nicht durchbrennen! Der Kasten mit den dampfenden Bohnen wird nun auf den Ventilatorschacht gesetzt und mit Hilfe des Ventilators in ca. 4 Minuten abgekühlt. Auch und gerade beim *Quest* müssen Sie wegen seiner kompakten Bauweise den kleinen Spreufilter (Chaff-Filter, Sieb) gewissenhaft reinigen und dabei genau schauen, dass sich in dem Lüftungsrohr keine Spreu mehr befindet. Die würde sich bei der nächsten Röstung sofort entzünden!

Kaffeerösten mit dem *Quest* ist anspruchsvoll, und das Gerät steht einem Profiröster eigentlich in nichts nach. Vom Benutzer verlangt es einiges an handwerklichem Geschick und Sachkenntnis. Weiß man um seine relativ träge Reaktion bei Veränderungen der Steuerungswerte während einer Röstung und bekommt das in den Griff, hat man mit dem *Quest M 3* einen sehr guten Heimröster. Für Anfänger oder Menschen mit zwei linken Händen und wenig Geduld kann ich ihn nicht empfehlen.

Info

► Ausrüstung und Ablauf siehe *Swissmar A8200 Bravi.*

(Internet-Informationen: Über den *Quest M 3* können Sie auf Youtube zahlreiche Kurzfilme ansehen: *www.youtube.com,* nach „Quest M3 Coffeeroaster" suchen). Bitte lesen Sie auch die Beiträge über den *Quest* in den Kaffeeforen, zum Beispiel im Kaffeenetz: *www.kaffee-netz.de/vom-rohkaffee-zum-selbstr-ster.*)

A.6 Huky 500T

Der *Huky* – das bisherige Modell *Huky 500* ist mittlerweile von dem *Huky 500T* abgelöst worden – ist nach wie vor ein ambitionierter und sehr gut verarbeiteter Heimröster. Schon sein Aussehen ist beeindruckend – er erinnert ganz entfernt an das abgeschraubte Teil eines chromblitzenden Formel-1-Boliden. Wie der *Quest M 3* wird der ca. 8 kg schwere *Huky* in Handarbeit gefertigt. Werkstattbetreiber hier ist Kuanho Li, ebenfalls in Taiwan. Auch preislich ist er mit dem *Quest M 3* vergleichbar. Als Heizquelle ist jedoch eine Gasherdplatte vorgesehen, und die Chargengröße pro Röstung wird mit 500 g angegeben (300 g scheinen jedoch für den *Huky* ideal zu sein). Auch die großen Profiröstmaschinen arbeiten mit Gas als Energiequelle. Nicht ohne Grund: Für Berufsköche sind fürs Garen Gasherde die erste Wahl (neuerdings auch Induktionsherde, bei denen energiesparende elektromagnetische Wellen für schnelle direkte Erwärmung sorgen), da das (noch!) kostengünstige Gas sich stufenlos regulieren lässt, so dass die gewünschte Hitze rasch und relativ genau zur Verfügung steht, ebenso schnell aber auch wieder reduziert werden kann. Gas erwärmt das Gargut nicht wie Strom mittels Wärmeleitung über den Topfboden, sondern durch Wärmekonvektion und Wärmestrahlung der Gasflammen. Nun sind Kochen und Rösten aber zwei verschiedene Garverfahren. Eine gute Röstmaschine ist insbesondere dadurch gekennzeichnet, dass Bohnenbewegung, Strömungsgeschwindigkeit der Heißluft, Abzug des Röstrauchs, Röstzeit und Rösttemperatur gut in Einklang gebracht werden können. Eine genaue Abbildung der jeweils aktuellen Temperatur des Röstgutes ist da genauso elementar wie die differenzierte, schnelle und wirkungsvolle Regulierung der Rösttemperatur. Vom Ansatz

Huky 500T

her stimmt beim *Huky* eigentlich alles, doch gibt es Probleme mit der Hitzeübertragung und -steuerung. Besonders damit zu ringen haben die Heimröster, die die perforierte Rösttrommel gewählt haben. Aber auch diejenigen, die sich für die unperforierte Rösttrommel entschieden haben, haben ihre Probleme mit der Hitzeübertragung und -steuerung, da der *Huky* zu schnell über das gewünschte Röstziel hinausschießt. Siehe hierzu auch die Diskussionsbeiträge zum *Huky* in den Internetforen, z. B. im Kaffeenetz. Ob die mit dem neuen Modell gegebene Möglichkeit, die Löcher der perforierten Rösttrommel manuell mit einem Blechschieber halb abzudecken, zu verbesserten Röstergebnissen führt, wird die Praxis zeigen.

Info

► Ausrüstung und Ablauf siehe *Swissmar A8200 Bravi*
(Internet-Informationen: Eine sehr ausführliche Darstellung des *Huky 500* (die beiden Modelle *Huky 500* und *Huky 500T* unterscheiden sich in der Handhabung nicht voneinander) kann man hier finden: *www.home-barista.com/home-roasting/exploring-huky-500-coffee-roaster-part-i-t20245.html.* Des Weiteren gibt es im Kaffeenetz einen aufschlussreichen Diskussionsfaden zum *Huky*: *www.kaffee-netz.de/threads/welchen-500g-heimroester-huky-500.78863/.* Auf YouTube finden sich lehrreiche Filme über den *Huky 500T*: *www.youtube.com/results?search_query=Huky500T.*
Herr Kuanho Li ist per Mail erreichbar: kuanho.li@gmail.com.)

A.7 Anticomplex Röstbiene 300

Auch in der Werkstatt von Sören Prenzler hat sich einiges getan: Die *Röstbiene* kann durch einen Chaff-Filter ergänzt werden, mit dessen Hilfe der beim Röstprozess unvermeidlich entstehende Rauch abgezogen wird. Für den Erhalt ganz feiner Geschmacksnuancen hochwertiger Bohnen ist der sofortige Abzug des Röstrauchs unerlässlich. Der Chaff-Filter passt auch auf die vorangegangenen Modelle der *Röstbiene.* Die für den Antrieb bisher vorgesehene Kette ist durch einen Zahnriemen ersetzt worden. Damit wird der Geräuschpegel deutlich verringert: Besonders der beim Kaffeerösten so überaus wichtige Beginn des ersten Knackens ist jetzt noch besser zu hören.

Begonnen hat die Geschichte der *Röstbiene* im Jahr 2009. Sören Prenzler wollte den idealen, bezahlbaren Kaffeeröster für zu Hause zu bauen. Seitdem ist viel geschehen: Prototypen wurden gefertigt und u.a. bei den Hamburger Heimröstertreffen vorgeführt, und die Verbesserungsvorschläge der Teilnehmer und Profiröster wurden aufgenommen. Die *Anticomplex Röstbiene 300* (die bis Ende 2016 *Röstbiene MK2* hieß) ist also ein Gemeinschaftsprojekt von Heim- und Profiröstern. Und dieses Projekt ist noch nicht abgeschlossen. Doch bereits jetzt haben wir mit der *Anticomplex Röstbiene 300* ein Gerät auf dem Markt, mit dem sich Rohkaffeebohnen auf nahezu professionelle Weise rösten lassen. Wie alle guten Dinge hat auch dieses seinen Preis, der beim neuesten Modell netto um die 2.000 Euro liegt. Es ist ein Röster für Puristen, denen Topqualität über Schönheit geht. Zwei hochwertige Temperaturfühler des Typs K für Trommelinnenraum und Bohnenmasse ermöglichen den

Anticomplex Röstbiene

Anschluss eines Datenloggers (z.B. von Voltcraft K202, Amprobe TMD-56, Center 306). Damit können die Temperaturveränderungen am Röstgut in Abhängigkeit von der Röstzeit mithilfe einer speziellen freien Software (z.B. Artisan-Röstsoftware, siehe hierzu auch die Seiten 79 bzw. 215 im vorliegenden Buch) ziemlich genau grafisch am PC dargestellt werden, und es besteht die Möglichkeit, ein Archiv mit Röstprofilprotokollen anzulegen. Die Rösttrommel ist aus hochwertigem 4-mm-Formstahl, besitzt also beste Wärmeleitfähigkeit. Wie bei den großen gewerblichen Röstmaschinen ermöglicht ein sehr handlicher Probenzieher die direkte optische, olfaktorische und geschmackliche Kontrolle der Röstcharge. Dank des leisen Zahnriemenantriebs und des 12-Volt-Motors ist der Beginn des ersten und zweiten Knackens der Bohnen recht gut zu hören. 100 bis 400 g können pro Röstung verarbeitet werden. Für die effiziente Bohnenkühlung kann man eine speziell dafür vorgesehene Abkühlvorrichtung kaufen. Hervorzuheben ist auch, dass alle Bauteile der *Biene* leicht zu besorgen und selbst einzubauen sind (darauf will auch der Name *Anticomplex* hinweisen). Wie der *Huky 500T* wird die *Biene* über einen Gaskocher gestellt und befeuert, doch sind bei ihr Bohnenbewegung, Strömungsgeschwindigkeit der Heißluft, Röstzeit und Rösttemperatur deutlich besser in Einklang zu bringen.

Man darf gespannt sein, welche Weiterentwicklungen die *Röstbiene* durch die Werkstatt Sören Prenzler noch erfahren wird. Schon jetzt aber ist sie meiner Meinung nach ein sehr guter Heimröster und für gewerbliche Röstbetriebe ein immer noch relativ preiswerter Proberöster.

Info

► Ausrüstung und Ablauf siehe *Swissmar A8200 Bravi.*

(Internet-Informationen: Sehr ausführliche Beiträge über die *Röstbiene* gibt es im Kaffeenetz: *www.kaffee-netz.de*, Rubrik „Rund um die Bohne" wählen und im dortigen Suchfeld den Begriff „Röstbiene" eingeben. Filme über die *Röstbiene* und ihre Arbeitsweise sind bei YouTube zu sehen: einfach nach „Röstbiene" suchen.

Die Werkstatt Sören Prenzler im Internet: *roestbiene.de*; *anticomplex.de.*)

A.8 Weitere Kontaktröster

Der *Solar Coffee Roaster* (für bis zu 2 kg je Röstcharge; Betriebsenergie des Rösters ist aber nicht, wie der Name nahelegt, die Sonnenenergie, sondern elektrischer Strom aus der Steckdose!) und der *FZ-94 Pro-Lab Roaster* von der Firma Coffee-Tech Engineering LTD *(www.coffee-tech.com)* sind zwei hervorragende Kleinströster, die auch für das Kaffeerösten zu Hause bestens geeignet sind. Mit dem Rauchfilter *Avirnaki* bietet die Firma zudem ein Gerät an, das Röstrauch und -geruch praktisch vollständig eliminiert. Zumal für den in der Stadt lebenden Heim- und Profiröster ist es gut zu wissen, dass es so etwas gibt.

Mehr gezeigt als erwähnt werden soll der folgende Handröster, angeboten in Südkorea. Er ist ca. 25 cm lang und in Handarbeit aus Leichtguss angefertigt. Geschützt mit einem Grillhandschuh können mit diesem ca. 330 g schweren Röster 50–70 g Rohkaffeebohnen über einem Gaskochfeld geröstet werden. Der Röstrauch kann durch den hohlen, ca. 12,5 cm langen Handgriff entweichen, der wahlweise noch mit einer festen Schnur umwickelt werden kann:

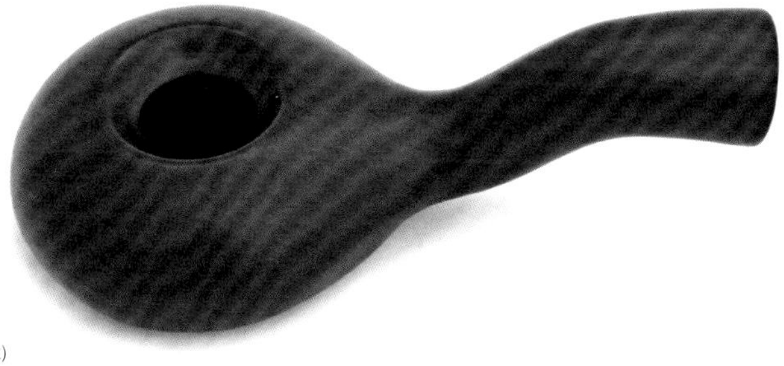

(Foto: privat)

Auch Handmaronenröster lassen sich zum Kaffeerösten verwenden. Deren etwas zu große Löcher im Pfannenboden kann man mit einem engmaschigen Drahtgewebe abdecken. In Italien kann man diese Röster für sehr wenig Geld in fast jedem Haushaltswarengeschäft erwerben.

B. Konvektionsröster

B.1 Hot-Air Corn Popper

Nicht alle Hot-Air-Popper eignen sich für die Kaffeeröstung. Geeignet sind nur solche, bei denen die Heißluft aus mehreren kleinen Öffnungen austritt, die kreisförmig an der Innenseite (nicht am Boden) der Röstkammer liegen. Geräte, deren Heißluft aus einer zentralen und mit einem Drahtgitter abgedeckten Düse am Boden der Röstkammer strömt, sind für das Kaffeerösten völlig ungeeignet; bei ihnen besteht sogar Brandgefahr. Auch wer die Rohkaffeebohnen vorzugsweise dunkelbraun (Bohnenoberfläche glänzend) bis schwarzbraun (Bohnen ölig mit glänzender Oberfläche) röstet, wird an einem Hot-Air-Popper nicht lange Freude haben, da die Heizthermostate die Beanspruchung auf die Dauer nicht aushalten. Bis maximal 240 °C – damit sind die Röstspektren von mittelhell (trockene, nichtglänzende Bohnenoberfläche) bis mitteldunkel (winzige Öltröpfchen auf der Bohnenoberfläche) abgedeckt – kann unbedenklich mit einem Heißluft-Röster geröstet werden. Alle darüberliegenden Röstgrade sollten mit einem anderen Gerät angestrebt werden, z.B. mit dem famosen manuellen Herdmaisröster.

Da die meisten Kaffeeliebhaber ihre Bohnen sowieso höchstens bis zu einer mitteldunklen Stufe (Beginn des zweiten Knackens) rösten, die sich für Espresso-Mischungen bestens eignet, ist ein geeigneter Hot-Air-Popper bereits ein idealer Kaffeeheimröster: sehr einfach zu handhaben, ein gleichmäßiges Röstbild konstant produzierend – und recht preiswert obendrein.

Während es beim manuellen Herdmaisröster notwendig ist, ein Candy-Thermometer einzubauen, ist dies beim Hot-Air-Popper zwar nicht zwingend erforderlich, aber trotzdem empfehlenswert, denn die einzelnen Röstgrade werden durch verschiedene Temperaturen erzielt. Und ein Thermometer in einem Hot-Air-Popper bildet, anders als beim Herdmaisröster, wo ja die Lufttemperatur der Röstkammer gemessen wird, schon ziemlich genau die jeweilige Temperatur der Bohnen ab. Als Röster haben Sie dann, ergänzend zu Ihrer Uhr und Ihrem Geruchssinn, Ihren Ohren und Augen, noch ein weiteres zuverlässiges Kontrollinstrument, mit dem Sie den Röstprozess beurteilen und steuern können. Der Einbau des Thermometers ist beim Hot-Air-Popper noch einfacher als beim Herdmaisröster. Sie müssen nur auf den richtigen Abstand der Thermometerspitze zum Boden der

Röstkammer achten: Weniger als 2,5 cm und mehr als 6 cm sollte er auf keinen Fall betragen.

Und so geht's: Die Mitte des Air-Popper-Deckels bestimmen; markieren; mit dem Handbohrer ein wenig vorbohren; den richtigen, also untermaßigen Bohrer in die Bohrmaschine einspannen und ein Loch bohren; Kunststoffbohrspäne unbedingt aus der Röstkammer entfernen; Thermometer einlassen; den Abstand zum Röstkammerboden mit Unterlagsscheiben, Muttern und/oder kleinen Aluröhrchen, die passgenau aus Alurohren (z.B. im Bauhaus) gesägt wurden, festlegen und das Thermometer mit einer Feststellschraube (Fachhandel) befestigen oder einfach unbefestigt lassen. Fertig.

Und noch etwas: Bitte denken Sie daran, dass der Garantieanspruch eines Gerätes verfällt, sobald es für andere Zwecke verwendet wird als vom Hersteller angegeben. Ebenfalls wichtig: Elektrische Haushaltsröster müssen nach einer Röstung mindestens eine halbe Stunde lang abkühlen – erst danach kann die nächste Röstung erfolgen. Sonst stellen die Thermostate ihre Arbeit bald ein. Dies gilt natürlich auch für den Hot-Air Corn Popper.

Bei den nordamerikanischen Kaffeeheimröstern haben sich die Hot-Air Corn-Popper-Modelle *West Bend Poppery II* (1200 W Modell), *Popcorn Pumper, Kitchen Gourmet Popcorn Maker, Toastess TCP-388* (gleiches Modell *TCP-1*) bewährt. Leider werden diese Geräte nicht mehr hergestellt, doch findet man sie bei ebay.com regelmäßig im Angebot, originalverpackt und unbenutzt.

Nach wie vor werden indes die Hot-Air Corn-Popper-Modelle *West Bend Air Crazy, Toastmaster 6203 Popcorn Popper* und *Presto Poplite* produziert, die gleichfalls bestens geeignet sind, kleine Mengen von Rohkaffeebohnen in Röstkaffeebohnen zu verwandeln.

Denken Sie daran, dass elektrische Geräte nordamerikanischer Herkunft nur mit einer Spannung von 110 Volt funktionieren. Für einen neuen Spannungsumwandler von 100 auf 230 Volt müssen Sie bei einer Leistung von 1.500 Watt mit etwa 200 Euro rechnen (z.B. bei Conrad); Geräte aus zweiter Hand sind entsprechend preiswerter. Auf dem deutschen Markt wird meines Wissens zur Zeit kein für das Kaffeerösten geeigneter Popcorn-Automat angeboten. Der sehr gute Popcornautomat *PC 3751* von Severin (ca. 25 Euro) käme im Prinzip infrage, da sein Heizmodul verdeckt ist und er zudem ausreichend Hitze erzeugt, um Rohkaffeebohnen zu rösten und nicht nur zu backen. Er ist aber mit einem Überhitzungsschutz versehen, der das Gerät nach fünf Minuten Betriebszeit ab- und erst zehn Minuten später wieder einschaltet. Zum Rösten sind allerdings mehr als fünf Minuten Röstzeit notwendig.

Ausrüstung

- Hot-Air Corn Popper (möglichst mit Thermometer),
- ein Paar Ofenhandschuhe,
- Holzkochlöffel,
- zwei Metallsiebe oder Seihen.
- Rohkaffee abwiegen entsprechend der Menge Popmais, die der Hersteller für das Gerät empfiehlt, (auf keinen Fall mehr als angegeben!)
- Uhr mit Sekundenzeiger,
- Bohnenvergleichsprobe für die Bestimmung der Röstfarbe
- Auffangschüssel, um die Spreu aufzufangen, die der Hot-Air-Popper beim Rösten auswirft.

Ablauf

- Alle Geräte griffbereit an den Arbeitsplatz legen und für gute Lichtverhältnisse sorgen.
- Abzugshaube einschalten, falls vorhanden, oder das nächste Fenster öffnen.
- Die abgewogene Menge Rohkaffeebohnen in den kalten Hot-Air-Popper schütten. Kunststoffkappe aufsetzen.
- Auffangschüssel für die Spreu unter die Auswurföffnung stellen. Ersatzweise die Schüssel so platzieren, dass die Spreu direkt ins Spülbecken ausgeworfen wird.
- Gerät einschalten.
- Bis zum ersten Knacken warten. Dieses tritt nach ca. drei Minuten ein. Jetzt noch eine Minute warten. Dann mit der Kontrolle der Röstfarbe beginnen: Ofenhandschuhe anziehen; den kleinen Deckel abnehmen; Röstfarbe der Bohnen beurteilen bzw. mit der Bohnenprobe vergleichen; Deckel wieder aufsetzen. Falls kein kleiner Deckel vorhanden ist, nehmen Sie die ganze Kappe ab und setzen sie so schnell wie möglich wieder auf, um das Entweichen der Rösthitze zu vermeiden.
- Für einen mittelhellen Röstgrad sind ca. 4–6 Minuten nötig, für einen mitteldunklen 7–8, und für einen dunklen (maximal 240 °C) ca. 9 Minuten.
- Kurz bevor die Bohnen die gewünschte Farbe erreicht haben bzw. mit der Farbe der Bohnenvergleichsprobe übereinstimmen, beenden Sie die Röstung unverzüglich:
- Zuerst den Pop-Air-Röster ausschalten, dann sofort die heißen Bohnen in ein Sieb schütten (dabei unbedingt Ofenhandschuhe tragen!)

und mit dem Kühlen beginnen: entweder wechselweise die Bohnen von einem Sieb in ein anderes schütten, bis sie handwarm sind, oder mit einem Löffel umrühren.

- Den optimalen Geschmack erreichen die Bohnen zwölf Stunden bis zu drei Tage nach der Röstung; die Tasse schmeckt aber auch jetzt schon ausgezeichnet.

(Internet-Informationen: Wie mit einem Popcorn Popper Kaffee geröstet werden kann, zeigen einige Filmen auf YouTube: *www.youtube.com,* dort nach „Popcorn popper coffeeroasting“ suchen.
Wunderbar ist der Film „Coffee Roasting Tutorial: The Popcorn Popper Method“ von Tom, Sweet Maria.

B.2 Rösten im Backraum des Küchenherds

Das wäre natürlich fantastisch: die Rohkaffeebohnen einfach auf ein Backblech schütten, gleichmäßig verteilen und wie Plätzchen in den vorgeheizten Ofen schieben. Und nach ca. 15 Minuten wäre ein Pfund Kaffee aufs Feinste geröstet! So einfach ist es leider nicht. Nach bestem Wissen und Gewissen kann ich das Rösten im Backraum nicht empfehlen, auch wenn es prinzipiell möglich ist und – zumal mit einem Gasherd – sogar exzellente Röstergebnisse erzielt werden können. Um aber solche Ergebnisse *regelmäßig* zu erzielen, müssen Sie, auch in der sensorischen Kaffeebeurteilung, schon weit fortgeschritten sein. Zumindest müssen Sie beurteilen können, wie Kaffee aus einer misslungenen und wie er aus einer gelungenen Röstung schmeckt. Denn braun werden die Bohnen im Backofen auf jeden Fall – wenn Sie möchten, auch schwarz –, nur kommt es darauf allein ja nicht an.

Geröstet werden kann in einem Gasherd, einem Heißluftherd oder in einem Herd, in dem Heißluft und Standwärme kombiniert werden können. Einfache elektrische Herde sind für die Kaffeeröstung nicht geeignet, da sie nicht genug Hitze erzeugen können. Minibacköfen hingegen (z.B. der *Solac HO6019 Backofen 19 L*) sind – zumindest für den Anfänger – durchaus brauchbar; siehe hierzu den Erfahrungsbericht im Kaffeenetz: *www.kaffee-netz.de/threads/die-backofenroestung-erfahrungsbericht-eines-einsteigers.87206/#post-1041523.*

Allen drei Herdtypen ist gemeinsam, dass sie ein buntes Röstprofil hervorbringen: d.h. jede Röstung bringt das gesamte Spektrum von hellen bis dunklen Bohnen in unterschiedlicher Zusammensetzung hervor, wobei Letztere von Hitzegrad und Dauer der Röstung abhängt. Für die Tasse ist eine bunte Röstung durchaus nicht von Nachteil. Im Gegenteil: Bunte Röstprofile bieten, anders als gleichmäßige, eine größere Geschmacksvielfalt. Für Kaffeetrinker, die ein mittel- bis dunkelbraunes Röstbild bevorzugen, wäre der Backofen eigentlich ideal. Doch wer lieber einheitlich helle oder dunkle Röstungen mag, sollte seine Bohnen nicht im Backofen rösten, denn unter die helle Röstung werden sich immer auch mitteldunkle bis dunkle Bohnen mischen, und in der dunklen Röstung werden sich auch Bohnen mit bereits verkohlten Stellen auf der Oberfläche befinden.

Für alle drei Herdtypen benötigen Sie entweder ein gelochtes Backblech (Lochdurchmesser höchstens 2 mm, um das Durchfallen der Bohnen zu vermeiden; Lochabstand maximal 3 mm) mit so vielen Löchern wie nur möglich. Oder, besser noch, ein Maschendrahtsieb bzw. ein selbstgefertigtes Backblech, dessen Boden aus Maschendraht besteht und das gleich einem engmaschigen Sieb einen optimalen Kontakt zwischen Hitze und Bohne ermöglicht. Eine ganz feine Sache sind sogenannte Pizzascreens, d.h. runde Pizzableche aus Alu, die es in den Durchmessern 18 cm bis 45 cm gibt. Sie haben keinen hochgezogenen Rand, sind also flach, und ihr Boden besteht aus einem Metallstreckgewebe. Einzelne Perlbohnen bzw. sehr flache Bohnen können daher durchfallen, was sich aber mit der Befestigung eines Maschendrahts unter den Screens verhindern lässt. Auch Mehlsiebe aus Metall wären im Prinzip ein gutes Hilfsmittel zum Kaffeerösten im Backofen. Jedoch stehen ihre hohen Ränder einem ausreichenden Kontakt zwi-

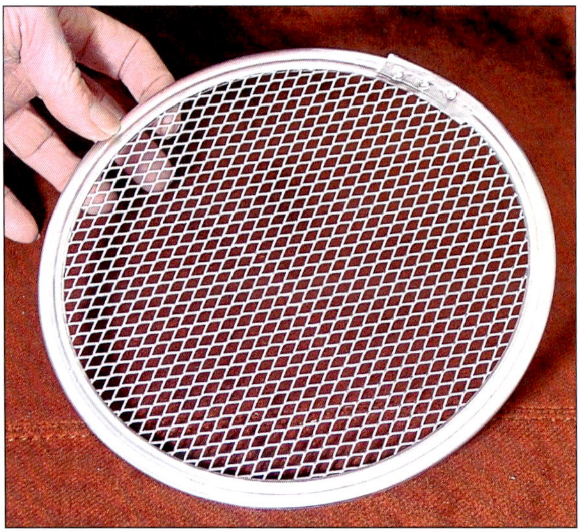

Pizzascreens, d.h. runde Pizzableche aus Alu (Rösten im Küchenherd)

schen Hitze und Kaffeebohnen im Wege und müssten deshalb abgeschnitten werden, was keine leichte Sache ist.

Auf dem perforierten bzw. aus rostfreiem Maschensiebdraht gefertigten Blech darf nur eine Lage Rohkaffeebohnen ausgebreitet werden, d.h. diese dürfen nicht übereinander, sondern müssen dicht nebeneinander und eben liegen. Die Backfläche des Blechs muss zur Gänze mit Bohnen abgedeckt sein. Stellen Sie während des Röstens oder nachträglich fest, dass Ihr Herd die Bohnen z.B. auf dem vorderen Teil des Blechs heller, auf dem hinteren dunkler röstet, müssen Sie alle drei bis vier Minuten das Blech andersherum einschieben, um ein gleichmäßiges Röstprofil zu erzielen. Zeigen die Bohnen auf dem Blech stark unterschiedliche Röstprofil-Areale, können Sie durch das Einschieben eines weiteren leeren Backblechs (evtl. auch mehrerer Bleche) unterhalb des Röstblechs versuchen, die Verteilung des Hitzestroms so zu steuern, dass ein einheitlicheres Röstbild erreicht wird. Außerdem kann das Röstblech mit den Rohkaffeebohnen natürlich auch weiter oben oder unten statt in der Mitte eingeschoben werden. Hier sind etliche Kombinationen möglich. Letztlich müssen Sie selbst herausfinden, wie Sie mit Ihrem Herd das beste Röstprofil erzielen.

Sollten Sie für die Steuerung der Rösthitze Backbleche verwenden, werden Sie wahrscheinlich mit einer höheren Aufheiztemperatur beginnen müssen, um auf diese Weise ein zu langes Rösten der Bohnen zu vermeiden; denn bei zu langer Röstzeit wird die Tasse dünn. Wenn Sie ein einfaches Handsieb aus Maschendraht verwenden, darf auch hier nur eine dünne Lage Rohkaffeebohnen, höchstens zwei bis drei Bohnen stark, ausgebreitet werden. Beim Rösten müssen Sie aber im Minutentakt das Sieb schütteln, um eine gleichmäßige Röstung zu gewährleisten. Auch dabei so wenig Hitze wie möglich aus dem Röstraum entweichen lassen! Bevor Sie mit dem Rösten im Backraum Ihres Herdes beginnen, müssen Sie mit einem guten Ofenthermometer die tatsächliche Temperatur des Backofens feststellen: Zwischen den am Schalter angegebenen und den realen Temperaturen bestehen meist große Unterschiede.

Mit einem Gasherd werden Sie anders als beim Heißluftherd keine Schwierigkeiten haben, 260 °C bis 280 °C zu erreichen. Auf jeden Fall müssen im Backraum mindestens 240 °C erreicht werden. Niedrigere Temperaturen führen zu einer flachen, dünnen Tasse.

Den Röstprozess zu beobachten, ist bei allen drei Herdtypen schwierig, besonders beim Heißluftherd, da das Geräusch des Heißluftventilators keine Kontrolle mit den Ohren (erstes und zweites Knacken) zulässt. Die Ofenklappe bzw. -tür ist zudem ein guter Geräuscheschlucker. Deshalb kann man sich im Grunde nur auf das Ofenthermometer, eine Uhr sowie die eigene Erfahrung und Geschicklichkeit verlassen.

Sollte mit dem Kaffeerösten im Backofen alles schiefgehen, schaffen Sie sich lieber einen Konvektionsröster an; die kosten zwar nicht wenig, man erreicht aber mit ihnen ohne große Mühe zu 99 % ganz wunderbare Röstergebnisse.

B.2.1 Rösten im Gasofen

Ausrüstung

- Gasherd,
- Ofenthermometer im Backraum,
- Backblech (perforiert oder mit rostfreiem Maschensiebdrahtboden) oder Metallhandsieb, mindestens noch ein Metallsieb oder eine Metallstandseihe für das Kühlen,
- ein Holzkochlöffel,
- ein Paar Ofenhandschuhe,
- eine Uhr mit Sekundenzeiger,
- eine ausreichende Menge Rohkaffeebohnen, um ein ganzes Blech einlagig und dicht zu bedecken,
- Bohnenvergleichsprobe,
- Taschenlampe.

Ablauf

- Backraum vorheizen: 260–280 °C (260° bei koffeinfreien Bohnen, 270° bei älteren Bohnen, 280° bei Bohnen aus neuer Ernte). Die Bohnen dürfen nicht länger als 12 Minuten für ein mittelhelles und höchstens 18 Minuten für ein dunkles Röstbild rösten. Erreichen Sie das nicht, stellen Sie bei der nächsten Röstung die Aufheiztemperatur höher. Die Aufheiztemperatur ist zugleich die Rösttemperatur, die bis zum Ende der Röstung beibehalten wird.
- Das dicht mit Rohkaffeebohnen komplett bedeckte Blech in den Ofen schieben (beginnen Sie mit der mittleren Einschubhöhe), wenn die Aufheiztemperatur erreicht ist und stabil bleibt (Ofenthermometer).
- Wenn Sie mit einem Handsieb rösten, schieben Sie vor der Aufheizphase das Grillgitter in den mittleren Einschub. Ist die Aufheiztemperatur erreicht und bleibt sie stabil, legen Sie das mäßig mit Bohnen gefüllte Handsieb auf das Grillgitter. Für den Griff des Handsiebs eine gute Auflage (z.B. eine Tasse) bereitstellen.

- Warten Sie 5–7 Minuten auf das erste Knacken, danach nochmals 2 Minuten, bei dunklen Röstungen auch 3 Minuten.
- Beginnen Sie jetzt mit der Kontrolle: Taschenlampe an, Ofentür auf, Bohnenfarbe mit der Vergleichsprobe vergleichen, Ofentür wieder schließen. Damit möglichst wenig Rösthitze entweicht, muss die Kontrolle sehr rasch erfolgen.
- Bei einem Handsieb müssen Sie vor dem ersten Knacken das Sieb zwei- bis dreimal leicht rütteln, nach dem ersten Knacken dann im Minutentakt. Dabei Ofenhandschuhe tragen!
- Kurz bevor die Bohnen die gewünschte Farbe erreicht haben, beenden Sie die Röstung augenblicks und schütten Sie die Bohnen in ein Sieb oder eine Standseihe.
- Herd ausschalten und sofort mit dem Kühlen beginnen: Die Bohnen mit einem Holzlöffel umrühren oder wechselweise zwischen zwei Sieben hin- und herschütten, bis sie handwarm abgekühlt sind.
- Silberhäutchenrest entfernen: Gehen Sie zum Spülbecken und pusten Sie leicht über die Bohnen, während Sie diese von einem Sieb ins andere schütten.
- Frischgeröstete Bohnen dürfen auf keinen Fall in einen Behälter gefüllt und dann luftdicht verschlossen werden. Das den Bohnen entweichende Gas bringt sonst den Behälter zum Platzen. Warten Sie mit dem Verschließen noch einen halben Tag.
- Aus frischgerösteten Bohnen zubereiteter Kaffee schmeckt einfach wunderbar. Ihren vollen Geschmack erreichen die Bohnen aber erst zwölf Stunden bis zu drei Tage nach der Röstung. Ab dem fünften Tage wiederum entwickelt sich durch Oxidation der Bohnen sehr schnell ein schlechtes Aroma.

B.2.2 Rösten im Heißluftherd

Mithilfe eines Ofenthermometers stellen Sie zunächst fest, ob Ihr Heißluftherd mindestens 240 °C, besser noch 260 °C bis 270 °C erreicht. Zu niedrige Temperaturen führen unweigerlich zu einer dünnen Tasse.

- Heißluftherd,
- Backofenthermometer.
- Weiteres siehe Gasofen.

- Der Ablauf des Röstens ist im Prinzip der gleiche wie beim Gasofen – siehe dort. Ein Problem ist, dass das Geräusch des Heißluftventilators leicht das erste Knacken der Kaffeebohnen übertönt. Sie müssen deshalb viel experimentieren und auf die Schulung Ihrer Nase und Augen großen Wert legen, damit Sie ungefähr vorhersagen können, wann die Bohnen den gewünschten Röstgrad erreicht haben. Von Vorteil ist es auch, immer die gleiche Bohnenmenge zu rösten. Doch Obacht: Rohkaffeebohnen sind ein Naturprodukt und daher ungeeignet, nach starrem chronometrischem Schema gemessen zu werden. Schauen Sie bereits fünf Minuten vor der von Ihnen prognostizierten Röstzeit in den Backraum (mit Taschenlampe und unter so wenig Rösthitzeverlust wie möglich), da praktisch keine Röstung wie die andere verläuft.
- Rösten Sie in einem Handsieb, wird es komplizierter. Sie werden nicht darum herumkommen, die Bohnen mit der Hand aufzurütteln, und zwar vor dem ersten Knacken zwei- bis dreimal, danach im Minutentakt. Da Sie aller Wahrscheinlichkeit nach das erste Knacken nicht hören werden, müssen Sie um so achtsamer mit Ihren Augen, Ihrer Nase und Ihrem Fingerspitzengefühl operieren.
- Wie beim Rösten im Gasherd sollten die Bohnen nicht länger als 12 Minuten für ein mittelhelles, 18 für ein dunkles Röstbild geröstet werden. Falls Sie das nicht einhalten können, versuchen Sie es mit höheren Aufheiztemperaturen.
- Höhere Rösttemperaturen führen bei mittleren Röstgraden zu einer säurebetonten Tasse, bei dunklen Röstgraden zu pfeffrigen Aromen. Etwas niedrigere Rösttemperaturen betonen den Körper und verringern Säure und Schärfe.
- Gerade am Ende des Röstvorgangs entscheiden Sekunden über den Tassengeschmack, im Guten wie im Schlechten. Bedenken Sie, dass die heißen Bohnen, auch wenn Sie sie bereits zum Kühlen aus dem Röstbehälter genommen haben, stets noch ein wenig nachrösten, und brechen Sie den Vorgang deshalb immer schon vor Erreichen des gewünschten Röstbilds ab!

B.2.3 Rösten in einem Herd mit der Kombination Heißluft-Standhitze

- Die Kombination Heißluft-Standhitze erreicht einen hohen Koeffizienten bei der Übertragung der Backofenhitze auf die Rohkaffeebohnen. Die Vorheiztemperatur muss deshalb für das Rösten niedriger liegen als beim Gas- oder Heißluftherd, etwa zwischen 220 °C und 230 °C. Auch hier mit dem Ofenthermometer nachmessen!
- Das weitere Procedere ist identisch mit der Gasherdmethode – siehe dort.

B.3 Hearthware Gourmet Coffee Roaster (i-Roast)

Dieses Gerät gehörte zu den ersten industriell gefertigten Heimkaffeeröstmaschinen der Nachkriegszeit. Mittlerweile ist die Produktion des *i-Roast 2* eingestellt worden. Auch Ersatzteile gibt es nicht mehr. Die Website der Firma existiert jedoch nach wie vor *(www.i-roast.com)*, und der *i-Roast* ist auch noch zu kaufen, z. B. bei eBay, meist für recht wenig Geld. Bitte unbedingt beachten, dass es den *i-Roast 2* in der 110-Volt- und in der 220/230-Volt-Variante gibt. In puncto Röstergebnisse und Haltbarkeit ist dieses Gerät von sehr guter Qualität. Es handelt sich um einen klassischen Fluid-Bed-Röster *(www.i-roast.com)*.

B.4 Nesco Home Coffee Roaster (vormals Zach & Danis Gourmet Coffee Roaster)

Ein interessanter Konvektionsröster. Von allen Haushaltskaffeeröstern ist er m.W. das einzige Gerät, das den Röstrauch mittels eines integrierten Luftreinigers nahezu vollständig abzieht und nur den Duft der Kaffeeröstung in die Küche bläst. Der Röstvorgang braucht 20 bis 30 Minuten. Da der Heißluftstrom nicht stark genug ist, die Rohkaffeebohnen zu verwirbeln, werden sie von einer rotierenden Schneckenschraube, die senkrecht in der Mitte der Röstkammer steht, während des ganzen Röstvorgangs immer wieder von unten nach oben befördert. Die Steuerung der Röstung kann automatisch oder manuell erfolgen. Pro Röstung sind zwischen 100 g und 150 g Rohkaffeebohnen verkraftbar. Alles in allem ein gutes Gerät, das jedoch leider, wenigstens zur Zeit, nur in einer 110-Volt-Version auf dem Markt ist.

Ausrüstung

- *Nesco Home Coffee Roaster*. Gebrauchsanweisung des Herstellers aufmerksam lesen und aufbewahren. Das Handbuch ist erhältlich unter: *www.nesco.com/files/pdf/bean_roast.pdf*.
- Abgewogene Menge Rohkaffeebohnen (bitte die vom Hersteller empfohlene Menge weder über- noch unterschreiten!).

Ablauf

Internet-Informationen: *www.nesco.com/products/Small-Appliances/Coffee-Preparation-Roasting-Grinding-and-Brewing/Coffee-Bean-Roaster-Pro-Series/*. Den Nesco-Röster findet man dort in der Rubrik „Small Appliances". Filme über die Arbeit mit dem *Nesco Home Coffee Roaster* finden sich auf YouTube, wenn Sie nach „Nesco Coffee Roaster" suchen.

B.5 Gene Coffee-Bean Roaster CBR-101 Analog

Kaffeerösten ist ein dynamischer Prozess, der mit zum Teil erstaunlichen Überraschungen aufwartet. Für den Heimröster bedeutet dies, dass er bei der Arbeit sehr schnell und gezielt agieren und reagieren muss: sei es, dass die Rösthitze erhöht, dann wieder verringert, die Röstzeit mal verlängert, mal verkürzt, dann eventuell wieder ein wenig verlängert werden muss und Ähnliches mehr. Wie bei jeder Kochdisziplin ist auch beim Kaffeerösten ständiges Beobachten und Entscheiden erforderlich, damit alles optimal zur Geltung kommt. Dafür muss das Gargut für den Koch gut sichtbar sein – eine Binsenweisheit, die beim Kaffeerösten jedoch alles andere als selbstverständlich ist.

Schon vor diesem Hintergrund ist der *CBR-101 Analog* (ca. 25 cm breit, 25 cm hoch, in der Länge 40 cm ohne und 50 cm mit Spreufilter) ein herausragender Haushaltsröster, da er praktisch unbegrenzte Möglichkeiten bietet, den Röstverlauf zuverlässig zu steuern, aber auch das Röstgut, also die

Rohkaffeebohnen, bei der Verwandlung in Röstbohnen ständig zu beobachten. Das ist neben vielen anderen Qualitätsvorzügen ein ganz entscheidender Vorteil gegenüber allen anderen Heimröstern! Rösttemperatur und -zeit können während der Röstung beliebig oft und unabhängig voneinander, in Bruchteilen von Sekunden, nach oben oder unten verändert, der Röstprozess sekundenschnell abgebrochen werden. Lediglich zwei handliche Drehknöpfe werden für diese so flexible Steuerung benötigt: ein roter Knopf für die Temperatureinstellung und das manuelle Stoppen sowie ein blauer für die Röstzeit und das Ein- und Ausschalten. Die Temperaturskala reicht bis 250 °C, einstellbar in Ein-Grad-Celsiusschritten, ein Zeitintervall ist 30 Minuten lang, kann aber ja während der Röstung beliebig oft sechssekundengenau verkürzt oder verlängert werden. Beide Werte werden auf einem gut lesbaren Display ständig aktualisiert angezeigt, die Zeit in abzählender Form, die Temperatur im Wechsel Ist-Soll. Die Rösttrommel besteht aus einer sehr stabilen Glaskanne (16 cm hoch, 11 cm Durchmesser), die es gestattet, den gesamten Röstverlauf auch mit den Augen zu verfolgen und zu kontrollieren.

Allerdings kann das Gerät aufgrund seiner technischen Möglichkeiten auch zum Feuerspeier werden: 300 g Rohkaffeebohnen 30 Minuten lang bei 250 °C Heißluft rösten – das geht mit Sicherheit nicht gut und führt zur Zerstörung des Rösters durch Feuer. Deshalb an dieser Stelle nochmals der Hinweis: Lassen Sie Ihr Gerät bei laufender Röstung *niemals* unbeobachtet und arbeiten Sie besonders bei den dunkleren Röstgraden mit erhöhter Aufmerksamkeit. Unbedingt ist auch nach jeder Röstung das Gerät sorgfältig von aller Spreu zu reinigen (ein einfacher Universalpinsel Größe 3 erleichtert diese Arbeit erheblich) – vor allem die Glasrösttrommelkanne und der Spreufilter, der leicht abnehmbar und zu entleeren ist. Wenn Sie mit dem *CBR-101* vorzugsweise Espressomischungen rösten, wozu das Gerät bestens geeignet ist, müssen Sie außerdem nach etwa 40 bis 80 Röstungen die Glasinnenseite und auch den Spreufilter, durch den zugleich die Röstheißluft abgeführt wird, von eingebrannten Kaffeeölen befreien. Dafür reicht allerdings einfaches Spülen mit Wasser und Geschirrspülmittel, so wie von der Firma Genesis vorgeschlagen, bei Weitem nicht aus. Mit einem milden, lebensmittelsauberen Markenreiniger für Backofen und Grill (keinen Herdreiniger verwenden!), z. B. Sidol Bref-Power Backofen- und Grillreiniger von der Firma Henkel, bekommen Sie jedoch Rösttrommel und Glas ohne große Mühe wieder sauber. Die Rösttrommel mit Schaum auffüllen, Schaum einwirken lassen, nach ca. einer Stunde mehrmals sehr gut ausspülen und mit einem Putzschwamm (mit der Reibeseite nur, wenn es notwendig ist, und dann nur ganz vorsichtig auf dem Glas) nacharbeiten, bei weniger zart-schlanken Händen den Stiel eines Holzkochlöffels als verlängerte Hand zur Hilfe nehmen; auch eine alte Zahnbürste kann bei dieser Reinigungsarbeit sehr nützlich sein. Eventuell den Vorgang wiederholen. Nach der Reinigung noch eine kurze Gewissheitsröstung durchführen: ca. 50 g mindergute Bohnen hellbraun rösten und dann wegwerfen.

Im Zusammenhang mit der Feuergefahr ist auch die auf der Glasröstkanne in ungefähr 2 cm Höhe angebrachte Markierung mit dem Schriftzug „Dry Process Beans" („Bohnen aus trockener Aufbereitung") zu verstehen (im Handbuch des *CBR-101* steht auf Seite 9 in der Grafik links unten stattdessen „Capacity for Brazilian", also „Füllhöhe für brasilianische Bohnen"; dabei ist „Brazilian" stellvertretend für alle Dry Process Beans zu verstehen, obwohl aus Brasilien natürlich auch Bohnen aus nasser oder halbtrockener Aufbereitung kommen – hierzu mehr im Abschnitt „Theorie" dieses Buches). Weil trocken aufbereitete Rohkaffeebohnen naturgemäß mehr Spreu mit sich bringen (auch hierzu mehr im Abschnitt „Theorie"), empfiehlt der Hersteller vorsorglich, pro Röstung die Charge mit Dry Process Beans so zu bemessen, dass die Markierung – sie entspricht ca. 200 g bis 250 g Rohkaffeebohnen – nicht überschritten wird.

In dem mitgelieferten Handbuch, das 20 Seiten in englischer Sprache umfasst, dank der vielen grafischen Darstellungen jedoch sehr leicht verständlich ist, heißt es, pro Röstung seien 300 g Rohkaffeebohnen möglich. Von dieser Menge rate ich aber dringend ab: zu hohe Rauchentwicklung, schlechte Kontrolle des Röstverlaufs, Feuergefahr. 200 g sind m.E. mehr als genug. Bis Sie mit dem *CBR-101* wirklich gut rösten können, sollten Sie sich pro Röstung sogar nicht mehr als 130 g bis 150 g Rohkaffeebohnen vornehmen. Bei dieser Bohnenmenge gibt es mit dem *CBR-101* keinen bzw. bei dunkleren Röstgraden fast keinen Röstrauch, es besteht so gut wie keine Feuergefahr, da die Hitzeansammlung in der Rösttrommel insgesamt nicht so hoch ist, und Sie können mit der kleinen und daher preiswerteren Menge auch leichteren Herzens einmal eine Röstung verderben, sind also experimentierfreudiger und erwerben sich schneller mehr Rösterfahrung. Zudem dürfen Sie die Unterscheidung zwischen Rohkaffeebohnen mit viel oder wenig Spreu unberücksichtigt lassen, da ohnehin nur wenig Spreu anfällt. Und Sie haben natürlich öfter die Gelegenheit, unterschiedliche Kaffeeprovenienzen zu rösten und zu verkosten.

Auf Seite 14 des Handbuchs werden acht Röstgrade vorgestellt und die für ihr Erreichen jeweils benötigten Zeit- und Temperatur-Einstellungen angegeben. Meine bisherigen Erfahrungen mit dem *CBR-101* zeigen mir aber, dass die Werte ab dem Röstgrad „High Roasting" zu hoch bzw. zu grob bemessen sind: Die Tassenqualität solcherart gerösteter Bohnen ist mit zu vielen Röst-

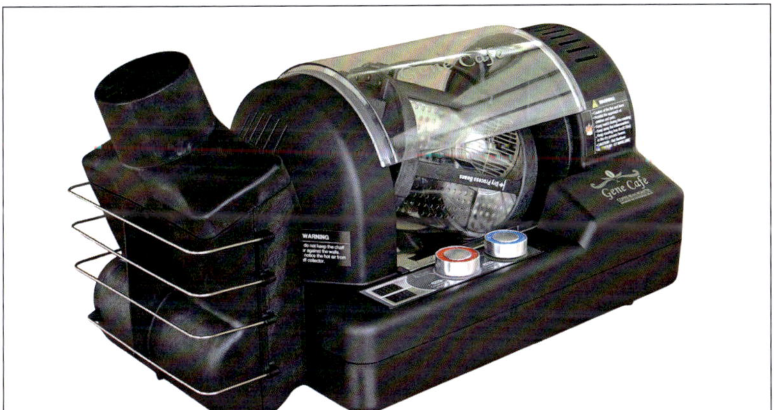
(Firmenfoto)

Gene Coffee-Bean Roaster CBR-101 Analog, jeweils mit großem (hier gibt es die Möglichkeitkeit, einen Abluftschlauch anzuschließen) und mit kleinem Spreufilter.

aromen nachgerade überladen, und die feinen Säuren fehlen komplett. Und besonders bei ostafrikanischen Rohkaffeebohnen fällt zudem das unschöne Röstbild der Bohnen auf: Die Bohnenoberfläche der gerösteten Bohnen zeigen mehr oder weniger ein zerfurchtes und leicht dunkelgraues Aussehen. Das ist jedoch nicht unbedingt das Ergebnis einer schlechten Röstführung, sondern es ist ein typisches Röstverhalten speziell von ostafrikanischen Rohkaffeebohnen. Mit einer unterbrochenen Röstung, auch als doppelte Röstung bekannt, die aber treffender Zwei-Stufen-Röstung heißen sollte, da nur im letzten Schritt die eigentliche Röstung stattfindet, kann dieser Makel vermieden werden. Und geschmacklich erreiche ich mit einer doppelten Röstung ein deutlich besseres Tassenergebnis. Rösten wir mal nach dieser Röstmethode einen gewaschenen Yirgacheffe, Äthiopien.

1. Stufe. Bei nicht zu hohen Temperaturen bis in ein sehr frühes Stadium der Gelbfärbung erwärmen (sanfte Dehydrierung der Bohnen): 160 °C, 8 bis 8,5 Minuten (= 8 Min. und 30 Sek.). Stopp und den Röstvorgang manuell abbrechen, Trommel aus dem Röster heben (Achtung: Schützen Sie Ihre Hände vor der Hitze der Rösttrommel; meist reicht hierfür ein dicker Topflappen) und die Bohnen in ein Haushaltsieb schütten. Sofort mit einem Holzlöffel zu rühren beginnen, um eine schnelle Kühlung der Bohnen herbeizuführen.

Zwar verfügt der *CBR-101* auch über eine automatische Kühlungsphase, die direkt nach Ablauf der jeweiligen Röstzeit mit dem Einblasen kühlerer Luft einsetzt. Diese Kühlungsphase nimmt aber viel Zeit in Anspruch und vermag außerdem das Weiterrösten der Bohnen über den gewünschten Röstgrad hinaus nicht zu verhindern. Am besten sollte die Röstung stets ein wenig vor Erreichen des gewünschten Röstgrads abgebrochen und die Bohnen dann sofort außerhalb der heißen Rösttrommel durch Rühren gekühlt werden. Auch hier rösten die Bohnen aufgrund der von ihnen aufgetankten Rösthitze noch ein klein wenig weiter, aber bei weitem nicht so intensiv wie bei einer Kühlung in der Rösttrommel. Circa 10 bis 30 Minuten stehen lassen.

2. Stufe. a) OHNE BOHNEN die leere Rösttrommel 5 Minuten mit 200 °C vorheizen. b) Abbruch des Vorheizens: roten Drehknopf 2 bis 3 Sekunden drücken und Rösttrommel herausheben. c) Die abgekühlten Rohkaffeebohnen in die Röstkanne einfüllen, Temperatur (roter Knopf) wieder auf 200 °C (die Thermostat-Lüftung wird jetzt automatisch unterbrochen), die Zeit auf 18 Minuten einstellen – der *CBR-101* zählt die eingestellte Zeit rückwärts auf null! d) Start (roten Knopf drücken). Die Bohnen werden jetzt zuerst ganz moderat 5 Minuten bei 200 °C mit Rösthitze aufgetankt. Ganz kurz, bei ca. 13,1 Minuten (0,1 Minuten sind beim *CBR-101* 6 Sekunden, 0,9 54 Sekunden), die Temperatur (Temperaturhöhe ist je nach Rohkaffeeprovenienz, aber auch nach Jahreszeit und Wetter verschieden – im Sommer röstet es sich anders als im Winter, bei trockenem Wetter anders als bei feuchtem, Costa-Rica-Bohnen SHB benötigen 243–244 °C, bei Guatemala-Bohnen reichen 240 °C und so fort) auf 240 °C erhöhen (aber Achtung: Dabei den roten Knopf nicht drücken, was unweigerlich zum Röstabbruch führen würde, sondern nur drehen!).

Bei ca. 6,5 bis 6,0 Minuten (das Röststadium des ersten Knackens findet bei einer eingestellten Ausgangszeit von 18 Minuten meist zwischen 6,5 und 3,5 Minuten statt – angezeigte Zeit auf dem Sichtfeld) erreicht das Röstgut das Stadium des ersten Knackens. Das Erreichen dieses im Kaffeeröstprozess so zentralen Stadiums – siehe hierzu auch Teil 3 des vorliegenden Buches – ist neben dem mehr oder weniger hörbaren Knacken noch besser optisch daran zu erkennen, dass sich jetzt auffallend viele Silberhäutchen und Spreu von der Oberfläche der sich nun stark aufblähenden Bohnen lösen und vom Heißluftstrom in Richtung Spreufilter transportiert werden; zudem ist jetzt auch deutlich ein Kaffeeröstgeruch wahrnehmbar.

Sind die Bohnen für die Zubereitung von Filterkaffee gedacht, direkt nach dem ersten wahrnehmbaren Knacken die Temperatur durch Drehung (nicht durch Drücken!) des roten Knopfes auf 210 °C reduzieren: Drehen im Uhrzeigersinn bewirkt Erhöhung, gegen den Uhrzeigersinn Verringerung der Temperaturwerte. Je nach Geschmack rösten Sie noch ca. 1,5 Minuten für den Röstgrad City (siehe hierzu auch Teil 3 des vorliegenden Buches), 2 Minuten für den Röstgrad City plus, für den Röstgrad Full City bis zum Ende der eingestellten Zeit, eventuell auch länger (in diesem Fall müssen Sie vor Ablauf der eingestellten Zeit die Zeit wieder erhöhen). Ist der von Ihnen gewünschte Röstgrad erreicht, beenden Sie den Röstvorgang manuell (2 bis 3 Sekunden den roten Knopf gedrückt halten; drückt man nur kurz, wird nur die röstereigene Kühlung in Gang gesetzt, der Umlauf der Rösttrommel jedoch nicht gestoppt), heben die heiße Trommel mit Hilfe der an ihr befestigten Handschlaufe aus dem Röster und schütten die Bohnen zum Beispiel in ein Haushaltssieb. Sofort mit einem Holzlöffel zu rühren beginnen, um eine schnelle Kühlung der heißen Bohnen herbeizuführen. Sie können sie auch noch auf ein Pizzablech (am besten schon vor Röstbeginn im Tiefkühlfach vorkühlen) ausschütten, gleichmäßig verteilen und ca. 5 Minuten lang ins Tiefkühlfach stellen.

Wenn Sie die Röstung nach Erreichen des von Ihnen gewünschten Röstgrades per Knopfdruck abbrechen und damit die röstereigene Kühlungsphase überspringen, so ist es trotzdem unbedingt notwendig, diese manuell zu starten, und zwar unmittelbar nachdem Sie die Bohnen aus der Röstkanne geschüttet, die nunmehr leere Röstkanne in die dafür vorgesehene Halterung im Röster wiedereingesetzt und den richtigen Sitz der Kanne kontrolliert haben (sitzt die Röstkanne nicht richtig in den Halterungsschienen und Sie drücken auf Start, verhindert die Handschlaufe der Kanne schon bei der ersten halben Umdrehung den Umlauf und lässt ein Zahnrad im Innern des Rösters zerbrechen. Dies ist zwar, wie alles beim *CBR-101*, relativ leicht zu reparieren, aber es ist ärgerlich und vermeidbar). Dafür stellen Sie nach Einsetzen der Röstkanne die Zeit auf 0,1, geben irgendeine Temperatur ein und drücken auf Start. Nach 6 Sekunden beginnt die Kühlung. Die Kühlung des Rösters hilft zum einen, die Lebensdauer des Heizmoduls und anderer sensibler Teile der Steuerungselektronik deutlich zu verlängern, zum anderen vermeidet man auf diese Weise, dass sich im Inneren des *CBR-101* im Laufe der Zeit Feuchtigkeit aus dem Röstprozess ansammelt.

Beim Rösten (siehe hierzu auch das Kapitel „Einbrandformel" im 3. Teil, Seite 134, des vorliegenden Buches) verlieren die Bohnen zwischen 10 % und 20 % an Eigengewicht. Der überwiegende Teil davon ist Wasser, das während der Röstung als Wasserdampf aus den heißen Bohnen entweicht. Der Wasserdampf kann beim *CBR-101* nur über den Weg des Spreufilters aus dem Röster befördert werden. Geschieht dies in unzureichendem Maße, wird aus dem Wasserdampf nach Abkühlung des Rösters feines Kondenswasser. Nach Beendigung des Kaffeeröstens sollte deshalb der Spreufilter entfernt und somit eine möglichst große direkte Lüftungsöffnung am Röster belassen werden, die den Austritt von eventuell zurückgebliebener Feuchtigkeit aus dem Innern des Gerätes nach außen gestattet.

Das Folgende bitte unbedingt beachten: Lassen Sie das Luftgebläse des Rösters nie ohne, sondern immer nur mit eingespannter Röstkanne laufen! Auch nach beendeter Röstung ist der Luftstrom für den Kühlvorgang zunächst noch mehr als 200 °C heiß. Trifft er ungehindert auf die gegenüberliegende Seite des Rösters, wird dort das Chassis und besonders die Seitenabdeckung versengt, was zur Folge hat, dass sie sich verbiegt. Im schlimmsten Fall wird der Röster zerstört! Bitte seien Sie sich beim heimischen Kaffeerösten immer bewusst, dass Sie mit Temperaturen von über 200 °C arbeiten! Deshalb sei es hier nochmals gesagt: Bleiben Sie während der gesamten Röstung beim Röster, um notfalls schnell eingreifen zu können!

Begutachtung der gerösteten Bohnen nach der Abkühlung: Der Schnitt der Bohnen leuchtet goldgelb, die Bohnen sind voll aufgegangenen und ihre Oberflächen lachen uns mit einer edlen dunkelbraunen Farbe an. Sie sind jetzt schön mürbe. Und schon eine einzelne Bohne, zwischen Zeigefinger und Daumen zerbrochen, verströmt ein betörendes Kaffeearoma.

72 Stunden später: Die Tasse hat trotz der doppelten Röstung, welche die feinen Säuren der Bohnen etwas verringert, immer noch eine ganz wunderbare, feine, weinige Säure, breitgefächerte, blumige Aromen, vorrangig ein subtiler Korianderton und einen sehr ausbalancierten Körper. Ein Hochgenuss.

Mittlerweile bin ich dazu übergegangen, mit dem *CBR-101* jede Bohnenart mit einer doppelten Röstung zu garen, da deren Röstergebnisse einer Profiröstung in nichts nachstehen. Ich achte aber darauf, dass die Bohnen in der 2. Stufe nie über 15 Minuten bei 245 °C rösten. Die Tassenqualität solcherart gerösteter Bohnen leidet hierbei zu stark. Sehr gute

Ergebnisse habe ich bisher mit 14 bis 14,5 Minuten bei 240 °C erzielt, um dann, je nach Bohnenart, die Röstung bei 210 °C innerhalb von 0,5 bis 4 Minuten zu beenden. In der Regel weisen so geröstete Bohnen bei mir einen Einbrand von 12 bis 13 % auf (Einbrandformel siehe Teil 3 des vorliegenden Buches). Für mich, der ich bevorzugt Filterkaffee genieße, ist das die Kennziffer einer gelungenen Röstung. Bei Espresso kann der Einbrand auch zwischen 14 % und 16 % liegen.

Wenn Sie die Röstung manuell beenden, kann es vorkommen, dass die Rösttrommel des *CBR-101* nicht genau in der Position zum Stehen kommt, die es Ihnen erlaubt, die Rösttrommel aus dem Röster zu heben. In diesem Fall drücken Sie den roten Knopf zweimal: Die Trommel bleibt dann in der richtigen Position stehen. Bitte nie die Korrektur der Trommelposition gewaltsam mit der Hand ausführen – der Motor des *CBR-101* wird Ihnen das sehr schnell übelnehmen.

Im Kaffeenetz *(www.kaffee-netz.de)* können Sie ganz großartige Bauanleitungen für externe Bohnenabkühlvorrichtungen finden. Geben Sie dort im Suchfeld „Bohnenkühlung Staubsauger“ oder „Bohnenkühlung Flotte Lotte“ ein. Auch weitere überaus nützliche Anleitungen finden Sie dort, um den *CBR-101* zum nahezu perfekten Heimröster zu machen, z. B. für den Einbau eines Dimmers, den Einbau von Sensoren *(www.sensorshop24.de, www.omega.de),* die Anbringung eines Datenloggers (z. B. Voltcraft K202 Datenlogger, etwa bei Conrad zu erwerben, Amprobe TMD-56, Center 306) und von Aufzeichnungssoftware, mit deren Hilfe die Parameter Zeit und Temperatur einer jeweiligen Röstcharge sich am Bildschirm zeitnah grafisch darstellen lassen *(artisan-roasterscope.blogspot.de* – wichtig: Bei der Installation von Artisan auf Ihrem Rechner wählen Sie als Zeitintervall für die Datenregistrierung der einzelnen Röstparameter 5 Sekunden; damit vermeiden Sie Systemabstürze Ihres Rechners während der Aufzeichnungsphase einer Röstung!), einschließlich der Bezugsadressen für die erforderlichen Bauteile. Dessen ungeachtet ist das Kaffeerösten, wie bereits erwähnt, zunächst einmal eine Garkunst – da reichen neben einem guten Heimröster wie dem *CBR-101* Ihre eigenen fünf Sinne und die sich allmählich einstellende Erfahrung eigentlich völlig aus, um Rohkaffeebohnen in aromareiche Röstkaffeebohnen zu verwandeln.

Bitte zwängen Sie auch nie die Rösttrommel nach dem Befüllen mit Rohkaffeebohnen mit Gewalt in die dafür vorgesehene mechanische Halterung. Die Rösttrommel sitzt zwar sehr stramm in dieser Halterung, doch kann sie dort ohne Gewalt recht einfach sowohl eingeklinkt als auch wieder herausgezogen werden. Besonders bei einem neuen Gerät sollten Sie außerdem nach dem Einsetzen der Rösttrommel prüfen, ob deren Boden auch richtig in der dafür vorgesehenen rechten Halterung sitzt, indem Sie mit der Hand von oben die rechte Seite der Trommel leicht nach unten drücken. Oft rutscht sie dann noch einmal drei, vier Millimeter nach unten. Sitzt die Kanne an dieser Stelle – von der aus die Heißluft direkt in die Rösttrommel geleitet wird – nicht richtig, entwickelt der Röster, neben der oben erwähnten Gefahr des Hängenbleibens an der Handschlaufe der Rösttrommel, während der Trommelumdrehungen recht merkwürdige und entnervende Geräusche.

Der leistungsstarke Motor des *CBR-101* arbeitet eigentlich ziemlich leise (65 dB), vergleichbar einem elektrischen Drehspießgrill. Dennoch sind bei einer Beladung des Rösters mit einer kleinen Rohkaffeebohnencharge (z.B. 150 g) das erste und zweite Knacken der Bohnen wenn überhaupt, dann nur mit großer Mühe hörbar, da es von den fallenden Bohnen in der sich diagonal drehenden Rösttrommel übertönt wird. Man kann versuchen zu lernen, das Geräusch der fallenden Bohnen in der Glasrösttrommel – wo sie mithilfe eines perforierten Metallblechs so geführt werden, dass sie sich während der recht langsamen Rotation der Trommel fortlaufend wenden – vom Knackgeräusch zu unterscheiden; doch bleibt das eine schwierige Übung. Mit der Geruchs- und Farbüberprüfung, der überaus genauen Zeit- und Temperaturkontrolle des *CBR-101* sowie der aufmerksamen Beachtung der Menge des Silberhäutchen- und Spreuflugs, ganz zu schweigen von der sich allmählich einstellenden Kaffeerösterfahrung, hat der Heimröster jedoch genügend Kontroll- und Steuerinstrumente zur Verfügung, um mit diesem herausragenden Haushaltskaffeeröster Rohkaffeebohnen sicher und wiederholbar in wohlduftende Röstbohnen zu verwandeln. Nach dem Preis-Leistungs-Verhältnis halte ich den *Gene CBR-101* nach wie vor für den besten Heimröster am Markt.

Seit 2014 bietet die Heimrösterschmiede Genesis Co. auch ein Gerät mit einer Chargengröße von bis zu 1000 g an: *CBR-1200* (Maße: L 80 cm x B ca. 35 cm x H ca. 44 cm). Der gut 30 kg schwere Röster in Profiqualität ist mit einem großen Chaff-Filter versehen, bei dem die Möglichkeit besteht, einen Aluflexschlauch anzuschließen und über diesen den Röstrauch nach draußen zu leiten. Insbesondere kleine Café- oder Hotelbetriebe nutzen den *CBR-1200* mittlerweile gern für ihre Hausröstung.

Ende 2017 will Genesis Co. eine neue Generation von Heimröstern mit neuem Design auf den Markt bringen: den *Cerafe VR-P500*, mit dem sich Chargen von 500 g rösten lassen. Die Heizmodule dieser neuen Generation von Gene-Röstern werden auch mit einem elektrischen Widerstandsheizleiter ausgestattet sein, der in geeignete keramische Fritten eingebettet ist (siehe *Cerofee CRF-800* und *Cerofee CRF-1600* weiter unten). Die Maße des Rösters: Länge einschließlich des Filters 73 cm x Breite ca. 55 cm x Höhe ca. 55 cm.

(Firmenfoto)

Cerafe VR-P500

(Internet-Informationen: *www.genecafe.com*, bei YouTube finden Sie zahlreiche Kurzfilme über beide Röster: *www.youtube.com*, dort nach „Gene CBR-101" oder „Gene CBR-1200" suchen. Bitte lesen Sie auch die Debatten über den *Gene-101* in den Kaffeeforen.)

B.6 Behmor 1600

Mit dem *Behmor 1600* ist ein Gerät auf den Markt gekommen, das die Bequemlichkeit der Essenszubereitung, die eine Mikrowelle dem heute doch so gestressten Menschen bietet, aufgenommen und auf einen Kaffeeröster angewendet hat. Der *Behmor* ist natürlich keine Mikrowelle – in technischer Hinsicht gleicht er eher der Kombination und Erweiterung eines Grills mit dem jetzt nicht mehr hergestellten *Hearthware Gourmet Coffee Roaster* (*i-Roast*). Die Rohkaffeebohnen werden in einen Drahtkorb gefüllt, der dann einem Spieß ähnlich auf zwei Auflagen gehängt wird, die im Seiteninnern des Rösters angebracht sind. Für kleinere Chargen und Bohnen gibt es einen speziellen Drahtkorb. Wie bei einer Mikrowelle hat man beim *Behmor* die Wahl zwischen verschiedenen Garprogrammen. Dabei werden das Gewicht der Röstcharge, die Röstzeit und Röstprofile miteinander kombiniert. Für das Gewicht stehen drei Wahlmöglichkeiten zur Verfügung: 450 g (1lb = 1 pound), für einen Haushaltsröster eine überaus eindrucksvolle Menge, 225 g (1/2lb) und 112,5 g (1/4lb). Für die Dauer der Röstzeit können vier Zeiten gewählt werden, die aber je nach gewählter Chargenmenge unterschiedlich ausfallen. Wählt man z. B. die Röstzeit A für 1lb, beträgt sie 18 Minuten; für

½lb beträgt sie 12 Minuten und für ¼lb 8,5. Mittels einer Plus(+)- und einer Minus(–)-Taste kann die Röstzeit (in 15-Sekunden-Stufen) verlängert oder aber (in 10-Sekunden-Stufen) verkürzt werden. Sie kann jedoch mit der Plus-Taste nicht beliebig verlängert werden – das verhindert der Überhitzungsschutz für die Infrarot-Quartz-Heizelemente des Rösters. Abhängig von dem gewählten Gewicht der Röstcharge, der Röstzeit und dem Programm liegt die individuelle Röstzeitverlängerung zwischen 1 und 2,5 Minuten. Die Überhitzungssicherung des Rösters lässt auch nur ein ein- bis zweiminütiges kurzes Vorheizen des Rösters zu (hierfür P1 drücken).

Die fünf wählbaren Röstprofile versuchen, die Rösteigenarten von Rohkaffeebohnen in fünf Gruppen einzuordnen. P1 ist für SHB-Bohnen gedacht, also solche Bohnen, die in großen Anbauhöhen gereift sind und schnell und bei relativ hoher Hitze geröstet werden sollen. Hier geht es um schnelles Erreichen und unverändertes Halten der Rösthitze. P2 ist ebenfalls für SHB-Bohnen gedacht. Die benötigte Rösthitze wird schnell erreicht, aber nach ca. 1 Minute um ca. 30 % reduziert, um dann nach ca. 30 Sekunden wieder auf 100 % zu steigen. Die Röstzeit verlängert sich im Vergleich zu P1 um 0,5 (bei 1/4lb) bis 2 Minuten (bei 1lb). P3 ist für Rohkaffeebohnen gedacht, die im Flachland gewachsen sind, also vor allem für brasilianische Bohnen. Bei diesem Profil steigt die Rösthitze nicht sofort auf 100 %, sondern in Stufen: Nach Erreichen von ca. 70 % der vorprogrammierten Rösttemperatur wird die Hitze reduziert oder sogar gestoppt, um dann nach ca. 10 Sekunden auf 80 % zu steigen. Anschließend wird sie wieder gestoppt und nach ca. 30 bis 40 Sekunden auf 100 % der vorgegebenen Rösttemperatur gebracht und auf diesem Niveau gehalten. P4 ist ebenfalls für „Soft beans/low grown“ vorgesehen, besonders jedoch für Espresso-Mischungen. Wie bei P3 steigt die Rösthitze stufenförmig, die Zeitintervalle sind jedoch etwas größer und gleichmäßiger, die Gesamtröstzeit insgesamt um 0,5 bis 1 Minute länger als bei P3. P5 ist einer City-/City-plus-Röstung für Bohnen aus Hawaii und anderen Kaffee-Inseln vorbehalten: langsames Ansteigen der Rösthitze in zwei gleich langen Stufen und dann kurzes Verweilen bei der hundertprozentigen Rösthitze. P5 gibt insgesamt die längste Röstzeit von allen fünf wählbaren Röstprofilen her.

Falls man die Röstung vorzeitig abbrechen möchte, gibt es eine manuelle Kühltaste. Die ist durchaus sinnvoll, da der Röster seine Arbeit relativ leise verrichtet und so das erste und zweite Knacken der Bohnen gut zu hören ist. Falls man also das gerade ablaufende Röstprogramm vorzeitig beenden möchte, kann man das auf diesem Wege tun. Sofort setzt dann eine 8- bis 12-minütige Kühlphase ein. Sehr lobenswert ist die eingebaute Röstrauch-

Reduzierungstechnik: Ein zusätzliches Heizelement aus Keramik verringert den Röstrauch mehr oder weniger gut. Auch ein Selbstreinigungssytem kann aktiviert werden (Schalter „1/2lb“ wählen und auf „Start“ drücken). Gleichwohl empfiehlt die Firma eine regelmäßige Handreinigung mit sanften Reinigungsmitteln. Besonders das kleine Sichtfenster, welches den Blick in den Röstraum und auf die sich im Drahtkorb drehende Röstcharge erlaubt, wird sehr schnell matt. Da hilft auch die eingebaute Lampe im Röstraum wenig, die zwecks besserer Begutachtung des Garguts von außen über das Bedienungsfeld zugeschaltet werden kann. Ganz, ganz wichtig ist es – dies gilt natürlich für alle Heimröstgeräte, besonders aber für den *Behmor* –, das Gerät während der Röstung nicht aus den Augen zu lassen: Feuergefahr besteht beim Rösten immer, und beim *Behmor* kann es zudem geschehen, dass der zylindrische Drahtkorb mit den Bohnen hängenbleibt oder sich nicht mehr dreht, die Heizelemente aber weiterarbeiten (stellen Sie die Maschine deshalb unbedingt auf eine lotrechte Ebene!). Da dauert es nicht lange, dass die nunmehr unbewegten Bohnen samt Spreu Feuer fangen, was einigen Heimröstern bereits passiert ist.

Im Übrigen muss ich zugeben, dass es mir kein geringes Unbehagen bereitet, vom Röstgerät nie über die Gradwerte der aktuellen Rösttemperatur informiert zu werden – eine Temperaturanzeige besitzt der *Behmor* nicht. Auch bleibt völlig unklar, auf welche Temperaturen die einzelnen Röstprofil-Programme eingestellt sind. Weiterhin ungewiss bleibt, ob der *Behmor* in Zukunft wieder in Europa angeboten wird. Eine Frage, die auch im Hinblick auf Reparaturen und Ersatzteile für alle, die das Gerät in der 230-Volt-Variante bereits besitzen, von Bedeutung ist.

(Internet-Informationen: *www.behmor.com*. Auf ihrer Netzseite bietet die Firma ein umfangreiches Handbuch an, auch in deutscher Sprache. Über den *Behmor 1600* sind bei YouTube zahlreiche Kurzfilme eingestellt worden: *www.youtube.com*, nach „Behmor 1600 Coffeeroaster“ suchen. Lesen Sie auch die Beiträge über den *Behmor* in den Kaffeeforen.)

B.7 Bullet R1

Schon seit einiger Zeit kursieren in den einschlägigen Heimrösterforen Berichte über den *Bullet R1* von Aillio (1 kg). Das in Dänemark entworfene Design ist jedenfalls sehr beeindruckend und erinnert ein wenig an eine Kanone des Piratenschiffs „Wilde 13“ – allerdings auf den technischen Stand des 21. Jahrhunderts gebracht. Die Technik stammt ebenfalls von dänischen Ingenieuren, den Brüdern Jonas und Jacob Lillie, gebaut wird das Gerät jedoch in Taiwan. Auffallend sind die wertigen, auf Langlebigkeit angelegten Baumaterialien, die hier zum Einsatz kommen. So bestehen z.B. die Flügelräder des Ventilators aus leicht zu reinigendem stabilem Aluminiumblech. Auch die Leichtbauweise verblüfft für einen 1-kg-Kaffeeröster, bringt doch der *Bullet R1* nicht mehr als 14 kg Gesamtgewicht auf die Waage. Seine Maße sind: L 59 cm (mit Bohnenkühler 75cm), B 31 cm, H 42 cm.

Aber auch die technischen Möglichkeiten des *R1* lassen den anspruchsvollen Heimröster staunen. Zwei Röstmodi sind wählbar: manuell und automatisch. Auf der übersichtlichen Bedienungsoberfläche werden der Start und das Vorheizen des Rösters ebenso wie der Start der Kühlung mithilfe von zwei Drucktasten gelenkt. Die Drucktasten für die Geschwindigkeit der Rösttrommel (zwischen 30 und 80 Umdrehungen pro Minute) und die Röstzeit befinden sich ebenfalls auf dem Panel. Für die Leistung des Ventilators und des Heizmoduls (200 bis 1500 Watt) können jeweils 9 Stufen angewählt werden. Während des Röstvorgangs werden mithilfe von zwei fest eingebauten K-Sonden die Bohnentemperaturen, die Röstraum-Innentemperaturen und die Röstzeit digital angezeigt – entweder in Fahrenheit oder in Grad Celsius.

Die Chargengröße liegt je Röstvorgang bei nicht geringen 350 g bis 1 kg. 1 kg Rohkaffeebohnen sollen innerhalb von 12 Minuten bei max. 250 °C zu feinem Röstkaffee verarbeitet werden können. Steuerungselektronik, Heizmodul und Ventilatoren sind gegen Überhitzung geschützt. Dank einer guten Isolierung wird auch die Außenseite des *R1* – wider Erwarten – nicht übermäßig warm, die Frontseite allerdings schon. Die monatliche Röstmenge wird mit 100 kg angegeben. Die Rohkaffeebohnen gelangen über einen Trichter in die Rösttrommel und werden dort mithilfe von an den Innenwänden angeschweißten Schaufeln während des Röstvorgangs ausreichend gewendet. Nach Beendigung des Vorgangs öffnet man die Klappe auf der Frontseite, und die heißen Röstbohnen purzeln in den Bohnenkühler mit unterseitigem Ventilator, der dafür sorgt, dass sie in sehr kurzer Zeit abgekühlt werden. Nach ca. 2 kg bis 3 kg Röstmenge muss der Chaff-Filter gesäubert werden. Wegen der in der Trommel angebrachten Schaufeln ist die Reinigung des *R1* allerdings nicht besonders leicht zu bewerkstelligen.

Eine weitere Bereicherung für das ambitionierte Kaffeerösten zu Hause ist die fest eingebaute USB-Anschlussbuchse. So lassen sich mit einem gängigen USB-Kabel die jeweiligen Bohnen- und Röstraumtemperaturen einer Röstcharge direkt (also ohne zusätzlichen Datenlogger) auf einen Rechner übertragen und mit der von Aillio konzipierten Röstsoftware Roast Time (Download: *s3.amazonaws.com/aillio/bulletr1interface/installation/app.publish/setup.exe*) in einem Kurvendiagramm darstellen. Über den Rechner kön-

Bullet R1

(Firmenfoto)

nen dann auch die Röstverläufe gesteuert sowie einzelne Röstprofile gespeichert und nach Bedarf wieder aufgerufen werden, so dass der *R1* anhand Ihrer Vorgaben jederzeit eine Charge nachrösten kann.

Die Röstsoftware von Aillio ist mit allen aktuellen Windows- und Mac-OS-Oberflächen kompatibel. Kostenlose Aktualisierungen der Software sollen bereitgestellt werden.

Innovativ ist die Heiztechnik des *R1*: Meines Wissens wird hier erstmals in einem Kaffeeröster die elektromagnetische Induktion angewendet, die laut Umweltinstitut München die beste Energieeffizienz aufweist. (Vor-und Nachteile dieser Technologie: siehe *de.wikipedia.org/wiki/Induktionskochfeld.*)

Erwähnt sei noch eine weitere, sehr willkommene Neuerung: Beim *R1* kann man sich mit einem Tastendruck die Temperaturschwankung pro Minute (Temp-Rise-Fall °C/min bzw. Rate of Rise, abgekürzt RoR) auf dem Bedienfeld anzeigen lassen. Die Idee stammt von der österreichischen Firma Cropster *(www.cropster.com/de)*, die Röstsoftware für das gewerbliche Kaffeerösten mit dem Ziel einer besseren Steuerung und Qualitätskontrolle des Röstverlaufs entwickelt hat und zu diesem Zweck dem Kaffeeröster eine wichtige, im Profirösten mittlerweile Standard gewordene Kennzahl liefert: eine Anzeige, die vorhersagt, wann die Rösttemperatur einer Charge um wie viele Temperaturgrade in der kommenden Minute fallen wird. Dies versetzt uns in den Stand, ein drohendes Absinken der Temperatur durch rechtzeitige Erhöhung der Rösthitze zu vermeiden oder umgekehrt einem zu schnellen und starken Temperaturanstieg im Röster vorzubauen: eine schöne Sache, zeichnet sich doch, wie wir wissen, eine erfolgreiche Kaffeeröstung u.a. gerade dadurch aus, dass die Rösttemperatur während der gesamten Röstzeit einer Charge weder abfällt noch in die Höhe schießt, sondern langsam und stetig steigt! (Zur Rate of Rise sei auf eine umfangreiche Darstellung verwiesen, die unter www.cropster.com/pt/novidades/novidades-detahle/focus-onthe-rate-of-rise abrufbar ist.)

Der *Bullet R1* ist schon jetzt eines der interessantesten Geräte für das heimische Kaffeerösten. Sein Anschaffungspreis ist freilich hoch: um die 3.000 Euro. Auch die Mindeströstmenge von 350 g wird den Eigenbedarf manch eines Heimrösters übersteigen. Zudem muss man für eine ordentliche Abführung des Röstrauchs sorgen, was in dichtbesiedelten Wohngebieten schwierig werden kann. Vereinzelt hört man von Kompatibilitätsproblemen zwischen der Software des *R1* und dem angeschlossenen Computer. Und vermutlich wird die Praxis auch noch die ein oder andere weitere Kinderkrankheit zutage fördern. Gleichwohl ist mit dem *R1* jetzt ein Röster auf dem Markt, der dem Heim- ebenso wie dem Gewerberöster praktisch alle technischen Möglichkeiten der heutigen Kaffeerösttechnik an die Hand gibt, so dass er seinen Kaffee zu Hause wie ein Vollprofi rösten kann. Was will man mehr als Kaffee-Aficionado?

(Internet-Informationen: *aillio.com*; auch ein englisches Nutzerhandbuch ist auf der Seite zu finden. Nichtoffizielles Internetforum zum *Bullet R1: www.bulletr1.com.* Ausführlicher Bericht eines Nutzers mit detaillierten Fotos: *www.home-barista.com/home-roasting/aillio-bullet-r1-roasting-experience-t43465.html;* außerdem: *www.youtube.com/watch?v=tTAh86SlWbQ, www.youtube.com/watch?v=rrap_5NP1PU, www.youtube.com/watch?v=OdeN7rzYimM&app=desktop.*)

B.8 MERCURY

Eigentlich war es nur eine Frage der Zeit, bis ein Heimröster auf den Markt kommen würde, der über eine App bedient wird. Nun ist er da: *Mercury* heißt der (Smart-)Homeröster, ein Name, der für die Quecksilbersäule im Thermometer steht und damit auf Temperatur verweist. Als Betriebssystem funktioniert Android ab 5.0 sowie iOS; die Konnektivität wird über Bluetooth gewährleistet. Auch dieser Röster stammt aus Taiwan und ist seit Oktober 2016 auf dem Markt. Entwickelt haben ihn zwei Brüder, Martin und Scott Chou. Ersterer ist ein ausgewiesener Kaffee-Experte, der nicht nur über Kaffee, seine Zubereitung und vor allem Röstung viel weiß, sondern auch große Praxiserfahrung besitzt: 2013 war er jüngster taiwanesischer Kaffeeröstmeister, zudem ist er SCAE-zertifizierter Kaffeeröster.

Mercury

(Firmenfoto)

Gesteuert werden kann der *Mercury* ausschließlich mithilfe der Apps, die von der Homepage der Cloud Bean Technology kostenlos heruntergeladen werden können *(www.cloudbean-tech.com)*. Es gibt jeweils eine Steuer-App für die Kontrolle der Rösttemperatur und für die des Ventilators. Auch ein Timer kann dort gestartet werden. Weitere Apps sind in Vorbereitung. Bequem über das Smartphone oder Tablet lassen sich bis zu 400 g, mindestens aber 10 g Rohkaffeebohnen zu feinen Röstbohnen verarbeiten. Für die Steuerung der Röstung stehen 20 Regelstufen zur Verfügung. Durch Umschalten auf den Grafikmodus kann der gesamte Röstverlauf in einem Temperatur-Zeit-Diagramm verfolgt werden. Dass die einzelnen Röstprofile dann auch gespeichert und an befreundete Heimröster versendet werden können, versteht sich von selbst.

Der standfeste Röster wiegt 18 kg (Maße: ca. L 41 x B 21 x H 54 cm). Die Abkühlvorrichtung ist abnehmbar. Ein Ventilator befördert die anfallende Spreu einer Röstcharge rückseitig in einen großzügig dimensionierten Filter. Die nicht perforierte Rösttrommel, angefertigt aus 5 mm dickem Kohlenstoffstahl, dreht sich konstant 72-mal in der Minute, eine Geschwindigkeit, die nicht verändert werden kann. Betrieben wird das Gerät mit 220 Volt / 60 Hz bei einem Energieumsatz von bis zu 2100 Watt.

Der *Mercury* ist ein überaus vielversprechender Heim-Kaffeeröster. Wie bei jedem neuen Gerät wird aber erst der strenge Härtetest der Praxis zeigen, ob der überzeugende Ersteindruck sich bestätigt. Ich vermute, das wird der Fall sein.

(Internet-Informationen: *www.cloudbean-tech.com, www.facebook.com/cloudbeantech*; Bedienungsanleitung des Mercury (für den englischen Text nach unten blättern): *www.cloudbean-tech.com/uploads/4/9/1/4/49147429/user_manual_public_version.pdf;* Videos: *www.youtube.com/watch?v=rVTXtyOyB4Q, www.youtube.com/watch?v=8Pw06jQpRsY.*)

B.9 Ceroffee CRF-800 und Ceroffee CRF-1600

Dies sind zwei weitere sowohl für den Profi- als auch für den Heimbedarf geeignete, innovative Kaffeeröster. Wie die der Firma Genesis werden auch diese in Südkorea hergestellt. Mit dem 40 kg schweren Gerät (Verkaufspreis ca. 4.500 US-Dollar) lassen sich 200 g bis 700 g Rohkaffeebohnen verarbeiten, mit seinem 62 kg schweren Pendant (Verkaufspreis ca. 8.000 US-Dollar) 500 g bis 1600 g. (Maße des *CRF-800*: L 58 x B 54 x H 60 cm; 220 Volt/60 Hz oder 110 Volt bei einem Energieumsatz von bis zu 1600 Watt.) Die Innovation liegt in der Heiztechnik. Um die für das Rösten notwendigen 180 °C bis 250 °C zu erreichen, arbeiten *CRF-800* und *CRF-1600* mit elektrischen Widerstandsheizleitern, die in geeignete keramische Fritten eingebettet sind. Elektrischer Strom wird in Wärme umgewandelt und diese über das Keramikmaterial auf das Röstgut übertragen – ein Verfahren, wie es freilich die Firma Novoroaster in Lübeck für ihre Gewerberöster meines Wissens schon seit 2010 verwendet.

Diese 1949 von dem Elstein-Werk *(www.elstein.com/de)* entwickelte Heiztechnik, hierzulande auch als keramische Infrarotstrahlung bekannt, ist für das Kaffeerösten deshalb von so großem Vorteil, weil sie die Hitze eines Heizmoduls nicht mittels eines von einem meist geräuschvoll arbeitenden Ventilator erzeugten Luftstroms, sondern direkt und höchst effizient durch die Strahlungsenergie der Keramikfritten auf das Röstgut überträgt. Dadurch wird das beim Kaffeerösten so wichtige erste Knacken auch bei kleinsten Röstmengen sehr gut hörbar. Weitere Vorteile sind die Langlebigkeit der keramischen Heizfritten, ihr niedriges Gewicht sowie die rasche Aufheizung und Abschaltung, worin diese Technik den Heizeigenschaften von Gas gleicht. Auch wird das Chassis des Rösters nicht übermäßig heiß.

Die Bedienungskonsole ist beim *CRF-800* (und auch beim *CRF-1600)* seitlich an einem Winkelarm aus rostfreiem Rohrstahl angebracht (und damit einer gewissen Gefahr ausgesetzt, dass sie bei ungeschicktem Hantieren mit dem schweren Röster verbogen wird oder sogar abknickt!). Die einzelnen Bedienfelder auf der Konsole sind übersichtlich angeordnet und bieten ein großes Spektrum an Kontroll- und Lenkungsmöglichkeiten (mehr dazu im englischen Handbuch auf der Website von Ceroffee). Allerdings verlangt die Bedienung, wie schon beim *Hottop Roaster KN-8828*, dem Heimröster einiges ab, weshalb man um ein eingehendes Studium der Bedienoptionen und ihrer praktischen Anwendung nicht herumkommt, will man mit dem *CRF* einen vorzüglichen Kaffee rösten.

(Firmenfoto)

Mit den Ceroffee-Modellen *CRF-800* und *CRF-1600* bereichern zwei weitere Profigeräte der Sonderklasse das Angebot an Kleinstmengenröstern, mit denen sich auch zu Hause komfortabel und präzise Rohkaffeebohnen in duftende Röstkaffeebohnen verwandeln lassen. Um die heißen Bohnen nach einer Röstung rasch abzukühlen, wäre jedoch eine Verbesserung der Lüfterleistung wünschenswert. Sinnvoll wäre meiner Meinung nach auch die Regelbarkeit von Lüfterleistung und Drehzahl der Rösttrommel.

(Internet-Information: *en.ceroffee.com/en/sub/Coffee_Roaster/Coffee_Roaster.php;* auf der dortigen Seite, im unteren Bereich, steht auch die englische Bedienungsanleitung zum Download bereit.)

B.10 Weitere Konvektionsröster

Erwähnen möchte ich noch weitere Konvektionsröster:

- Den in Nordamerika sehr beliebten *Original Fresh Roast* gibt es mittlerweile in vier Varianten: als *Fresh Roast SR300, Fresh Roast SR340, Fresh Roast SR500* und neuerdings auch als *Fresh Roast SR700,* der mit einer Röstsoftware für den Computer ausgeliefert wird. Die Bohnenmenge pro Röstvorgang beträgt bei allen vier 120 g. Der große Nachteil der Vorgängermodelle, bei denen bei der kleinsten Unachtsamkeit die Glasröstkammer aus dem Gerät fallen und zu Bruch gehen konnte, scheint behoben zu sein. Erfreulicherweise bemüht sich die Firma Fresh Roast zurzeit darum, alle vier Varianten neben der in Nordamerika üblichen 110-Volt- auch in einer 230-Volt-Version auf den Markt zu bringen *(www.freshbeansinc.com).*
- Der *Dieckmann Aroma Plus (www.dieckmann-kaffee.de)* ist der einzige deutsche Heimkaffeeröster, der eine furiose Kombination aus einem Heißluftföhn und einem kleinen, engmaschigen Drahtzylinder vorstellt,

welcher wie ein Mühlrad ca. 4 cm vor der Öffnung des Heißluftaustritts axial gelagert ist und elektrisch angetrieben wird. Der Nachteil ist natürlich der offene Drahtzylinder, durch den während der Röstung mit dem Heißluftföhn die Spreu der Rohkaffeebohnen nach außen geblasen und im Wohnraum verteilt wird. Zum Ausgleich dieses Übels bietet die Firma vorbehandelte Bohnen an, deren Oberfläche sehr intensiv mit Heißwasserdampf gereinigt worden ist. Durch dieses Verfahren werden sie zwar „sauber", aber leider auch im Geschmack beträchtlich verändert.

- Mit dem *Digital Micro Roasting IKAWA Pro Sample Roaster* der englischen Firma IKAWA hat der Kleinströstermarkt eine schöne Ergänzung erhalten. Er ist als Probenröster für Kaffeeprofis konzipiert, die nur kleine Mengen benötigen (bis zu 60 g Rohkaffeebohnen können geröstet werden), um z.B. direkt beim Erzeuger von Rohkaffeebohnen oder aber im eigenen Röstbetrieb die Cupping-Güte einzelner Kaffeelots zu bewerten. Der Nutzer kann zwischen 20 Temperaturprofilen mit einer Röstzeitlänge von bis zu 20 Minuten wählen, aber ebenso wie das Vorheizen ist auch eine individuelle Röstung jederzeit möglich. Der Ventilator hat fünf verschiedene Geschwindigkeitsstufen. Dank mitgelieferter Pro App2.0 lassen sich in der grafischen Darstellung des Röstverlaufs das erste Knacken, die Anstiegs- bzw. Abfallgeschwindigkeit der Rösttemperatur (Rate of Rise) und einiges mehr markieren. (Zur Rate of Rise sei auf eine umfangreiche Darstellung verwiesen, die unter *www.cropster.com/pt/novidades/novidades-detahle/focus-onthe-rate-of-rise/* abrufbar ist.)

Neben diesem Profi-Röster arbeitet die Firma zurzeit an der Entwicklung eines einfacheren, für die heimische Röstung geeigneten *Pro Sample Roaster*. Die Menge an Rohkaffeebohnen pro Röstung soll bei 60 g bleiben, doch

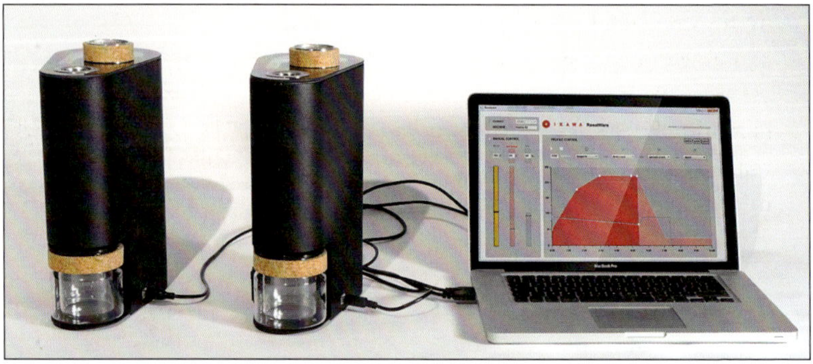

Digital Micro Roasting IKAWA R1 (Foto: IKAWA digital micro-roasting)

wird das neue Modell dann nur noch über sechs Temperaturprofile und zwei Ventilatorgeschwindigkeitsstufen verfügen; außerdem soll kein Vorheizen mehr möglich sein. Auch die App wird es dann in reduzierter Ausführung geben. Von den maximal 60 g Beladungsmenge pro Röstung werden nach der Röstung an die 50 g Röstkaffeebohnen übrig bleiben, was doch ein bisschen wenig ist. Der Verkaufspreis für dieses Heimgerät soll bei ca. 1.400 Euro liegen, die Profimaschine ist um ein einiges teurer (Internet-Information: *www.ikawacoffee.com*).

- Ein weiterer, leider nicht mehr hergestellter Röster sei an dieser Stelle noch erwähnt: der *Sirrocco Roaster* von Siemens aus den 1970er Jahren. Die Produktion dieses kleinen (ca. 125 g Rohkaffeebohnen sind pro Röstcharge zu schaffen), doch überaus robusten Haushaltrösters ist schon lange eingestellt worden. Unter den passionierten Heimröstern Nordamerikas hat der *Sirrocco* vor allem seiner Langlebigkeit wegen, aber auch dank der guten Röstergebnisse, inzwischen Kultstatus erlangt. Bis heute wird er dort für das häusliche Kaffeerösten verwendet, und mancher Privatröster hat mit ihm schon mehr als 4000 Röstungen ohne Fehl und Tadel durchgeführt! Dann und wann wird er sogar noch bei eBay angeboten.
- Der *I-Coffee Roaster* arbeitet praktisch nach dem Prinzip eines Hot-Air Corn Popper, ergänzt mit einem automatischen Paddel-Rührwerk und einem elektrisch betriebenen Filter für Rauchreduzierung. Die Bohnencharge – max. 150 g – wird in einen metallenen Topf (Aluminium!) gegeben, der mit einem abnehmbaren Griff ausgestattet und am Boden mit Lüftungsschlitzen versehen ist. Mit einem Drehknopf können Vorwärmstufe (3 bis 5 Minuten) und neun verschiedene Röstgradstufen (max. 19 Minuten) gewählt werden. Auch der *I-Coffee Roaster* verzichtet auf ein Thermometer, und es ist mehr als schwierig, hier bestimmte Röstgrade zu rösten. Zudem ist die Kühlphase völlig unzureichend. Abhilfe bietet ein Bohnenkühler, den man bei der Firma extra erwerben kann. Bei YouTube gibt es einen Film der Firma I-Coffee: *www.youtube.com/watch?v=Zpwy4vmwj18*. (Internet-Informationen: *www.icoffee.co.kr.*)

(Foto: privat)

I-Coffee Roaster

C. Konvektions- und Kontakt-Röster

Imex CR-100

Die Bauweise dieses Heimrösters entspricht eigentlich derjenigen eines Konvektionsrösters. Die Röstkammer besteht jedoch aus Metall, welches natürlich während des Röstvorgangs heiß wird. Zwar werden die Rohkaffeebohnen vor allem durch den Heißluftstrom geröstet und in Bewegung gehalten, doch nehmen sie bei jeder Berührung mit der heißen Metalloberfläche weitere Rösthitze auf.

Es handelt sich um ein gutes, kompaktes Gerät. Die Bauweise entspricht einem Fluid-Bed-Röster: Die Bohnen werden hauptsächlich von der Heißluft geröstet und bewegt. Der Röstzylinder besteht aus Metall. Verschlossen wird er mit einem stabilen Glasdeckel, der es erlaubt, den ganzen Röstvorgang mit den Augen zu verfolgen. Die Röstzeit wird per Schalter eingestellt – wobei Sie darauf achten sollten, den Knopf nicht zu überdrehen, da er leicht zerbricht – und kann jederzeit durch Drücken des An-Aus-Schalters gestoppt werden, so dass individuelles Rösten möglich ist. Nach Ablauf der eingestellten Röstzeit setzt automatisch eine Kühlphase ein. Die Silberhäutchen werden während der Röstung in einer separaten Filterkammer gesammelt, die über dem Schalterkasten sitzt. Das Ausschütten der gekühlten, frischgerös-

Ausrüstung

- *Imex CR-100.* Anleitung des Herstellers aufmerksam lesen und aufbewahren.
- Vergleichsprobe zur Beurteilung der Röstfarbe,
- Bohnen.

Ablauf

- Siehe *Hearthware Gourmet Coffee Roaster.*

(Internet-Informationen: *www.digirosto.com.* Über Google – nach „Imex CB-100“ suchen – lassen sich einige gute Informationen und Bilder zum Imex finden.)

teten Bohnen ist etwas umständlich (ziehen Sie Ofenhandschuhe an!). Auch das Reinigen des Spreufilters, der bei jeder neuen Röstung wieder sauber sein muss, ist ein wenig mühsam. Es ist ratsam, dies gleich nach jeder Röstung zu erledigen.

Die vom Hersteller angegebene Einfüllmenge darf nicht überschritten werden. Andernfalls werden die Bohnen nicht mehr genügend bewegt und verbrennen leicht am heißen Metall der Röstkammer. Die Röstzeit liegt zwischen 10 und 20 Minuten. Die Firma Imex Corporation stellt neben dem kleinen *Imex CR-100* u.a. jetzt auch Kaffeeröster für Röstchargen von 700 g, 1000 g und 1500 g her.

D. Kleine Industrieröster für das Kaffeerösten zu Hause

Anschaffung fürs Leben

Praktisch alle Firmen, die Kaffeeröster für den gewerblichen Gebrauch her stellen, bieten auch kleine, feine Proben- oder Laborröster an, unter denen der leidenschaftliche Kaffeeliebhaber, so er über die nötigen finanziellen Mittel verfügt, eine Anschaffung fürs Leben finden kann. 200 g bis 2 kg schaffen die meisten dieser kleinen, als Profiröster konzipierten Röstmaschinen und gewährleisten, dass Sie bis ans Ende Ihrer Tage in exklusiver Weise die Qualität und Frische Ihres Kaffees selbst bestimmen. Im Folgenden sollen einige empfehlenswerte Geräte genannt werden. Preise und Lieferbedingungen werden Ihnen die Hersteller sicher gerne mitteilen.

Mit dem Probenröster der Firma Probat, Herstellerin der überaus erfolgreichen Probat-Ladenröster, können 80–120 g Bohnen geröstet werden *(www.probat.de)*. 300–1000 g schafft dagegen der *IR Profil Label Roaster* des amerikanischen Unternehmens Diedrich *(www.diedrichroasters.com)*, bekannt für seinen Qualitäts-Ladenröster. Ganz ausgezeichnet ist der gleichfalls amerikanische, überwiegend handgefertigte Probenröster *San Franci-*

scan Sample Roaster Model SF-1 für 200–600 g von der Firma Coffee PER Inc. *(www.sanfranroaster.com/sf-1lb)*. Auch die renommierte griechische Firma Coffeetool (*http://coffeetool.gr)* produziert gute kleine Laborröster für 200–1000g Chargengrößen. Mit dem 1-kg-Röster *W1* der holländischen Firma Giesen können auch kleinere Chargengrößen geröstet werden *(www.giesen-coffeeroasters.eu)*. Mit dem professionellen Konvektionsröster der Lübecker Firma Novoroaster lassen sich Chargen zwischen 300 g und 1,2 kg rösten *(www.novoroaster.eu)*. Der *CR-3* der portugiesischen Firma Joper verwandelt sogar pro Röstung bis zu 3 kg Rohkaffeebohnen in fein duftende Röstbohnen *(www.joper.pt)*. In Italien bietet die Firma IMF mit dem *RM2* einen 2-kg-Röster an *(www.IMF-srl.com)*.

Preislich durchaus eine Alternative sind folgende Kleinströster: der *Cafemino* des türkischen Herstellers Toper *(www.cafemino.com)*, der *AKE 1 Sample Roaster* von der ebenfalls türkischen Akaneks *(www.akaneks.com.tr)* sowie der *FZ-94 Pro-Lab Röster* (100 g bis 2,4 kg) der israelischen Coffee-Tech Engineering LTD *(www.coffee-tech.com)*. Ein sehr gutes Preis-Leistungs-Verhältnis hat der 1-kg-Röster *Connoisseur 800N* des taiwanesischen Produzenten Feima *(www.feima.com.tw)*. Das gilt auch für die Proaster-Serie der südkoreanischen Firmen Taehwan *(www.taehwan.co.kr)*, die das technische Prinzip der japanischen *Fuji Royal Roaster* von der Firma Discovery *(www.discovery-cafe.jp)* aufgreifen. Discovery bietet auch 200-g-Röster an: *www.discovery-cafe.jp/english/3_discovery/310-220g-mini-roaster-development-section.html*. In Taiwan ansässig ist auch die Firma Bellataiwan *(www.bellataiwan.com/en/article_clist_product)*, in Korea die schon beim *Imex CB-100* genannte Firma Digirosto, die jetzt auch Kaffeeröster für kleine Mengen (700 g, 1000 g und 1500 g) herstellt *(www.digirosto.com)*.

Eine Sonderstellung unter den Heimkaffeeröstern nimmt als eierlegendes Wollmilchschwein ein Gerät der jungen Berliner Firma Bonaverde ein: Kaffeerösten plus Mahlen plus Filterkaffeeherstellung in einer Maschine und einem Arbeitsablauf. Oben füllt man die Rohkaffeebohnen ein, unten holt man sich kurz darauf den fertig gebrühten Filterkaffee ab *(www.bonaverde.com)*. Unklar bleibt, wie das während der Kaffeeröstung entstehende CO und CO_2 (beides verursacht in der Tasse einen alles überdeckenden, penetranten Soda-Geschmack) genügend Zeit bekommt, um aus den frisch gerösteten Kaffeebohnen zu entweichen und Platz für die feinen Aromen zu machen, die sich erst in den Kaffeebohnen, dann in der Tasse entfalten sollen.

Eine (unvollständige) Liste von Firmen, die sich mit der Entwicklung und Herstellung von Kaffeeröstern beschäftigen, finden Sie im Anhang auf S. 215 f.

Bitte beachten Sie, dass bei den genannten Röstern meist noch eine Anpassung der Gas- und Stromanschlüsse an die in Deutschland geltenden technischen Normen erfolgen muss. Auch wird die Temperatur der vom Werk eingebauten Thermometer oft in Fahrenheit (°F) angezeigt. Der Wechsel zu einem Thermometer mit Celsiusanzeige ist zu empfehlen und wird meist vom Hersteller anstandslos bewerkstelligt. Kein Problem ist es, für diese Röster als Gasquelle die in Deutschland handelsüblichen 11-kg-Propanflaschen zu verwenden, wenn die hierfür notwendigen Sicherheitsvorkehrungen eingehalten werden (Druckminderventil, Abluft etc.). Da Gase verschiedene Brennwerte haben, sollte der Herstellerfirma vor dem Kauf mitgeteilt werden, mit welchem Gastyp der Röster befeuert werden soll, damit entsprechende Einstellungen am Röster vorgenommen werden können (Auskunft über die Brennkennwerte des Gases bekommt man vom Gasflaschenhändler).

Beim Umgang mit Gas gilt: **Flüssiggas verzeiht keinen Fehler!** Unabdingbar ist bei der Nutzung von 5-kg- bzw. 11-kg-Brenngasflaschen der Gebrauch eines zweistufigen Sicherheitsdruckreglers (S2SR). Werden Brenngasflaschen in Innenräumen genutzt, ist ein S2SR mit integrierter thermischer Absperreinrichtung (TAE) sogar vorgeschrieben. Beim Wechsel der Flüssiggasflaschen darf die Verbindung weder zu schwach noch zu stark festgedreht werden, da man sonst den schwarzen Dichtring im Ventilsitz dauerhaft beschädigt. Für das richtige Drehmoment bietet der Gasfachhandel eine Montagehilfe an, die genau auf die genormte Flügelmutterkontur passt und mit deren Hilfe das optimale Drehmoment erreicht wird. Nach dem Wechsel sollte auch stets noch eine Dichtigkeitsprüfung der Schlauchverbindung durchgeführt werden. Hierfür gibt es Lecksuchsprays, oder man bedient sich einer Seifenlauge. Eine sehr ausführliche Zusammenstellung des nötigen Wissens beim Umgang mit Flüssiggas finden Sie auf dem Portal der Berufsgenossenschaft Nahrungsmittel und Gastgewerbe *(fluessiggasanlagen.portal.bgn.de/10701/43356?wc_lkm=11363)*.

Zwei Glaubensgemeinschaften: die Schnell- und die Langsamröster

Die Frage, wie Sie mit einem Heimkaffeeröstgerät eine bestimmte Röststufe bzw. Röstfarbe erreichen können, wird im vorliegenden Buch noch eingehend besprochen. An dieser Stelle soll nur das Grundsätzliche dieser Problemstellung angedeutet werden. Denn diese Frage berührt die Trennlinie, die die Zunft der Profi-Röster in zwei Glaubensgemeinschaften teilt: die der

Schnell- und die der Langsamröster. Die gleichen Rohkaffeebohnen und die gleiche Röstfarbe ergeben zwei verschiedene Geschmacksrichtungen, je nachdem, ob die Bohnen langsam oder schnell geröstet werden.

Die Langsamröster schwören darauf, die Rohkaffeebohnen in zwei Stufen zu rösten. Auf der ersten Stufe wird bei relativ niedriger Temperatur den Bohnen zuerst die ungebundene Feuchtigkeit durch Verdunstung entzogen. Auf der zweiten Stufe werden die Bohnen bei etwas höheren Temperaturen geröstet, wobei darauf zu achten ist, die in den Bohnenzellen gebundene Feuchtigkeit so weit als möglich zu erhalten und die Struktur der Zellen nicht zu zerstören, da ihnen die während der Röstung entstehenden Aromen und Öle eingelagert sind. Geröstet wird derart 12 bis 20, teilweise bis zu 30 Minuten lang.

Dagegen sind die Schnellröster der Meinung, dass viele Aromen, besonders die ganz feinen, verlorengehen, wenn zu lange geröstet wird. Sie wollen so schnell wie möglich Rösthitze in die Rohkaffeebohnen befördern, ohne diese dabei aber völlig auszutrocknen oder ihre Zellstruktur zu zerstören. Aus dieser Sicht beträgt daher das Röstzeit-Ideal lediglich zwischen 3 und 15 Minuten. Um es mit einem Gleichnis zu formulieren: Der Langsamröster bevorzugt Bordeaux, der Schnellröster eher Burgunder (Ausnahmen bestätigen die Regel). Beiden Parteien ist natürlich bekannt, dass bei einem zu langen Rösten mit zu niedriger Temperatur die Rohkaffeebohnen allzu sehr ausbacken und die Tasse so dünn wie Wasser gerät. Auch ein zu schnelles Rösten mit zu hoher Temperatur führt zu einer dünnen, faden Tasse.

Letztlich ist Kaffeerösten ein *learning by doing*. Am besten also, Sie besorgen sich Rohkaffeebohnen und einen Heimkaffeeröster, machen sich klar, bis zu welcher Röststufe bzw. -farbe die Bohnen geröstet werden sollen, legen sich eine Musterprobe Kaffeebohnen bereit, die bereits bis zur gewünschten Farbe geröstet sind und als Vergleich dienen, und fangen dann einfach an. Experimentieren Sie ruhig mit verschiedenen Röststilen.

Falls Sie nach der ersten Röstung noch Fragen haben oder über das Rösten, über Qualitätskriterien bei Rohkaffeebohnen etc. mehr erfahren wollen, so finden Sie hoffentlich auf den kommenden Seiten die kompetenten Antworten.

2. Die Kaffeebohne: vom Strauch bis in den Kaffeesack

Die Gattung Coffea

In der deutschen Kaffeeverordnung werden Rohkaffeebohnen als die von den Frucht- und Samenschalen befreiten, ungerösteten Samen der Pflanzen der Gattung *Coffea* bezeichnet. Die Gattung Coffea gehört zu der Pflanzenfamilie der Rubiazeen (*Rubiaceae,* Rötegewächse) und wird in fünf Gruppen unterteilt. Von den über 6.000 Arten sind lediglich einige Arten und Varietäten der Gruppe *Encoffea* für den Anbau nutzbar gemacht worden. Wirtschaftliche Bedeutung haben eigentlich nur die beiden Arten

- *Coffea arabica* mit den Varietäten Acaia, Agaaro, Amarello, Apoatà, Arabigo, Arusha, Ateng, Banan and Tasawai, Batian, Bazi, Bergendal, Blue Mountain, BM 139, Borbón, Bourbon N39, Brutte, Bugishu, Bura'ae, Bura'ai, Bura'i Hufaini, Burrai, Castillo, Catuai Amarillo, Catucai, Catucai 785, Caturra, Caturra 140, Charrieriana, Coffea Tico, Dawairi, Dawarani, Djembcr, Essai, Fadli, Garundang, Gelber Bourbon, Gelber Catuai, French Mission, Gesha (Geisha), Gimbi, Gu'adi, Guadeloupe Bonifieur, Haimi, Hammadi, Harar, Harazi, Hawri, Heirloom, Hubriqik, Huehuetenango, Hufashi ,Iapar, IHCAFE 90, Ismaili, Ja'adi, Jabal Rass, Jackson, Jadi Shubriqi, Java, Jimma, Jua'ari, K-7, Kent, Kholani, Kieperson, Kona, KP423, Kubari, Laurina (natürliche halbkoffeinhaltige Arabica Mutante), Lempira, Limu, Lodeas Madhghood und Hawla Madhghood, Macho, Mahwaiti, Maracaturra, Maragogype, Masrahi, Mattari, Melhani, Methani, Mibizi, Mundo Novo, Nemaya, Nyassa, Obatán, Onan Ganjang, Orange Bourbon, Pacamara, Pacas, Pache colis, Pache Comun, Pluma Hidago, POP 3303, Qudi, Raymi, Roter Bourbon, Roter Catuai, Ruby Catuai, S795, Sa'afani, Safi, Sanani, San Bernardo, San Ramón, Santos, Shami, Shani, Sharafi, Shubriqi, Shubrizi, Sidikalang, Sidikalang, SL-14, SL-274, SL-28, SL-34, SL-6, SL-9, Sudan Rume, Sughari, Sulawesi Toraja Kalossi, Sumatra Mandheling cultiva, Sumatra Lintong cultiva, Tekesik,

Tipic, Tufahi, Typica, Udaini, Villa Sarchi, Villalobos, Yafei', Yellow Catucai, Yrgacheffe u.a., und mit den autochthonen Varietäten, deren Namen und Abstammung zwar niemand mehr kennt, deren Früchte aber umso mehr geschätzt werden.

- *Coffea canephora* wird in drei große Gruppen gegliedert: die von Menschenhand gezüchteten Varietäten wie Conillon (Quillou) mit verschiedenen Unterarten, Old Paradenia, Bukoba, Robusta und CxR (Coffea Congensis x Robusta). Und die natürlichen und zahlreichen Coffea-canephora-Varietäten in der Kongo- und der Guinea-Gruppe.

Eine natürliche Kreuzung zwischen Coffea arabica und der Coffea-canephora-Varietät Robusta ist Coffea Timor.

Von Menschenhand gezüchtete Kreuzungen zwischen Coffea arabica und der Coffea-canephora-Varietät Robusta sind Icatú (Rückkreuzung von Coffea Timor und der Coffea-arabica-Varietät Mundo Novo, die wiederum eine Kreuzung zwischen den Coffea-arabica-Varietäten Typica und Bourbon ist), Catimor (Kreuzung zwischen C. arabica varietal Caturra – natürliche brasilianische Bourbon-Mutation – und Coffea Timor), Arabusta (Coffea arabica x Robusta), Sarchimor (Coffea Timor x Villa Sarchi), Colombia (Coffea Timor hybrid 1343), Ruiru 11 (F1 hybrid: Colombia x SL28), S795, Tupi, Obata, Ababuna, Cauvery, Costa Rica 95, IHCafe 90, TimTim .

Interessant ist auch, dass die Coffea arabica vor langer, langer Zeit aus einer natürlichen Kreuzung zwischen der Coffea Canephora und der ostafrikanischen Coffea Eugenoides entstanden ist.

Coffea excelsa und Coffea liberica haben keine wirtschaftliche Bedeutung. Das ist sehr schade, da deren Bohnen von bester Güte sein können *(www.de.wikipedia.org/wiki/Liberica, www.de.wikipedia.org/wiki/Excelsa-Kaffee).* Lediglich der interspezifische Hybrid S2828, eine Kreuzung zwischen Coffea arabica und Coffea liberica, wird in Indien von Kaffeefarmen angebaut.

Eine übersichtliche Darstellung der botanischen Familie der Coffea von dem Botaniker Prof. Baumann, Universität Zürich, und Dr. Steffen Schwarz, Coffee Consulate Mannheim, ist in dem für jeden wissbegierigen Kaffeefreund empfehlenswerten, im schnellen Frage-Antwort Stil gestalteten und reich bebilderten Buch über Kaffeewelten „FAQ Kaffee" zu finden. Sehr gut auch das SCAA-Buch: „Coffee Biology Glossary Handbook", aus dem Jahr 2013 von Emma Bladyka *(www.scaaeducation.org/bookstore).*

Standortansprüche von Arabica- und Robusta-Arten

Kaffeepflanzen können Sie auch in Ihrer Wohnung züchten. Stecken Sie einfach keimfähige Rohkaffeebohnen in nährstoffreiche Blumenerde, wässern Sie diese und warten Sie ab. Ob Sie aus den Kaffeekirschen dann tatsächlich Rohkaffee von der Qualität der Bohnen aus Guatemala, Brasilien oder Kenia gewinnen? Probieren Sie's einfach mal aus! Nützliche Hinweise liefert das Netz, wenn Sie nach „Kaffeepflanzen selbst ziehen" googeln.

Ideale natürliche Wachstumsbedingungen haben die Arabica- und Robusta-Arten zwischen dem 23. nördlichen und dem 25. südlichen Breitengrad, also in den tropischen Zonen Mittel- und Südamerikas, in Indien, Indonesien, Papua-Neuguinea. Hier gibt es lockeren, tiefen Boden mit hohem Humus-Anteil, den die Coffea-Pflanzen für ein gutes Wachstum benötigen. Auch Böden, die durch Verwitterung vulkanischen Gesteins entstanden sind, eignen sich hervorragend für den Kaffeeanbau. Coffea ist ein Pfahlwurzler und dringt 1–2,5 m in den Boden ein. Dicht unter der Oberfläche breitet sie ein weitverzweigtes Netz feiner Nährwurzeln aus. Der ideale pH-Wert des Bodens beträgt zwischen 5 und 6, d.h. es sollte ein leicht saurer Boden sein. Wichtig ist auch eine ausreichende Versorgung mit Phosphor, Kalium, Kalzium und Magnesium sowie Spurenelementen und natürlich auch Stickstoff (in mäßiger Menge). Für die Qualität der Tasse wird es gerade auf diesen fein ausgeglichenen mineralischen Nährstoffgehalt des Bodens ankommen.

Arabica- und Robusta-Pflanzen sind extrem kälteempfindlich. Je nach Breitengrad kann jedoch in verschiedenen Höhenlagen Frost auftreten: Am Äquator nicht unterhalb 2.500 m, in den Tropen aber schon in Höhenlagen ab 100 m bis 200 m. Für den Anbau von Kaffee ist das wichtig zu wissen, da die Arabica-Arten ausgesprochene Hochlandgewächse sind und am besten in Höhen über 900 m gedeihen, bei einer Durchschnittstemperatur von 18 °C bis 22 °C. Als Qualitätskriterium für Arabica-Pflanzen gilt: Je höher die Lage, in der der Kaffeestrauch wächst, um so langsamer wächst die Kaffeekirsche, desto härter wird der Samen und desto höher wird der Anteil an blauen Bohnen sein, was ein Merkmal für besondere Güte ist.

Robusta-Pflanzen dagegen benötigen wärmere Durchschnittstemperaturen zwischen 24 °C und 26 °C. Sie sind noch kälteempfindlicher als die Arabica-Pflanzen (die wiederum auf zu große Hitze empfindlich reagieren) und werden deshalb häufig im Flachland angebaut. Für beide gilt jedoch: Die Temperaturen dürfen während der Vegetationsperiode nicht unter 15 °C fallen und nicht über 30 °C steigen. Sinkt die Temperatur gegen null Grad, erfrieren die Pflanzen; es bleibt dann nur, sie neu anzupflanzen.

Bedeutsam sind die Windverhältnisse, denn Kaffeepflanzen gelten als sehr windempfindlich: Die Zweige sind nicht besonders kräftig und knicken bei starkem Wind leicht ein.

Natürlich sind die Niederschläge lebenswichtig. Diese müssen bei jährlich 1.500 mm bis 2.000 mm (1.500 bis 2.000 Liter) pro Quadratmeter liegen. Bei weniger als 1.000 mm ist kein wirtschaftlicher Anbau mehr möglich. Auch die Sonnenbestrahlung ist von Bedeutung: Allzu starke Bestrahlung ertragen die Pflanzen nur für wenige Stunden am Tag. Die Kaffeepflanzen benötigen dosiertes Sonnenlicht. Deshalb werden sie entweder auf günstig gelegenen Hängen angebaut, oder aber man pflanzt zugleich Schattenbäume an, sogenannte Mamas: eine Methode, die auch beim Tee- und Kakao-Anbau verbreitet ist. Mamas sind zumeist hohe Bäume mit einer sehr breiten Krone; es können aber auch, wie in Kenia, Bananenstauden sein. Langjährige Mamas werden vorzugsweise aus der Pflanzenfamilie der Ingas und Zypressen gewählt. Sie werden zwischen die Kaffeepflanzen gesetzt und schützen diese vor zu starkem Sonnenlicht oder vor Frostschäden, die durch nächtlichen Rauhreif verursacht werden können. Leider werden in den Kaffeeanbauländern Plantagen mit Mama-Anpflanzungen immer seltener, obwohl die Rohkaffeebohnen unter solchen Schattenbäumen um ein Vielfaches besser geraten. Aber zugleich ist dann auch die Ausbeute geringer, und außerdem erschweren die Mamas den Einsatz von Erntemaschinen.

Monokultur Kaffee – Biologie und Pflege

Vermehrung

Vermehrt werden Kaffeepflanzen entweder durch Aussaat oder durch Stecklinge. Nach drei bis vier Jahren bringt eine Pflanze die erste Ernte. Coffea-Pflanzen können bis zu zehn Meter hoch werden. Als Nutzpflanze hält man sie jedoch in Strauchgröße, indem man sie im sechsten Jahr bis auf wenige Zentimeter stutzt. Zur Erzielung einer arbeitsgerechten Pflanzengröße hat sich je nach Land, Klima und Varietät die sog. Ein- oder die Mehrstammmethode bewährt. Bei der anspruchsvollen Einstammerziehung kennt man den Normal- und den stufenförmigen Schnitt, bei der Mehrstammerziehung den Kandelaber- oder den Lyraschnitt. Die Mehrstammerziehung kann auch durch einfaches Umbiegen und Befestigen mit einem Erdanker erfolgen, welche Methode auch Agobiado (span. für „gebeugt, gekrümmt“) genannt wird. Auch das Setzen von zwei bis sechs Pflanzen in ein gemeinsames Pflanzloch führt zur Mehrstammbildung.

Der Form- bzw. Produktionsschnitt erhöht die Fruchtbarkeit der Pflanzen, da meist nur die ein- bis dreijährigen Triebe genügend Blüten hervorbringen. Mit diesem Schnitt erreicht man auch, dass die Pflanze eine Höhe von zwei bis drei Metern nicht übersteigt: Damit wird eine Bewirtschaftung in Plantagen erst möglich. Nach 20 Jahren lässt die Fruchtbarkeit des Kaffeestrauchs allmählich nach. Lässt man aus dem Hauptstamm jedoch noch weitere Stämme wachsen, kann ein Kaffeestrauch als Nutzpflanze noch erheblich älter werden. In Kenia z.B. gibt es noch ertragsfähige Kaffeesträucher, die schon zu Anfang des 20. Jahrhunderts gepflanzt worden sind.

Blüte, Reife und Erntezeiten

Bekanntlich kennen die Tropen keinen Jahreszeitenwechsel wie die gemäßigten Breiten, und weil dort jeden Tag „Sommer" herrscht, sind die Kaffeepflanzen immer grün und ständig in der Lage, Früchte zu tragen. Anders als in unserer Klimazone richtet sich die Blütezeit der Kaffeepflanzen nicht nach dem Temperaturanstieg im Frühling, sondern einzig nach der Häufigkeit der Niederschläge. Zwei Wochen nach jedem Regenfall blüht der Strauch auf. Mit anderen Worten: Der Kaffeestrauch bringt so oft Blüten und Kaffeekirschen hervor, wie es regnet, und nur die Trockenzeit unterbricht diesen natürlichen Wirkungszusammenhang. In einigen Anbauländern ist die Grenze zwischen Trocken- und Regenzeit eindeutig: Dort gibt es dann nur eine Ernte im Jahr, die sich über mehrere Monate erstreckt. In anderen Anbauländern, wie z.B. in Kenia, sind die Klimaperioden nicht so deutlich geschieden, so dass sogar zwei Ernten möglich sind: eine Haupt- und eine Nebenernte.

Die weißen Blüten sitzen in den Achseln der lederartigen, dunkelgrünen, ca. 8–15 cm langen und 4–6 cm breiten Blätter, die sich stets paarweise auf den rautenförmigen Zweigen gegenüberstehen. Die fünfgliedrige Blüte erinnert in Duft und Form an die des Jasminstrauchs. Falls Sie je das Glück hatten, in der Hauptblütezeit durch eine Kaffeeplantage wandeln zu können, wird Sie dieses Erlebnis hinkünftig bei jeder guten Tasse begleiten.

Die Blütezeit beträgt wenige Tage, und die Blüten sind nur wenige Stunden am Tag empfänglich für die Befruchtung. Glücklicherweise ist die Coffea arabica als einzige von allen Coffea-Arten ein Selbstbefruchter. Alle anderen, auch die Robusta, sind Fremdbefruchter mit Hilfe des Windes. Insekten spielen dabei keine große Rolle. Die Blüteperiode der Coffea ist lang; man unterteilt sie in Vor-, Haupt- und Nachblüte. Eine ausgewachsene Kaffeepflanze kann in einer Vegetationsperiode bis zu 40.000 Blüten hervorbringen.

Nach der Befruchtung wächst aus dem Fruchtknoten der Blüte eine kirschähnliche, an einem kurzen Stiel hängende grüne Steinfrucht, die schon nach sechs bis zwölf Wochen ihre endgültige Größe von ca. 15 mm erreicht. Bei den Arabica-Pflanzen reifen die Steinfrüchte in sechs bis acht Monaten, bei den Robusta-Pflanzen in neun bis elf Monaten. Während der Reifung verändern sie ihre Farbe: von grün über gelb bis zu einem satten Rot; bei einigen Arabica-Varietäten, wie z.B. Bourbon, sind die reifen Kirschen gelb. Zehn bis vierzehn Tage lang behält die reife Kirsche ihre rote bzw. gelbe Farbe – dann wird sie überreif; die Farbe wechselt zu schwarzbraun; und irgendwann fällt die Kirsche zu Boden. Überreife Kirschen beginnen allmählich zu gären und produzieren dann die bei den Händlern so gefürchteten „Stinkerbohnen". Um das zu verhindern, muss die Kaffeekirsche geerntet werden, solange sie reif ist.

Schädlingsbekämpfung

Bis dahin muss der Kaffeeanbauer sie vor den Angriffen der verschiedensten Pflanzenschädlinge schützen. Da sind zum einen die tierischen Schädlinge: Nematoden befallen die Wurzeln; Spinnmilben, Blattläuse, Schmierläuse, Schildläuse bedrohen Blätter und Triebe; Wanzen und Schwarze Fliegen können den Blättern, Trieben und Kirschen Schaden zufügen; der Kaffee-Borkenkäfer tut sich an der Rinde gütlich; Kaffeekirschenkäfer und Fruchtfliegen begehren die Kaffeekirschen; blattfressende Raupen sind die Kaffee-Miniermotte, der Gemeine Kaffeeschwärmer, der Blattrollende Zünsler oder der Giant Looper; die Ameisen schleppen Larven und kleine Läuse von Pflanze zu Pflanze, bauen Nester in die Kaffeesträucher und verkleben deren Äste; die Blattschneideameisen zerlegen die Blätter und nehmen sie mit; und dann gibt es noch die gelegentlichen Überfälle durch Kolonien von Wanderheuschrecken.

Zum anderen gilt es die Pilzkrankheiten abzuwehren: Der nach wie vor nicht gebannte Kaffeerost (Hemileia vastatrix) läßt die Blätter braun werden, Rhizoctonia solani befällt vorzugsweise den Pflanzenkeimling und lässt ihn verkümmern; Augenfleckenkrankheit, Schwarzblättrigkeit, Silberdrahtkrankheit, Maladie rose, die hoch gefürchtete Kaffeekirschenkrankheit (schwarzwerdende Kirschen); Kragenfäule; die Stammkrankheit Stempitting; Blepharospora und die im Jungfeld anzutreffende und schwer zu bekämpfende Erkrankung durch die Gruppe der Fusariumpilze; Stamm-, Zweig- und Keimstielschäden: Bei Rosellina bunodes und Rosellina pepo bleibt nur das vollständige Ausroden und Verbrennen der Kaffeepflanzen übrig, ebenso wie bei der Wurzelfäule (root rot).

Geerntet werden kann schließlich das, was Schädlinge, Krankheiten und das Wetter übriggelassen haben – mal mehr, mal weniger Kirschen, bald in guter, bald in schlechter Qualität. Für den Kaffeeproduzenten bedeutet das Ernten einer großen Menge reifer Kaffeekirschen in jedem Falle einen beträchtlichen logistischen und finanziellen Aufwand – allein schon wegen der Erntehelfer, die in großer Zahl benötigt werden.

Die Kaffee-Ernte: Picking, Stripping, Erntemaschinen

Das Ernten der Kirschen kann nach drei Methoden erfolgen. Das sogenannte *Picking* (Pflücken) ist die sorgfältigste und teuerste. Mehrmals werden, im Abstand einiger Wochen, die reifen Kaffeekirschen von Hand gepflückt. Die unreifen bleiben am Strauch zum Weiterreifen und werden später gepflückt. Ein(e) erfahrene(r) Pflücker(in) erntet 60 kg bis 100 kg Kaffeekirschen am Tag, die nach der Aufbereitung ca. 12 kg bis 20 kg, also 20 %, Rohkaffeebohnen ergeben (der Rohkaffeebohnen-Ertrag von einem Strauch C. arabica liegt bei ca. 300 g bis ca. 2 kg, von einem Hektar C.arabica bei ca. 600 kg bis ca. 2000 kg). Bezahlt wird nach abgelieferter Menge. Diese selektive Erntemethode, eine der wichtigsten Voraussetzungen für die Gewinnung von Qualitätskaffee, kommt leider immer seltener zum Einsatz.

Eine weitere, sehr verbreitete Erntemethode ist das *Stripping* (Abstreifen). Dieses ist in jenen Anbauländern notwendig, in denen die Regenperiode nur kurz währt. Man wartet, bis die meisten Kaffeekirschen reif sind, und streift sie dann vom Zweig ab wie rote Johannisbeeren vom Stiel. Dabei wird zwischen reifen und unreifen (grünen) Kaffeekirschen nicht unterschieden. Der Strauch wird abgeerntet, alle Kirschen kommen in den Korb oder werden auf Planen fallengelassen, die man um die Sträucher ausgebreitet hat, und werden anschließend in einen großen Behälter entladen.

In Südamerika, vor allem in Brasilien, bevorzugt man Erntemaschinen. Ähnlich einem Traubenernter bei der Weinlese fährt eine Maschine über die sehr kurz gehaltenen, in Reihen ausgerichteten Kaffeepflanzen und streift die Kaffeekirschen beidseitig mit senkrecht rotierenden Kunststoffbürsten von den Zweigen. Die dabei mit abgerissenen Blätter werden später maschinell entfernt.

Die reife Kaffeekirsche und ihr Steinkern

Eine reife Kaffeekirsche hat außen eine feste, glänzende Schale, die ein weiches, weiß-gelbliches, zuckerhaltiges Fruchtfleisch, Pulpe genannt, umschließt. Im Innern befinden sich in der Regel zwei Samenkerne, die der Laie Kaffeebohnen, der Fachmann Rohkaffeebohnen und der Botaniker ganz korrekt Steinkerne nennt, da der Samen der Kaffeepflanze botanisch keine Bohne ist und die Kaffeekirschen Steinfrüchte mit gewöhnlich zwei Steinkernen sind. Die flachen Innenseiten dieser Bohnen liegen aneinandergepresst inmitten der Kaffeekirsche. Auf diesen flachen Seiten erkennt man die Keimfrucht, die der Kenner Schnitt nennt. Wie Sie später sehen werden, ist die Art des Schnitts ein wichtiges Merkmal für das Röstverhalten der Bohne. Jede Bohne wird von einer dünnen, fest anhaftenden Schale geschützt, jenem Silberhäutchen, dessen Entsorgung beim Heimrösten gelegentlich Mühe macht. Zudem ist jede Bohne mit einer locker aufsitzenden, dünnen, blassgelben Hülle, der Pergamenthaut, umgeben. Derart hat die Natur die Bohne als Nährdepot für den dünnen, gekrümmten Keimling vorgesehen, der am unteren, dem Fruchtstiel zugekehrten Ende der Bohne sitzt.

Nicht immer wachsen in den Früchten zwei Kaffeebohnen. Besonders an Zweigenden oder an überalterten Sträuchern findet man häufig einsamige Kirschen, aus denen die sogenannten Perlbohnen kommen, die wegen ihres angeblichen Aromareichtums sehr begehrt sind. Ob sie tatsächlich so aromareich sind, ist eine andere Frage. Richtig ist aber, dass sie die Vorzüge von Hochlandbohnen haben, also ein festverschlossenen Schnitt aufweisen, der eine zu frühe Durchröstung verhindert (siehe auch weiter unten im Kapitel Form; Perlbohnen benötigen beim Auftanken mit Rösthitze etwas höhere Anfangstemperaturen als normale Arabicas). Da ihnen die Gegenbohne fehlt, wölbt sich die Bohne auch auf der Schnittseite und wird im günstigsten Falle rund. Hin und wieder entstehen auch anomale Gebilde, indem zwei Bohnen miteinander verwachsen. Diese heißen im Handel „Elefantenohren“, weil sie, sofern sie sich trennen lassen, tatsächlich das Aussehen von Elefantenohren haben. Drei- vier, fünf oder sechssamige Kaffeekirschen sind noch seltener. Aus ihnen entstehen die „Triángulos“: so genannt, weil sie annähernd dreieckig geformt sind. Für die Geschmacksqualität sind solche Formanomalien ohne Belang, auch wenn bei der Rohkaffeeprüfung solche Bohnen als Fehlbohnen registriert werden.

Die Aufbereitung – Methoden der Fruchtfleischentfernung

Um die Bohnen vom Fruchtfleisch zu befreien, müssen die Kaffeekirschen aufbereitet werden. „Aufbereitung“ bzw. „Processing“ heißt die Verarbeitung der Kaffeekirschen zu marktfertigen Rohkaffeebohnen. Sie muss unmittelbar nach der Ernte geschehen, da bei warmen Temperaturen und einem Wassergehalt der Kirschen zwischen 30 % und 60 % Mikroorganismen die Kirschen und somit auch die Bohnen schnell verderben lassen können.
Aufbereitet wird nach folgenden Verfahren:

- Trockene Aufbereitung (natural, dry): Die einfachste Methode, die trockene Aufbereitung, ist die natürlichste: Die Kirschen werden auf vorbereiteten Trockenböden in der Sonne ausgelegt, in Maschinen oder in einer Kombination dieser beiden Trocknungsarten getrocknet, bis die Bohne beim Schütteln der Kirsche rappelt. Dann werden in Schälmühlen die Bohnen von dem verdorrten Fruchtfleisch und der Pergamenthaut getrennt. Ideale Aufbereitungsmethode für vollmundige, noble Espressobohnen.
- Nasse Aufbereitung (washed, wet): Bei der nassen Aufbereitung werden sofort nach der Ernte Fruchtschale und Pulpe von den Bohnen getrennt. Dies geschieht, indem man die Kirschen in Wassertanks kurz quellen lässt und sie dann mit einer „Pulper“ genannten Maschine entpulpt. Auf diese Weise werden Fruchtschale und Pulpe fast gänzlich entfernt; allenfalls noch verbleibende Fruchtfleischreste bzw. die zäh anhaftende Schleimschicht werden bei der nachfolgenden Fermentation durch Kaffee-eigene oder mikrobielle pektinolytische Enzyme abgebaut. Anschließend werden die Bohnen mit viel Wasser gewaschen und zuletzt getrocknet. Diese Entfernung der Fruchtreste und der Schleimschicht kann auch maschinell erfolgen. „Full washed“ werden Bohnen genannt, die den ganzen Ablauf der nassen Aufbereitung durchlaufen haben. „Semi washed“ heißen Bohnen, bei denen sofort nach dem Pulpen die noch anhaftende Schleimschicht und Fruchtfleischreste mit Hilfe von Maschinen durch Wasserdruck oder rotierenden Bürsten entfernt werden. Washed beans sind ideal für knackig frische, fruchtige und runde Kaffees. Besonders für Kaffees, die mit Hilfe der French Press zubereitet werden, eignen sich semi-washed beans.
- Halbtrockene Aufbereitung (pulped natural, seit Kurzem auch als „honey processed“ bezeichnet, semi-dry, in Indonesien auch als „giling basah“ oder „wet hulled“ bekannt): Das dritte Verfahren kombiniert die beiden anderen: Wie bei der nassen Aufbereitung wird die Fruchtschale sofort nach der Ernte mit Mühlen entfernt. Die verbleibende Pulpe wird dann auf Trockenböden unter der Sonne eingetrocknet und später maschinell entfernt. Ideale Aufbereitungsmethode für bukettreiche Kaffees mit funkelnder Klarheit, körperreich und ummantelt von einer wunderbaren Süße. Sehr gut für Filterkaffee und für Espressobohnen.

Der Prozess der Aufbereitung wirkt sich direkt auf die Qualität der Rohkaffeebohnen aus. Für die Klassifizierung der Rohbohnen als Handelsware ist die Aufbereitungsart von wesentlicher Bedeutung. Das Risiko, Rohkaffee mit einem Fehlgeschmack zu erzeugen, ist bei allen Verfahren groß.

Trockene Aufbereitung

Am größten ist dieses Risiko bei der trockenen Aufbereitung. Die Gefahr, „Stinker“ von angegorenen Kirschen in den fertigen Rohkaffee zu bekommen, ist hier jederzeit gegeben. Schon eine einzige überreife Bohne kann eine ganze Rohkaffeelieferung verderben. Auch der sogenannte Rio-Geschmack (der an Arzneimittel erinnert) kommt häufig bei trocken aufbereiteten Kaffeekirschen vor: Dieser Fehlgeschmack entsteht durch Enzyme von Pilzen, die die Bohnen befallen, wenn sie auf dem Boden liegen.

Im Gegensatz zur nassen Aufbereitung, für die sich nur reife Kirschen eignen, kommt es bei der trockenen Aufbereitung nicht auf einen gleichmäßigen Reifezustand der Kaffeekirschen an. Die mit der Stripping-Methode gepflückten Kirschen werden meist trocken aufbereitet. Unreife Kirschen beeinträchtigen natürlich die Qualität der Tasse. Deshalb werden vor dem Trocknen die Kirschen verlesen und reingewaschen. Das Trocknen kann mechanisch oder auf natürliche Weise unter Sonnenwärme erfolgen; letzteres ist die gängigste Methode. Die Kirschen werden auf festgestampften Erdböden, auf Stein- oder Zementböden oder auf Rosten bzw. Horden, die noch mit einem Schattendach versehen sein können, zum Trocknen unter der Sonne und an der Luft ausgebreitet. Bei Einbruch der Dunkelheit oder bei Regenwetter werden sie zu Pyramiden gehäufelt und, um Wärmeverluste zu vermeiden und sie vor Feuchtigkeit oder Nachtfrost zu schützen, mit Plastikplanen überdeckt. Am Morgen werden die Planen entfernt und die Kirschen zur Fortsetzung des Trocknungsprozesses wieder ausgebreitet. Dennoch können die Kirschen und auch die Bohnen durch Verdunstungskälte Frostschäden erleiden. Das tritt dann ein, wenn die taufeuchten Kirschen plötzlich starker Hitze ausgesetzt werden und durch erhebliche Verdunstung und die damit einhergehende Wärmeabgabe Untertemperatur entsteht. Und natürlich liegt das Risiko nahe, dass bei zu starker Wärmeentwicklung die unter den Plastikplanen angehäuften Kirschen in Gärung geraten, was sich in dem Fehlgeschmack kundtut, den Sie in Ihrer Tasse leicht wahrnehmen können.

Mehrmals am Tag müssen die Kirschen gewendet werden, um die Wasserverdunstung zu fördern und einen gleichmäßigen Trocknungsgrad zu erreichen. Das Trocknen der Kirschen dauert 6 bis 20 Tage. Trocken sind die Kirschen, wenn beim Schütteln die Bohnen in ihren Hülsen rappeln. Ist das der Fall, kommen die Kirschen in die Schälmaschine. Hier wird das verdorrte Fruchtfleisch und die Pergamenthaut durch Quetschen zwischen Walzen von den Bohnen getrennt. Sind die Walzen zu eng eingestellt, entstehen Bruchbohnen, die der Heimkaffeeröster nicht sonderlich schätzt, weil sie beim Rösten schnell verkohlen können. Trocken aufbereitete Bohnen werden im Handel auch als natürliche oder ungewaschene Rohkaffeebohnen gekennzeichnet.

Nasse Aufbereitung

Bei der nassen Aufbereitung kommen die Kaffeekirschen unmittelbar nach der Ernte in wassergefüllte Tanks, auch Quelltanks genannt. Dort lässt man die Pulpe über Nacht aufquellen. Am folgenden Tag werden die aufgequollenen Kirschen durch Schwemmkanäle in den Pulper geleitet. Über ein verstellbares Walzensystem wird das Fruchtfleisch fast zur Gänze von den Bohnen gerieben. An diesen haften jetzt noch die Schleimschicht und Fruchtfleischreste, die im Regelfall, wie schon gesagt, durch Kaffee-eigene oder mikrobielle pektinolytische Enzyme abgebaut werden.

Die Fermentation findet in speziellen Gärtanks statt. Je nach Temperatur, Dicke der Schleimschicht und Konzentration der pektinolytischen Enzyme dauert dieser Vorgang zwischen 6 Stunden (bei 30 °C) und 70 Stunden (bei 10 °C). Um die Fermentation zu kontrollieren, kann man die Gärtanks mit Wasser auffüllen. Dies wird auch nasse Fermentation oder „wet fermentation" genannt. Die Fermentation kann aber auch ohne Zusatz von Wasser einsetzen; der Feuchtigkeitsgehalt der entpulpten Kaffeebohnen reicht hierfür völlig aus. Dies wird dann trockene Fermentation („dry fermentation") genannt. Alle kenianischen Rohkaffeebohnen kommen aus nasser, die meisten guatemaltekischen aus trockener Fermentation.

Die Fermentation dauert durchschnittlich 30 Stunden und erfolgt unter mehrfachem Umrühren. Wenn sich bei der nassen Fermentation auf der Oberfläche der Bohnen leichte Bläschen gebildet haben oder bei der trockenen Fermentation die Schleimschicht, sofern noch vorhanden, leicht von Hand entfernt werden kann, folgt die gründliche Waschung der Bohnen. In großen Reinigungsbecken werden unter ständigem Wasserzufluss die Bohnen restlos gesäubert, bis nur noch die saubere Pergamenthaut sie umgibt. Da die für die Reinigung nötige Wassermenge (ca. 100 bis 120 Liter pro kg Rohkaffeebohnen) nicht immer zur Verfügung steht, wird oft das Wasser von vorherigen Waschgängen benutzt. Geschieht das aber häufiger als viermal, kann Propionsäure entstehen, mit der Folge, dass der Kaffee dann einen Zwiebelgeschmack bekommt.

Den gesäuberten, nassen Pergamentkaffee lässt man dann zum Abtropfen über Siebe rieseln. Auf Zementböden oder Rosten, im Freien oder überdacht, breitet man ihn schließlich zum Trocknen aus. Nach etwa 5 bis 20 Tagen ist der Trocknungsprozess beendet. Das erkennt man daran, dass die Bohnen hart wie Hornschalen geworden sind und nicht mehr mit dem Fingernagel eingedrückt werden können. Häufig werden die Bohnen in der Sonne vorgetrocknet, bevor sie im maschinellen Trockner endgetrocknet werden. Durch maschinelle Trocknung kann der Trocknungsvorgang je nach Temperatur (40 °C bis 80 °C) auf 48 Stunden, ja mitunter auf bis zu eine Stunde verkürzt werden! Werden die Rohkaffeebohnen in der Maschine allerdings zu schnell getrocknet, behalten sie einen hohen Feuchtigkeitsgehalt (über 13 %) und altern schnell. Zudem ist der Einbrand (also der Gewichtsverlust beim Rösten) deutlich höher. Dauert die maschinelle Trocknung zu lange, wirkt sich dies wiederum auf das Röstverhalten nachteilig aus. Solche Bohnen werden von professionellen Röstern „Springer" genannt.

Nach dem Trocknen bleibt den Bohnen nur noch die schützende Pergamenthaut und das darunterliegende Silberhäutchen. Solche Bohnen, „Pergamino" genannt, kann man schälen und polieren. In Guatemala und vielen anderen Anbauländern wird die Pergamenthaut bis kurz vor der Verschiffung dem Pergamino als natürlicher Schutz belassen. Häufig wird er auch erst in den Verbraucherländern beim Großhändler entfernt. Das Polieren lehnen einige Röster entschieden ab, da sie (m.E. zu Recht) befürchten, dass durch unsachgemäßes Polieren auf den Bohnen Reibungshitze entstehen könne, die den Geschmack verändere, zumal das Polieren ohnehin nur dem gefälligen Aussehen der Rohkaffeebohnen dient.

In einigen Ländern, besonders dort, wo den Interessen der Kaffeeproduzenten diejenigen der Fischereiwirtschaft gegenüberstehen – Pulpenwasser stinkt erbärmlich und kann bei unverantwortlicher Entsorgung die allgemeine Wasserversorgung schädigen –, erfreut sich das mechanische Entpulpen wachsender Beliebtheit. Dort verzichtet man auch auf den Prozess der Fermentation und befreit die Bohnen vom Fruchtfleisch stattdessen mit Maschinen; auch die Säuberung erfolgt maschinell.

Halbtrockene Aufbereitung

Diese Mischform der Aufbereitung findet nicht nur in Brasilien, auf Sumatra und Sulawesi, sondern seit einigen Jahren zunehmend auch auf mittelamerikanischen Kaffeegütern in Panama, Costa Rica, El Salvador und auf den Dominikanischen Inseln statt. Sie nutzt die Tatsache, dass Gärung ein anaerober, also ohne Sauerstoff sich vollziehender Prozess ist. Bei Zufuhr von Sauerstoff kann Gärung nicht erfolgen. Deshalb wird nur die Außenschale der Kaffeekirsche geschält, die schleimige Pulpe jedoch an den Bohnen belassen. Dann breitet man die Bohnen auf Trockentischen oder Zementböden aus und lässt die Pulpe unter der Sonne eintrocknen. Später wird die verdorrte

Pulpe maschinell entfernt. Übrig bleibt der Pergamentkaffee, der Pergamino. Wenn man sich in Erinnerung ruft, wie schnell Obst (z. B. Kirschen, Aprikosen, Pflaumen etc.) verdirbt, wenn dessen schützende Außenhaut verletzt ist, kann man erahnen, was es heißt, das zuckersüße Fruchtfleisch tausender Kaffeekirschen zu zermatschen, diese Maische dann auf kleinen, speziellen Trockentischen auszubreiten (Bilder über Google-Bildersuche, Stichwort „african beds coffee"), um sie dann dort noch einige Tage offen liegen zu lassen: Insektenbefall, Gärung, Schimmelpilzbildung und einiges mehr können die Arbeit eines ganzen Jahres in wenigen Stunden zunichte machen (der Trocknungsprozess kann auch in Maschinen erfolgen, wo die Gefahr des Verderbens nicht mehr ganz so hoch ist). Von Meisterhand durchgeführt, kann diese Aufbereitungsweise aber Kaffeebohnen von wunderbarer Güte hervorzaubern, da während der Trocknungsphase der Pulpe die Zuckermoleküle und andere wertvolle Inhaltstoffe des Fruchtfleisches durch Osmose in die Bohnenkerne wandern – bei der trockenen Aufbereitungsart ist dieser Osmoseprozess noch intensiver.

Dass gerade die Kaffeeländer in Mittelamerika diese Aufbereitungsmethode vermehrt für sich entdecken, hat auch mit dem Nachhaltigkeitsaspekt dieser Methode zu tun. Eigentlich werden mittelamerikanische Kaffeekirschen nach der Washed-Methode aufbereitet. Diese erfordert jedoch eine Unmenge sauberes Wasser und hinterlässt dann eine genauso große Menge an stinkenden Abwässern, die mittlerweile umweltschonend entsorgt oder wieder aufbereitet werden müssen. Gerade für kleine, selbstvermarktende Kaffeegüter ein sehr kostenintensiver Rechnungsposten. Um vor allem der Nachfrage von japanischen und nordamerikanischen Röstereien nach Premium-Qualität nachzukommen, experimentierten vor einigen Jahren mittelamerikanische Kaffeefarmen mit dieser für sie ungewohnten Aufbereitungsart von Kaffeekirschen. Dabei entdeckten sie auch diese umweltschonende Seite der halbtrockenen Aufbereitung von Kaffeekirschen. Heute werden Bohnenlots, aufbereitet nach der Pulped-natural-Methode, in Spitzenqualität von den meisten Qualitätsgütern Mittelamerikas hergestellt und als Auszeichnung einer Qualitätsstufe der Extraklasse mit „honey processed" kenntlich gemacht. Der Ausdruck „honey" wird wohl daher kommen, dass frisch gepulpte Kaffeekirschen, die sich im Pulped-natural-Prozess befinden, nach einigen Tage der Trocknung die goldgelbe Farbe von Honig annehmen. Zudem heißt in Mittelamerika das klebrig-süße Fruchtfleisch der reifen Kaffeekirschen „miel", also Honig. Vor allem die Grand-Cru-Kaffeegüter Mittelamerikas unterscheiden mittlerweile vier Verfahren der „Honig"-Verarbeitung („honey processing"):

Schema der Honigfarben

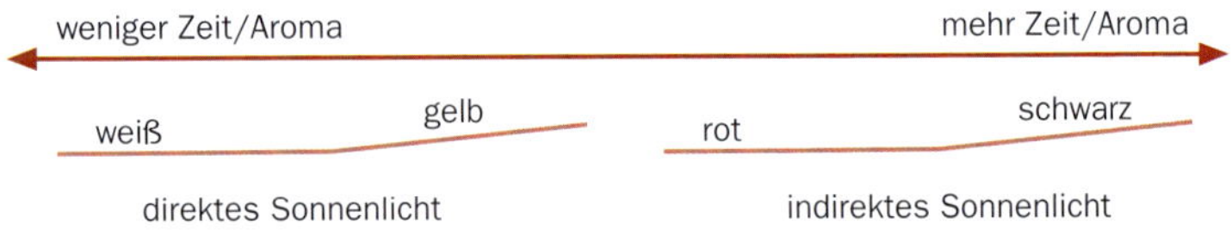

- **White Honey Processing:** Nur 10 bis 20 Prozent der schleimigen Pulpe werden an den Bohnen belassen, das restliche Fruchtfleisch wird im Waschprozess entfernt. Die derart aufbereiteten Bohnen werden dann auf speziellen Trockentischen ausgelegt, wo sie der Hitze und dem direkten Sonnenlicht ausgesetzt sind. In weniger als fünf Tagen sind die Bohnen getrocknet: Ihre noch anhaftende Pergamenthaut changiert ins Cremeweiße.
- **Yellow Honey Processing:** Hier verbleiben nach dem Schälen und moderaten Waschen ca. 50 Prozent der schleimigen Pulpe an den Bohnen. Ausgebreitet auf Trockentische, werden auch sie direkter Sonnenlicht- und Hitzeeinwirkung ausgesetzt. Während des siebentägigen Trocknungsprozesses nimmt die Pulpe eine bernsteingelbe Farbe an.
- **Red Honey Processing:** Die gepulpten Bohnen werden mit 80 bis 90 Prozent ihrer schleimigen Pulpe auf Trockentischen ausgelegt, jedoch nur indirekter Licht- und Hitzeeinwirkung ausgesetzt. Die große Menge des den Bohnen noch anhaftenden roten Fruchtfleisches verleiht ihnen im Laufe des bis zu drei Wochen währenden Trocknungsprozesses ein rötliches Aussehen. Die Tasse derart aufbereiteter Kaffeebohnen zeichnet sich durch üppige Süße und einen vollen Körper aus.
- **Black Honey Processing:** Von den vier Honig-Verfahren ist dies die kostspieligste, zeitaufwendigste und risikoreichste Variante, weshalb sie nur von sehr geübten Händen ausgeführt wird. Mithilfe eines Refraktometers wird der optimale Reifegrad der Kaffeekirschen festgestellt, die tiefroten Kaffeekirschen werden selektiv per Hand geerntet, gewaschen, gepulpt und mit der gesamten dicklagigen Pulpe auf Trockentische ausgelegt. Mit licht- und wasserundurchlässigen Planen vor Sonnenlicht und Hitze geschützt, trocknet und fermentiert die zuckerhaltige Pulpe auf den Bohnen gut drei Wochen lang in warmer Umgebung. Beendet ist dieser Prozess, wenn die Bohnen eine tiefschwarze Farbe angenommen haben. Die aus ihnen bereitete Tasse glänzt mit einer üppigen, fast sirupartigen Süße und ausgeprägtem, vollem Körper.

Die Methoden im Vergleich

Die Frage nun, welche Aufbereitungsmethode die besten Rohkaffeebohnen hervorbringt, kann nicht eindeutig beantwortet werden. Auf den ersten Blick möchten wir der Nassaufbereitung den Vorzug geben. Was nicht allein daran liegt, dass der Fermentationsprozess von erheblichem Einfluss auf den Geschmack der Rohkaffeebohnen ist – für viele Kaffeeliebhaber ist, ähnlich wie für die Kakao- oder Weinfreunde, die Fermentation die eigentliche Geburtsstunde ihres Genussmittels. Von Bedeutung ist ebenso, dass der Produzent bemüht ist, bei der Nassaufbereitung nur reife Kaffeekirschen zu verwenden, da nur sie den Zuckergehalt liefern, der für eine erfolgreiche Fermentation nötig ist. Auch ist die Gefahr der Schimmelbildung, das Risiko unerwünschter Gärungen oder Fäulnisprozesse bei dieser Methode erheblich geringer.

Indes kann eine sachgemäße, von Kennerhand durchgeführte trockene oder halbtrockene Aufbereitung (wie etwa in Brasilien) die feinsten Rohkaffeebohnen hervorbringen. Probieren Sie nur einmal einen Kaffee, der von trocken aufbereiteten Bohnen aus Jemen oder Äthiopien (Harare-Region) hergestellt wurde; oder von halbtrocken aufbereiteten Sumatra- oder Sulawesi-Bohnen: einfach wunderbar! Dieser fruchtige, würzige, komplexe Geschmack entsteht hauptsächlich durch den wesentlich längeren Kontakt zwischen Pulpe und Bohne.

Beurteilen von Rohkaffeebohnen

Vor dem Einsacken müssen die Rohkaffeebohnen nochmals verlesen werden. Diese Sortierung nach Größe, Dichte und Farbe ist für die Gewinnung von feinem Kaffee unerlässlich. Mittlerweile gibt es hierfür zahlreiche Maschinen: Windkanäle; geneigte Auflageflächen, die mittels Vibration flache Bohnen von Perlbohnen trennen; Maschinen, die die Bohnen durch eine Reihe unterschiedlich großer Siebe rütteln; Separatoren, die die dichteren und schwereren Bohnen von den weniger dichten, leichteren trennen. Die Bohnenfarbe wird zumeist mit Fotozellen und UV-Licht ermittelt: So können unreife, schwarze oder in Gärung befindliche Bohnen erkannt und aussortiert werden. Allerdings sind diese Maschinen teuer; nur wenige Kaffeeproduzenten leisten sie sich. Bei den meisten werden die Rohkaffeebohnen mit den Augen und Händen der Arbeitskräfte sortiert: ein höchst zuverlässiges Verfahren, unerlässlich besonders bei hochwertigen Bohnen.

In einem letzten Arbeitsschritt in dieser langen Kette von Prozeduren wird der verlesene Rohkaffee in Güteklassen eingeteilt, eingesackt und in kühlen, luftigen und vor direktem Tageslicht geschützten Lagerhallen gestapelt. Von dort gelangt er in den Handel – und somit auch zu Ihnen als Heimröster.

Wie die professionellen Kaffeehändler sollten auch Sie es verstehen, Rohkaffeebohnen zu beurteilen. Ohnehin werden Sie im Laufe der Zeit ein Gefühl dafür bekommen, welche Bohnen gute und welche schlechte Röster abgeben werden. Zehn mehr oder weniger wichtige Merkmale sollten bei einer Beurteilung betrachtet werden: Bohnenfarbe, -form, -größe, Einheitlichkeit dieser Größe, Oberfläche (Glanz und Glätte), Schnitt, Masse, Silberhäutchenrest, Fehlbohnenanteil, Geruch.

Farbe

Heimröster sollten Bohnen aus neuer Ernte kaufen. Nur so hat man Gewissheit über das Alter des Kaffees, wenn dieser daheim ein, zwei oder mehr Jahre gelagert werden soll. Ob die Bohnen aus neuer Ernte stammen, kann an ihrer Frischfarbigkeit erkannt werden. Was mit „Frischfarbigkeit" gemeint ist, lässt sich gut mit Walnusskernen aus neuer und aus alter Ernte vergleichen: Alte Kerne sind deutlich matter, bleicher und dunkler als die hellen, glänzenden neuen. Ähnlich verhält es sich mit Rohkaffeebohnen aus alter und neuer Ernte, wobei die Farbnuancen der einzelnen Handelssorten berücksichtigt werden müssen: Frischfarbige bräunliche bis braune Bohnen können durchaus aus neuer Ernte stammen, blass- bis stumpffarbige bräunliche bis braune Bohnen wohl kaum. Übrigens: Achten Sie einmal darauf, wie viele Farbnuancen es tatsächlich gibt. Hochlandkaffee z.B. hat sehr oft grün-blaue bis bläuliche Bohnen.

Die Frische von Rohkaffeebohnen kann auch mit der Schälmethode festgestellt werden: Lässt sich die Bohne mit einem Messer wie Horn schälen, hat sie ausreichend Feuchtigkeit und ist somit frisch. Die feste, hornartige Konsistenz der Bohnen deutet auch darauf hin, dass diese gut rösten werden und dass ein gutes Aroma zu erwarten ist. Ist die Bohne dagegen leicht zu schneiden oder zerbröselt sie gar dabei, steht zu erwarten, dass sie beim Rösten platzen wird wie Popcorn und dass sich kein Aroma bildet. Meist sind dies schlecht gelagerte, alte oder überfermentierte Bohnen.

Form

Die Form zeigt lediglich an, ob es sich um Flachbohnen (flat beans), Maragogype (Riesenbohnen, Elefantenbohnen) oder Perlbohnen (peaberries) handelt. Perlbohnen haben den Vorteil, dass die Fruchtkerbe, also der Schnitt, sehr eng ist. Dies ist für den Röster wichtig, da ein enger Schnitt ein zu schnelles Eindringen von Rösthitze bzw. ein zu schnelles Aufrösten verhindert. Dieses Röstverhalten ist wahrscheinlich auch der Grund dafür, dass Perlbohnen in der Tasse zuweilen einen besonderen Aromareichtum entfalten.

Größe

Sie spielt im Rohkaffeehandel eine wesentliche Rolle, freilich nur des Aussehens, nicht des Geschmacks wegen. Auf die Qualität der Tasse hat sie keinen Einfluss. Trotzdem werden im Handel große Bohnen stets höher bewertet als kleine. Ermittelt wird die Größe der Bohnen auf Sieben, deren Löcher unterschiedlich groß sind. Mittels dieser Sieblöcher wird jedoch immer nur die Breite, nicht die Länge der Bohnen gemessen. In Brasilien wird sogar die Siebgröße als Maßeinheit für die Rohkaffeebohnen vorgegeben. Die Nummer des Siebs entspricht dem Durchmesser des Lochs, durch das die Bohne fällt. Es errechnet sich aus dem jeweiligen Zoll-Bruchteil.

In Ostafrika und Indien wird die Größe der Arabica-Bohnen in fünf Gruppen eingeteilt: AA entspricht der Siebgröße 18,5 bis 19, A der Größe 17 bis 18, B 15 bis 16, C 12 bis 14, PB (= peaberry) den Siebgrößen bis maximal 11. In Mittelamerika einschließlich Mexikos heißen die Handelsbezeichnun-

Bohnengröße/Sieb	Handelsbezeichnung	Siebloch in mm
20	very large bean	7,95 / 8
19,5		7,75 / 7,5
19	extra large bean	7,54 / 7,5
18,5		7,35 / 7,5
18	large bean	7,14 / 7
17	bold bean	6,75 / 6,5
16	good bean	6,35 / 6,5
15	medium bean	6,25 /6
14	small bean	5,56 / 5,5
13		5,16 / 5,5
12		4,76 / 5
11	peaberry	4,3 / 4,5
10		3,97 / 4
9		3,57 / 3,5
8		3,17 / 3

gen für die Größe: Superior (17 bis 18), Primera (15 bis 16), Tercera (bis 14), Caracol (10 bis 11), Caracolito (8 bis 9). Die angelsächsischen Klassifizierungen (1st Flats, 2nd Flats, 3rd Flats, 1st Peaberries, 2nd Peaberries, 3rd Peaberries) stimmen in ihrer Einteilung mit den mittelamerikanischen überein (Superior = 1st Flats usw.).

Mit der Sortierung der Rohkaffeebohnen nach Größe wird eine Vereinheitlichung erzielt, die vor allem den technischen Vorteil bietet, eine gleichmäßige Röstung zu erleichtern. Das führt aber nicht zwangsläufig zu einer besseren Tasse. Bohnen mit relativ uneinheitlichem Röstbild („bunte Röstung“) können durchaus interessantere Tassen hervorbringen als solche mit einheitlichem Röstbild.

Glanz und Glätte

Eine glatte, glänzende Bohnenoberfläche scheint eine sorgfältige Aufbereitung zu bezeugen. Indes kommt es für die Qualität im Grunde nicht darauf an, ob die Bohnenoberfläche glatt ist oder rau wie z.B. bei den ostafrikanischen Arabica-Sorten. Dennoch wird den Bohnen vielfach durch Poliermaschinen ein Glanz verliehen, in einem Arbeitsschritt, der von vielen Kaffeeliebhabern als unnötig, ja möglicherweise schädlich erachtet wird, weil auf den Oberflächen durch unsachgemäßes Polieren Hitze entstehen kann und dies den Geschmack der Tasse verschlechtert.

Silberhäutchenreste

Reste des Silberhäutchens, die noch an den grünen Kaffeebohnen haften, beeinträchtigen allenfalls das Aussehen. Sie können bedenkenlos mitgeröstet werden und haben keinen Einfluss auf den Geschmack der Tasse. Beim Rösten stäuben sie ohnehin ab: Was dem Heimröster allerdings einiges an Geduld abverlangt, wenn er diese papierleichten Reste in der Küche aufsammeln muss.

Schnitt

Die Bedeutung des Schnitts (der Keimfurche) für die Röstung wurde bereits erwähnt. Nur ein geschlossener Schnitt der Bohnen garantiert eine gute Rösteigenschaft und Aromabildung. Der Schnitt kann die unterschiedlichsten Formen haben: von eng zu breit, von ausgefranst über gerade bis elegantgeschwungen usw. Bei gewaschenen Bohnen muss der Schnitt leuchtend weiß sein; bei ungewaschenen ist er dunkelbraun bis rötlich. Ist der Schnitt offen, kann die Rösthitze viel zu schnell in das Innere der Bohnen dringen. Dann bilden sich, statt des Aromas, Verkohlungen, und die Tasse schmeckt flach und bitter. Wie eine Bohne mit offenem Schnitt aussieht, wie mit einem geschlossenen, ist mit geübtem Blick leicht zu erkennen. Rohkaffeebohnen aus dem Hochland haben generell einen geschlossenen Schnitt.

Bohnenmasse

In einigen Ländern, die Arabica-Bohnen produzieren, ist der Grad der Festigkeit ein Qualitätsmerkmal. Man unterscheidet HB (hard bean) und SHB (strictly hard bean): Abkürzungen, die anzeigen, dass die Bohnen auf Plantagen gewachsen sind, die sich zwischen 1.200 und 1.500 Metern ü.d.M. (HB) oder gar über 1.600 Metern (SHB) befinden. Je höher der Anbau, desto kühler das Klima und desto langsamer das Wachstum, und um so härter folglich die Bohnen. Costa Rica differenziert diese Klassifizierung noch gemäß seinen verschiedenen Landschaftsräumen in „Atlantic" und „Meseta Central". Bohnen, die auf Plantagen in Atlantiknähe gewachsen sind, werden in LGA (Low Grown Atlantic) und HGA (High Grown Atlantic) unterteilt; Bohnen aus der Meseta Central gliedern sich in HB (1.000–1.300 Meter ü.d.M.) und SHB (1.300–1.600 Meter ü.d.M.).

Fehlbohnenanteil

Für die Begutachtung von Rohkaffeebohnen ist die Fehlbohnenfeststellung von entscheidender Bedeutung. Qualitätskaffee im Handel darf keine Fehlbohnen aufweisen. Hier ist der Heimröster mit seinen kleinen Röstmengen im Vorteil: Seine Suche nach Fehlbohnen, soweit sie äußerlich erkennbar sind, ist schnell durchgeführt. Zu unterscheiden sind dabei Fehlbohnen, die nur äußerliche Fehler haben (wie etwa Elefantenohren, Bruch, Triángulos) und lediglich ein uneinheitliches Röstbild abgeben, von solchen, die die Tassenqualität erheblich mindern können. Auch Steinchen, kleine Holzstücke, Schalen- und Erdreste, Plastikteile und dergleichen können sich unter eine Lieferung mischen und müssen aussortiert werden.

Die gröbsten Fehler sind Ölbohnen, die sogenannten Stinker. Wie schon erwähnt, handelt es sich um überfermentierte Bohnen, die zumeist gelblich- bis bräunlich- oder rötlich-blass aussehen und in der Tasse einen widerlichen Geschmack von faulen Eiern hinterlassen. „Grasbohnen" sind unreife Bohnen, die von einem festsitzenden, grasgrün geschrumpften Häutchen umgeben und oft verkümmert sind. Nach dem Rösten sind sie als ganz helle Bohnen gut zu erkennen. Sie geben der Tasse einen unsauberen, grasigen Geschmack.

„Frostbohnen" sind braunschwarz bis schwarz. Im Handel gelten Bohnen, die nur an vereinzelten Stellen (z.B. durch Verdunstungskälte) Frostschäden aufweisen, als durchaus noch verwertbar, da sie den Geschmack der Tasse angeblich nicht beeinträchtigen. Meines Erachtens trifft das aber nicht zu: Bohnen, die nicht lediglich Kälte, sondern richtigen Frost abbekommen haben, sind durchweg schwärzlich und hinterlassen in der Tasse einen unsauberen, galligen Geschmack. Deshalb müssen sie auf jeden Fall aussortiert werden. Bei geringeren Frostschäden ist es eine persönliche Ermessensfrage, ob sie ausgesondert werden sollen. Andere schwarze Bohnen, die „blacks", sind in der Regel am Strauch vertrocknet und verleihen der Tasse einen ekligen Geschmack (in der Kaffeeansprache allgemein als „triagig" beschrieben; von frz. „Triage", „Ausschuss" [bei Kaffeebohnen]).

Auch Insekten hinterlassen auf und in den Bohnen ihre Spuren: Bohrlöcher, angefressene Ränder, Aushöhlungen, kleine Furchen usw. Diese Bohnen sind in Geschmack und Röstverhalten jedoch neutral und müssen nicht ausgelesen werden. Zu beanstanden sind gelegentlich auch aufgequollene Bohnen (besonders aus Indonesien und Indien). Sie geben der Tasse einen merkwürdigen „breiten" Geschmack.

Eine sehr gut bebilderte Darstellung fehlerhafter Rohkaffeebohnen findet sich auf der Netzseite des kolumbianischen staatlichen Kaffeeverbands Café de Colombia *(www.cafedecolombia.com/clientes/en/regulacion_nacional/exportadores/2831_calidades_de_exportacion)*. Besonders in Mittelamerika ist der Kaffeekirschenkäfer (Broca-do-café, *Hypothenemus hampei) (de.wikipedia.org/wiki/Kaffeekirschenk%C3%A4fer)* inzwischen zu einer großen Plage geworden – die sich umso stärker auswirkt, als infolge des Befalls durch die Maden dieses Kaffeebohrers die Schimmelpilze Penicillium und Aspergillus in den fraßgeschädigten Kaffeekernen gedeihen.

Besonders die Gattung der Penicilliumpilze (die Art *Penicillium roqueforti* wird für die Herstellung des bekannten französischen Roquefort-Edelschimmelkäses verwendet) hinterlässt eine intensive Blauverfärbung an den Fraßrändern der Kaffeekerne, die nach der Aufbereitung der Kaffeekirschen sogar noch intensiver im Ton wird. Sollten Sie als Heimröster derart befallene Exemplare unter Ihren Rohkaffeebohnen finden, sortieren Sie diese bitte unbedingt aus und entsorgen sie.

Doch seien Sie unbesorgt! Dass Rohkaffeebohnen im Premiumbereich mit ganz argen Fehlbohnen versetzt sind, kommt ziemlich selten vor. Was vor allem daran liegt, dass Rohkaffeebohnen an der Börse gehandelt werden und der prozentuale Fehlbohnenanteil einer Lieferung seinen monetären Wert bestimmt. Dieser Wert findet seinen Ausdruck im Klassifizierungssystem der New Yorker Kaffee- und Zuckerbörse (New York Coffee & Sugar Exchange) und basiert auf der Maßeinheit 300 g Rohkaffeebohnen:

NY Typ N° 2 = 6 Fehler = Extra special
NY Typ N° 3 = 13 Fehler = Extra prime bis Prime
NY Typ N° 4 = 29 Fehler = Prime bis Superior
NY Typ N° 5 = 60 Fehler = Superior bis Good
NY Typ N° 6 = 115 Fehler = Good bis Regular
NY Typ N° 7-8 = >200 Fehler = Ordinary

Die Gewichtung der Fehler bemisst sich an der Zahl der Ölbohnen, wobei 1 Ölbohne als 1 (Haupt-)Fehler zählt. Etwa so: 1 schwarze Bohne = 1 Fehler; 1 großer Stein + 1 großes Stück Holz + 1 großes Erdstück = 5 Fehler; 1 kleiner Stein + 1 kleines Stück Holz + 1 kleines Erdstück = 1 Fehler; 2 Bohnen in Schale = 1 Fehler; 3 „Ohren" = 1 Fehler; 5 Bruchbohnen = 1 Fehler usw.

Obwohl man als Heimröster bei seinen Rohkaffeebohnen mit einer eher geringen Fehlerzahl rechnen darf, empfiehlt es sich doch, vor dem Rösten die Bohnen aufmerksam zu prüfen.

Geruch

Und dies nicht nur mit den Augen, sondern auch mit dem Geruchssinn. Bohnen, die beim Produzenten oder Händler durch schlechte Lagerung muffig geworden sind oder sonstige fremdartige Gerüche angenommen haben, sind leicht aufzuspüren und zu unterscheiden von gesunden frischen Rohkaffeebohnen mit ihrem intensiven, angenehmen, an Heu erinnernden Duft. Für den Geruchstest nehmen Kaffeeprofis einige Rohkaffeebohnen zwischen die Handflächen, reiben sie kurz aneinander und riechen daran. Achten Sie darauf, dass Ihre Hände dabei einen neutralen Eigengeruch haben und ihnen kein Seifen-, Zigaretten- oder sonstiger Fremdgeruch anhaftet.

In dieser kritischen, sachkundigen Prüfung der Bohnen sollte sich der Heimröster üben. Letztlich ist der Kauf von Rohkaffeebohnen, ähnlich dem Weinkauf, eine Sache des Vertrauens zwischen den Konsumenten und den Händlern bzw. Produzenten. Von Vorteil ist es auf jeden Fall, den Produzenten bzw. die Farm oder Kooperative persönlich (oder wenigstens über den Händler) zu kennen. Der Heimröster, der sich sicher sein kann, dass die Arbeit dort nach gewissen Qualitätsstandards und mit Liebe zur Sache gemacht wird, wird für sein Urteilsvermögen mit einer guten Tasse belohnt.

Die Kaffeeanbauländer

Zwischen dem 23. Grad nördlicher und dem 25. Grad südlicher Breite sollen in mehr als 90 Ländern Kaffeepflanzen angebaut werden. Sie lassen sich in drei große Regionen aufteilen:

- Mittel- und Südamerika
- Afrika
- Asien und Ozeanien

In einigen Ländern sind die Mengen aber so gering, dass sie für die Wirtschaft des jeweiligen Landes keine große Bedeutung haben und eigentlich nur für den Eigenbedarf produziert werden. Auf *www.supremo.be/home.nsf/Supremo?OpenForm* finden Sie nähere Informationen über Produktion, Klassifikation, Marketing und geografische Lage der meisten Kaffeeanbauländer. Auch auf *www.ico.org/profiles_e.asp?section=Statistics* können auf einer interaktiven Karte nähere Informationen über Kaffeeanbauländer gefunden werden.

Angola
Äquatorialguinea
Argentinien
Äthiopien
Australien
Benin
Bolivien
Brasilien
Burkina Faso
Burundi
China
Cookinseln
Costa Rica
Demokratische Republik Kongo
Dominica
Dominikanische Republik
Ecuador
Elfenbeinküste (Handelsname „Ivory Coast“, „Côte d'Ivoire“)
El Salvador
Fidschi
Gabun
Galapagos-Inseln
Ghana
Guadeloupe
Guatemala
Guinea
Haiti
Hawaii
Honduras
Indien
Indonesien
Jamaika
Jemen
Kambodscha
Kamerun
Kanarische Inseln
Kap Verde
Kenia
Kolumbien
Komoren
Kuba
Laos
Liberia
Madagaskar
Malaysia
Malawi
Martinique
Mauritius
Mexiko
Mosambik
Myanmar
Nepal
Neukaledonien
Nicaragua
Nigeria
Panama
Papua-Neuguinea
Paraguay
Peru
Philippinen
Puerto Rico
Réunion
Republik Kongo
Ruanda
Sambia
São Tomé und Príncipe
Sierra Leone
Simbabwe
Sri Lanka
St. Helena
Südafrika
Suriname
Taiwan
Tansania
Thailand
Timor
Togo
Trinidad und Tobago
Uganda
Vanuatu
Venezuela
Vietnam
Zentralafrikanische Republik

Süd- und Mittelamerika

► *Brasilien:* Der weltweit größte Kaffeeproduzent (35 %), sowohl quantitativ als auch qualitativ, ist Brasilien. Der Kaffee wird nicht im Hochland angebaut, sondern zwischen 600 und 1.200 Meter ü.d.M. Der preiswerte, in Massen produzierte Arabica-Kaffee wird nach der strip-picked-Methode oder maschinell geerntet und trocken aufbereitet. Die Qualität dieser Bohnen ist schlecht, ganz im Gegensatz zu den Santos-Bohnen, deren beste als „Santos 2/3" vermarktet werden, während der ausschließlich aus der Sorte Bourbon erzeugte Kaffee als „Bourbon Santos 2" auf den Markt kommt. Santos-Bohnen werden nach der Pflückmethode geerntet und trocken oder halbtrocken aufbereitet. Die Santos-Tasse ist geprägt von einem mittleren bis vollen Körper und, bedingt durch den langen Kontakt der Bohnen mit dem Fruchtfleisch, würzig, leicht süßlich und insgesamt rund – als kleine Zugabe zu einer Espresso-Mischung bestens geeignet.

Durch manche in den letzten Jahren eingeführten Neuerungen in der Struktur des brasilianischen Kaffeemarktes ist den Kaffeeliebhabern auch ein neuer Wettbewerb geschenkt worden, ein Wettbewerb, der ganz allmählich auch den Kaffeeweltmarkt ein klein wenig verändern könnte: der sogenannte „Cup of Excellence". Da wegen der Dumpingpreise für Rohkaffeebohnen und der Dominanz der westlichen Röstgiganten kein Kaffeeanbauer mehr an der Erzeugung von Premiumkaffee interessiert war, wurde (in Anlehnung an die Weinprämierungen in Anbauländern) ein Wettbewerb ins Leben gerufen, der eine Rückbesinnung auf die Qualität fördern könnte. Beteiligt sind die International Coffee Organisation (ICO), das International Trade Centre (ITC) und der der UN angegliederten Common Fund of Commodities (CFC; *www.common-fund.org*).

Bei diesem Wettbewerb kann zunächst jeder einheimische Produzent seine Favoriten aus der neuesten Kaffee-Ernte in einer Vorentscheidung durch eine nationale Jury verkosten und beurteilen lassen. Von den mehr als 1.000 vorgestellten Provenienzen werden dabei in drei sensorischen Selektionsrunden etwa 60 Kaffees (die jeweils mindestens 80 Punkte erreicht haben müssen) als Kandidaten für die Teilnahme am Finale des Cup of Excellence bestimmt. Diese „Besten" werden sodann von einer international besetzten Experten-Jury in einer weiteren dreistufigen Selektionsrunde beurteilt und sensorisch geprüft. Diesen zweiten Durchgang bestehen nur solche Kaffees, die eine Bewertung von mindestens 84 Punkten erhalten. Nur diese „Best of Best" (deren Zahl je nach Güte des Kaffeejahres zwischen 15 und 40 schwankt) dürfen sich mit der Auszeichnung „Cup of Excellence" schmücken. Der Goldmedaillengewinner wird schließlich in einer dritten, insgesamt also der sechsten, Selektionsrunde aus der Gruppe der zehn am höchsten bewerteten Kaffees ermittelt, und die mit dem „Cup of Excellence" prämierten Rohkaffeebohnen werden anschließend meistbietend versteigert. Von dem Versteigerungserlös gehen 85 % an die Produzenten und 15 % an die Wettbewerbsorganisation. Stellt die jeweilige Landesregierung Mittel für die Ausrichtung des Wettbewerbs bereit, erhalten die Produzenten den gesamten Erlös.

Die erste Kür fand 1999 statt. Die Hoffnung der Initiatoren, bei der Versteigerung einen deutlich über dem Welthandelspreis liegenden Auktionspreis für die prämierten Bohnen zu erzielen, erfüllte sich – der Auktionspreis übertraf alle Erwartungen. Mittlerweile finden die Versteigerungen im Internet statt, und die prämierten und unprämierten Rohkaffeebohnen, die das Finale erreicht haben, erzielen Spitzenpreise. Ein Lot des honduranischen Kaffeeguts der Señora Marysabel Caballero García, gelegen bei dem Städtchen Chinacla in der Region La Paz an der Grenze zu El Salvador, ist bei der Cup-of-Excellence-Versteigerung im Mai 2016 für 120,50 US-Dollar/lb (1 pound = ca. 0,454 kg) versteigert worden – natürlich von einer japanischen Gourmet-Kaffeerösterei.

Inzwischen findet der „Cup of Excellence"-Wettbewerb auch in weiteren Kaffeeanbauländern statt, neben Brasilien in Nicaragua, Costa Rica, Guatemala, El Salvador, Honduras, Kolumbien, Mexiko, Burundi und Ruanda. Vor allem die bei den Auktionen erzielten Spitzenpreise und das mit der Auszeichnung für die Produzenten verbundene Renommee bewegt jetzt viele Kaffeeanbauer, verstärkt Premium-Kaffee herzustellen. Manche Farmen haben sogar völlig auf die Produktion von Spitzenqualität umgestellt. Selbstvermarktende Fazendas wie Boa Vista, Lagoa, Lambari, Vereda und einige mehr erzeugen einen Kaffee von ausgezeichneter Vielfalt und Qualität. Auch die Arabica-Varietäten Mundo Novo und Catuai kommen durch diese Entwicklung wieder mehr zur Geltung. Eine höchst lobenswerte Sache. Hauptanbaugebiete sind Mogiana (zugleich das älteste Anbaugebiet), Sul Minas, Cerrado, Bahía, Rios. Brasilianischer Kaffee schmeckt jung am besten, da die Rohkaffeebohnen meist nach einem Jahr ihre Süße verlieren.

► *Peru:* Peru ist ein kleines Erzeugerland, größtenteils in Kooperativen organisiert, die meist Bio-Kaffee produzieren. Die Anbaugebiete heißen: Urubamba, Cuzco, Ayacucho, Canchamayo; dazu kommen die nördlichen Gebiete in der Nähe zu Ecuador. Der höchste Qualitätsgrad heißt „AAA". Die guten Kaffees können rund und von üppiger Süße sein. Wie beim brasilianischen Rohkaffee verlieren die peruanischen Bohnen nach einem Jahr ihre Süße.

► *Bolivien und Ecuador:* Im Hochland Boliviens können ganz wunderbar ausbalancierte, mit einer schönen Süße ausgestattete Kaffees erzeugt werden. Das Gleiche gilt für Ecuador.

► *Kolumbien* ist durchweg ein exzellenter Kaffeeproduzent. Es gibt eigentlich nur eine Kooperative, die National Federation of Colombian Coffee Growers (Federación Nacional de Cafeteros de Colombia – Fedecafé). Sie bestimmt, welche Bohnen das Supremo-Prädikat für die höchste Qualität und das Excelso-Prädikat für nicht ganz so große Bohnen und nicht ganz so hohe Qualität erhalten. Anbaugebiete des meist mit Typica- und Bourbon-Varietäten erzeugten Rohkaffees sind: Nariño, Popayán, Armenia, Manizales, Bogotá, Medellín, Bucaramanga, Sierra Nevada, Huila. Geschmacklich haben die Kaffees keine Extreme, was keineswegs negativ gemeint ist: Die Tasse überzeugt mit ihrer feinen Nase, einem mehr mittelkräftigen Körper und einer wunderbar ausbalancierten Säure, meist von einer saftigen Fruchtigkeit begleitet.

► *Venezuelas* Anteil am Weltmarkt beträgt nur etwa ein Prozent. Die interessantesten Kaffees werden an der Grenze zu Kolumbien produziert und meist „Maracaibo“ genannt, nach der Hafenstadt, von der aus sie verschifft werden – auch wenn sie aus den Anbaugebieten Trujillo und Mérida stammen. Die aus dem Anbaugebiet Caracas stammenden Sorten werden über den Hafen der Landeshauptstadt verschifft und deshalb auch nach ihr benannt. Die höchste Qualität heißt „Lavado Fino“. Der Hochlandkaffee aus Táchira, Trujillo, Cúcuta und Mérida ähnelt dem kolumbianischen Kaffee: reiche Säure und ein nicht zu schwerer Körper mit mehr oder weniger ausgeprägten fruchtigen Nuancen. Die Kaffees aus dem Caracas-Gebiet gleichen dagegen mehr den karibischen Verwandten: mild, tief, weniger aufdringlich im Geschmack und süßlich.

► *Mexiko:* Der größte Teil des mexikanischen Kaffees wird biologisch angebaut. Die Anbaugebiete liegen allesamt im südlichen Landesteil und reichen von Jalapa, Coatepec, Huatusco, Orizaba über Oaxaca bis in das im äußersten Südwesten des Landes gelegene Chiapas. Die besseren Kaffees heißen „Altura“, was „Höhe“ bedeutet und als Namensbestandteil dem jeweiligen Anbaugebiet vorangestellt wird: Altura Orizaba, Altura Jalapa usw. Die besten Sorten stammen aus dem Hochland von Chiapas und können ohne Weiteres mit den besten guatemaltekischen Kaffees mit ihrer kräftigen und komplexen Struktur konkurrieren. Allgemein sind die mexikanischen Kaffees von leichtem Körper, trocken und von säuerlichem Schmelz.

► *Guatemala:* In den Hochregionen dieses klassischen Erzeugerlandes werden einige der besten Kaffees der Welt produziert. In den Anbaugebieten Antigua, Atitlán, San Marcos, Cobán, Huehuetenango und Fraijanes werden ausschließlich die Varietäten Typica und Bourbon angebaut, die durchwegs im Schatten wachsen. Amacafé, die staatliche Kaffeeaufsicht, vergibt als höchstes Prädikat SHB, welches dann vor dem Namen des jeweiligen Anbaugebietes steht. Gilt ein Kaffee als nicht typisch für das jeweilige Anbaugebiet, so wird er nur als SHB-Kaffee vermarktet, ohne Angabe der Region. Es sind die facettenreichen Aromen, die würzigen, blumigen, schokoladigen, rauchigen Töne, gepaart mit einer sanften bis kräftigen Säure, welche die Einmaligkeit des guatemaltekischen Kaffees ausmachen. Zu den besten Kaffeegütern zählen: Pastores, La Tacita, Las Nubes, Santa Cecilia, San Sebastián, Huixoc, San Marcos, Los Alpes, um nur einige zu nennen.

► *El Salvador:* Dank klimatischer und geografischer Bedingungen hat El Salvador das gleiche Qualitätspotenzial wie Antigua und die Tres-Ríos-Region Costa Ricas. Der Kaffeeanbau erholt sich aber nur langsam von dem jahrelangen Bürgerkrieg. Die angebotenen Kaffees haben einen nicht so schweren, eher neutralen Körper, eine feine, zuweilen etwas aufdringliche Säure und zarte Aromen. Die höchste Qualitätsstufe ist hier SHG – Strictly High Grown. Angebaut werden die alten Bourbon-Varietäten, die meist im Schatten wachsen.

► *Honduras:* Durch den verheerenden Hurrikan „Mitch" ist 1998 ein großer Teil des angebauten Kaffees vernichtet worden, und der neue Kaffeeanbau entwickelt sich nur sehr langsam. Die Bohnen aus der Marcala-Region im Grenzgebiet zu El Salvador haben den besten Ruf. SHG ist auch hier die höchste Qualitätsstufe. Ein guter Honduras-Kaffee hat einen kräftigen Körper und einen etwas süßlichen und opulenten Geschmack.

► *Nicaragua:* Auch hier hat jahrelang der Bürgerkrieg gewütet, und „Mitch" hat die wieder aufblühende Kaffeewirtschaft um Jahre zurückgeworfen. Die bekanntesten Anbaugebiete sind Jinotega, Segovia, Matagalpa. Die meisten Plantagen legen besonderen Wert auf Beschattung der Kaffeepflanzen. Auch hier ist SHG die höchste Qualität. Die Tasse ist rund, tief, mit schokoladiger Fülle und leider wenig Säure.

► *Costa Rica:* Seine Kaffees können zu den besten der Welt zählen. Die Plantagen liegen in einer Höhe von 700 bis 1.600 Metern. Die wichtigsten Anbauregionen liegen in der Landesmitte, um die Hauptstadt San José herum: Tarrazú, Heredia, Tres Ríos, Volcán Poás; angebaut werden Caturra und Catuai. Ausschließlich nasse Aufbereitung. Die im Hochland gewachsenen Bohnen sind mittelgroß, schlank und schiffchenförmig und an der Schnittseite elegant eingebogen. Der Schnitt ist eng, kraus und hell, die Farbe meist stahlgrau mit einem bläulichen Schimmer, manchmal auch sattgrün.

Die höchste Stufe: SHB. Überragend ist die Plantage La Minita. Die Tasse der guten Sorten ist kernig mit feinstem Säurespiel und edlem, vollem Aroma.

► *Panama:* An den Hängen des Vulkans Barú, in Grenznähe zu Costa Rica, liegt das Anbaugebiet Boquete. Hier werden die feinsten Kaffees – hauptsächlich aus Typica, Bourbon, Caturra und Catuai – produziert. Auch hier ausschließlich nasse Aufbereitung. Aussehen und Farbe der Bohnen wie in Costa Rica. Höchste Qualitätsstufe ist SHB. Die besten Bohnen Panamas können sich ohne Weiteres mit denen aus Guatemala oder Costa Rica messen, sie bisweilen auch übertreffen. Die Tasse ist von zarter, süßlicher Struktur, nicht zu schwerem Körper, einer lebendigen, erfrischenden Säure sowie floralen bis fruchtigen Aromen.

► *Jamaika:* Im zentralen Blue-Mountains-Gebiet, in einer Höhe von 1.000 bis 1.300 Metern, wächst einer der besten und teuersten Kaffees der Welt, die nach der Region benannte Arabica-Varietät Blue Mountain. Die dichte Nebeldecke, die praktisch immer über dieser Bergregion hängt, wirkt gegenüber der tropischen Sonne wie ein Filter – Wachstumsbedingung für einen idealen Kaffee, denn dadurch wird die Assimilation und somit das Wachstum verlangsamt, und die Bohnen werden sehr dicht und hart. Die Tasse brilliert mit ihrer verhaltenen, nicht überbordenden Säure, einem subtilen schokoladigen Geschmack, komplexem und wunderbar ausbalanciertem Körper und einem Feuerwerk von Aromen. Sehr oft gilt daher der echte, d.h. an den Hängen dieser Berge gewachsene, Blue Mountain als Maßstab für guten Kaffee schlechthin. Die Jahresernte von knapp 900.000 kg ist zu 90 % für den japanischen Markt bestimmt.

► *Die Dominikanische Republik* hieß früher Santo Domingo, und unter diesem Namen werden normale Kaffeequalitäten nach wie vor vermarktet. Bessere Sorten werden unter den Namen Cibao, Ocoa, Bani und Barahona gehandelt. Nasse Aufbereitung, die meist sehr sorgfältig durchgeführt wird. Die Tasse des Barahona – schwerer Körper und feine Säure, schöne Aromen – ähnelt jenen aus Jamaika und Puerto Rico.

► *Haiti:* War es das bis in die Mitte der 1990er Jahre von den USA verhängte Handelsembargo, welches dem Kaffeeanbau schwer zu schaffen machte, sind die Kaffeeernten seit dem furchtbaren Erdbeben 2010 praktisch ausgefallen. Dank der Großgenossenschaft Cafeieres Natives S.A., in der über 7.000 Kaffeeproduzenten organisiert sind, und anderen Genossenschaften ist Kaffee jedoch in relativ kurzer Zeit wieder eine feste Einahmequelle für zahlreiche Familien geworden. Der Kaffeeanbau leidet immer noch unter dem Mitte der 1990er Jahre von den USA verhängten Handelsembargo, auch wenn dieses mittlerweile aufgehoben ist. Heute sind über 7.000 Kaffeeproduzenten in einer Genossenschaft organisiert: Cafeieres Natives S.A. Der Kaffee wird einheitlich unter dem Namen „Haïti bleu“ vermarktet. Die Tasse von guten Bohnen kann vollmundig und leicht trocken sein, mit süßlichem Abgang. Einige Lots können Spitzenqualität erreichen, wie zum Beispiel der Waldkaffee Haiti Bleu Pine Forest der Coopératives des Planteurs de Café de l'Arrondissement de Belle Anse.

► *Puerto Rico:* Yauco Selecto und Alto Grande wird auf den im Südwesten gelegenen Höhenlagen (1.000 Meter) meist aus Bourbon-Varietäten produziert. Bei sorgfältiger Herstellung können hier klassische Karibik-Kaffees entstehen: sanfter bis kräftiger Körper, verbunden mit einer üppigen Süße.

Hawaii

Die Hawaii-Kaffees ähneln mehr ihren mittelamerikanischen als den pazifischen Verwandten; die Tasse ist geprägt von einer reichen, kräftigen Säure, mittelschwerem bis kräftigem Körper und sehr komplexer Aromastruktur. Auf der Hauptinsel Hawaii wachsen im Kona-Gebiet auf kleinen Gütern ganz ausgezeichnete Sorten. Auf den anderen Hawaii-Inseln Maui, Molokai und Kauai werden ebenfalls zum Teil sehr gute Kaffees angebaut. Jedoch sind die hohen Preise leider nicht immer Garanten für Qualität.

Afrika

► *Äthiopien* ist vermutlich die Urheimat des Kaffees. Seine Kaffees sind von einer einzigartigen Vielfalt und Unverwechselbarkeit. Die Anbaugebiete heißen Djimmah, Gimbi, Harrar, Lekempti, Bebeka, Limu, Yirgacheffe (Anbaugebiet Sidamo), Sidamo. Wie in Afrika üblich, wird sowohl trocken als auch nass aufbereitet. Die Rohkaffeebohnen sind meist klein bis mittelgroß, tiefgrün-bläulich bis grün-gelblich gefärbt und haben eine raue Oberfläche. In der Region Harrar (auch Harar oder Harer) werden die Kaffeekirschen zum Trocknen in die Sonne gelegt; gelegentlich bleiben sie sogar am Strauch bzw. Baum, bis sie von der Sonne verdorrt sind. Wider Erwarten ist eine aus solchen Bohnen gebraute Tasse ein Erlebnis: relativ leichter Körper, fruchtige, vielschichtige Süße, mit einer unglaublichen Aromenvielfalt, begleitet von einem eigentümlichen Nachgeschmack beim Abgang. Ungewaschene Bohnen aus den Regionen Gimbi und Sidamo sind etwas leichter und rauer im Geschmack.

Gewaschene Yirgacheffes gehören zu den Königen der Kaffeewelt: leichter bis mittelschwerer Körper, überbordende florale Aromen mit Zitrus-Anteilen, bei gut ausbalancierter Säure. Ein Geschenk. Gewaschene Limu, Sidamo, Djimma sind ähnlich, aber nicht ganz so fein wie der Yirgacheffe.

► *Kenia:* Bisher wurden Anbau und Verkauf zentral organisiert, und die gesamte Kaffeeproduktion wird auf Auktionen versteigert. Die Folgen dieser zentralen Anbau- und Vermarktungsstruktur sind sehr gute Qualität bei höheren Preisen. Mittlerweile geht man zu einem marktorientierten Modell über. Neuzüchtungen, die praktisch pilzresistent sind, werden nun vermehrt angebaut. Einige Kaffeefreunde bedauern diesen Trend, weil sie der Meinung sind, dass die Neuzüchtungen nicht die gleiche Raffinesse in der Tasse zeigen wie die SL-28-Hybride, die bisherige Stütze der kenianischen Kaffeewirtschaft; und leider ist dieser Einwand nicht ganz von der Hand zu weisen.

Das Hauptanbaugebiet erstreckt sich an den Hängen des Mount Kenya. Ein kleines Gebiet gibt es noch am Mount Elgon an der Grenze zu Uganda. Die Qualität wird nach der Bohnengröße festgelegt: AA ist die höchste, gefolgt von A und B. Die Tasse zeigt einen schweren Kaffee, mit einer kraftvollen, fruchtig-weinigen, aber gut austarierten Säure.

► *Uganda* ist die Heimat der Coffea canaphora mit der Varietät Robusta. Ungewaschene Robusta-Bohnen machen den Hauptanteil der ugandischen Kaffeeproduktion aus. Es werden aber auch, meist von kleinen Farmen, exzellente gewaschene Arabicas erzeugt. Sehr beliebt sind die Bohnen von Bugisu auf der anderen Seite des Mount Elgon. Die Tasse von Bugisu-Bohnen ist ein typischer fruchtbetonter Afrika-Kaffee.

► *Burundi:* Im Ngoma-Gebiet werden auf kleinen Farmen meist im Schatten gute gewaschene wie ungewaschene Kaffees hergestellt.

► *Tansania:* An den Berghängen des Kilimandscharo und des Meru wächst der größte Teil der tansanischen Arabicas. Vermarktet werden sie unter den Namen „Moshi" (Kilimandscharo) und „Arusha". Einige Arabicas wachsen zwischen dem Tanganyika- und dem Nyassa-See; ihr Vermarktungsname ist „Mbeya". Die höchste Qualitätsstufe ist AA, gefolgt von A und B. Die Tassenqualität ist vielfältig und reicht von einer typischen Afrika-Tasse bis zu einer guten, gewaschenen äthiopischen Tasse.

► *Malawi:* Auch Malawi ist ein kleiner Kaffeeproduzent. Viele kleine Farmen sind in Genossenschaften organisiert. Die Kaffees verkörpern die sanfte, floral betonte Variante des ostafrikanischen Kaffees: süßlich, zart, verhalten.

► *Sambia:* Sehr gute kleine Anbaugebiete sind Terranova und Kapinga. Ihre Kaffees repräsentieren den klassischen Ostafrika-Kaffee: nicht so kräftiger Körper, floral betonte Aromen mit einer schönen, runden, nachhaltigen Säure.

► *Simbabwe:* Die politischen Bedingungen unter dem Mugabe-Regime haben auch in der Kaffeewirtschaft ihre Spuren hinterlassen. Die angekündigte Landreform wurde erst jahrelang verzögert, dann chaotisch und unter Ausbrüchen von Gewalt durchgeführt und der Agrarsektor somit in eine schwere Krise gestürzt. Mittlerweile sind drei Millionen Menschen auf Lebensmittelhilfe angewiesen, und der für den Export wichtige Anbau von Kaffee ist dramatisch zurückgegangen. Seit der Machtteilung im Februar 2009 zwischen Mugabe und dem Oppositionsführer Tsvangirai scheint sich die wirtschaftliche Situation der Bevölkerung zu verbessern.

In der Chipinga-Region, an der Grenze zu Mozambique, können wunderbare gewaschene Kaffees produziert werden, die sich ohne Weiteres mit kenianischer Spitzenqualität messen können. Neben der AA-Kennzeichnung für erstklassige Qualität wird mit der Zahl 053 der höchste Qualitätsgrad ausgedrückt. Die Tasse besticht durch einen nicht zu schweren Körper, weinig-fruchtige Aromen und eine angemessen ausbalancierte Säure.

Asien

► *Jemen:* Es gibt archäologische Hinweise darauf, dass Coffea arabica schon in sehr alter Zeit auf jemenitischem Gebiet kultiviert worden ist. Die heutigen Anbaugebiete bzw. Verwaltungsbezirke heißen Sana'a, Sada, Mahweet, Hajah, Amran, Dhamar, Ibb, Taiz, Hodeidah, Lahj, Abyan, Dhale', Raymah, Al Bayda und Marib. Es wird ausschließlich Coffea arabica angebaut. Man vermutet, dass mehr als 100 Arabica-Varietäten im Jemen angebaut werden, deren Namen jedoch nur die lokalen Experten kennen. Einige jemenitische Arabica-Varietäten heißen: Mattari, Dawairi, Dawarani, Tufahi, Shubriqi, Harazi, Ismaili, Ja'adi, Hawri, Hubriqik, Shubrizi, Haimi, Sanani, Udaini, Kholani, Mahwaiti, Burrai, Melhani, Hufashi, Shani, Safi, Masrahi, Shami, Bazi, Methani, Jua'ari, Gu'adi, Fadli, Sharafi, Sa'afani, Hammadi, Sughari, Kubari, Jadi Shubriqi, Bura'ai, Bura'i Hufaini, Jabal Rass, Yafei', Essai, Qudi, Banan and Tasawai, Lodeas Madhghood and Hawla Madhghood, Raymi, Bura'ae. Sehr häufig wird für diese autochthonen Varietäten der Name „Ismaili" als eine Art Stellvertretername verwendet. Die Vielfalt der Arabica-Varietäten spiegelt sich auch in den Bohnen wider. Die Bohnen sind relativ klein, es überwiegen Perlbohnen.

Meist sind es kleinste Farmen, die auch einige Kaffeepflanzen in den Schatten ihrer anderen Nutzpflanzen setzen und dabei größtenteils ohne Chemie auskommen. Die Aufbereitung erfolgt ausschließlich trocken, also natural. Westlich des Bezirks Sana'a wird einer der besten Kaffees des Landes angebaut: der Mattari. Die Tasse Mattari ist duftend, von kräftigem Körper, sehr fein nuancierter Säure, äußerst komplexer Aromastruktur und einem leicht süßlichen Nachgeschmack. Hervorragend. Ebenso die Tasse von einem Eryani, Haimi, Ismaili, Sabri und Haraazi.

► *Indien:* Schon seit dem 16. Jahrhundert wird in Indien Kaffee angebaut. Die wichtigsten Anbaugebiete sind Baba Budan, Mysore, Nilgiris und Shevaroys. Die höchste Qualitätsstufe ist Arabica Plantation A. Die Hochlandkaffees ergeben meist eine sanfte Tasse von mittelkräftigem Körper mit einem Hauch von Muskat, Nelken und Kardamom. Bohnen, die im Tiefland produziert wurden, liefern eine volle, würzige bis schokoladige Tasse, die aber gelegentlich auch allzu üppig ausfällt. Sie eignen sich ganz besonders für eine Espresso-Mischung.

Der ungewöhnlichste Kaffee Indiens ist der sogenannte Monsooned bzw. Monsoon Malabar. Hierfür werden trocken aufbereitete Bohnen während der Monate Juli bis September den Einflüssen des Monsunregens ausgesetzt. In überdachten, sonst aber offenen Lagerhallen nehmen die Bohnen, in Säcken gestapelt, eine große Menge Feuchtigkeit auf; die Luftfeuchtigkeit steigt in dieser Zeit auf über 90 %. Die aufgequollenen und jetzt gelblich-blassen Bohnen reduzieren auf diese Weise ihre Säuren. Die Tasse bekommt eine schwere, tiefe, sirupartige Süße mit einem kräftigen Körper – sehr delikat. Leider beherrschen nur wenige diese Herstellungsart; viele Monsoon Malabars haben einen modrigen, muffigen Geschmack.

► *Indonesien* stellt eine Inselkette dar, zu der unter anderem Sumatra, Java, Sulawesi und Timor gehören und die in Form eines tiefgezogenen Gebirges den geografischen Übergang nach Australien bildet. Der Nordwest-Monsun verursacht durch starke Niederschläge ein feuchtheißes Klima; Timor allerdings ist heiß und trocken.

► *Sumatra:* Sumatra-Kaffees, trocken oder halbtrocken aufbereitet, zählen bei sorgfältiger Herstellung zu den besten der Welt. Bohnen aus den Anbaugebieten im Norden der Insel, vor allem um den Kratersee Toba (nördlich Mandheling cultiva und südwestlich Lintong cultiva) sowie in der Provinz Aceh (Gayo Mountain), haben alle das Potenzial eines großen Kaffees. Eine Sumatra-Tasse ist geprägt von einer wunderbar tiefen, fruchtbetonten Säure, vollmundigem, kräftigem Körper und passenden, sehr eigentümlich erdigen Aromen. Gewaschene Bohnen tendieren zu einer etwas leichteren Tasse.

► *Sulawesi:* Gute, ungewaschene Sulawesi-Kaffees können die gleiche reichhaltige Geschmacksfülle erreichen wie die besten Sumatra-Bohnen, höchstens sind sie etwas erdiger in den Aromen. Die gewaschenen Sulawesi-Bohnen sind noch etwas leichter und nicht ganz so interessant. Der beste Kaffee wächst in der Toraja-Region. Er wird meist in eigens hierfür angefertigten und farbig bemalten Holzbehältern verkauft. Sulawesi-Bohnen sind oft halbtrocken aufbereitet.

► *Java:* Mit den von den holländischen Kolonialherren gegründeten Plantagen war Java einmal der führende Kaffeeproduzent und in Europa der Inbegriff für Kaffee überhaupt, bis zu Beginn des 20. Jahrhunderts die fatale Pilzkrankheit Pflanzenrost praktisch über Nacht die gesamte Kaffeewirtschaft der Insel vernichtete. Die meisten Anbauflächen wurden dann mit pilzresistenten Robusta neu bepflanzt. Mittlerweile fasst auch die Arabica wieder Fuß in Java, und die von den Holländern angelegten Güter werden vom Staat wiederbelebt. Gelegentlich gibt es sogar Neugründungen kleiner, feiner Kaffeegüter.

Die Ergebnisse können sich sehen lassen, die besten Bohnen sind wahre Schätze: temperamentvolle, komplexe Aromen, tänzerischer Körper, sehr dezente Säure. Die besten Javas werden zur Zeit auf den alten Gütern Jampit, Blawan, Kayumas und Pancur angebaut. Ähnlich wie der Monsoon Malabar werden Java-Arabicas zwei bis drei Jahre lang gelagert und kommen dann als Old Java, Old Brown oder Old Government auf den Markt, eine in Europa bis zum Zweiten Weltkrieg wohlbekannte Feinschmecker-Spezialität.

Nicht unerwähnt bleiben darf hier die Kopi Luwak genannte Kaffeekatze („Kopi" ist das indonesische Wort für „Kaffee", „Luwak" eine Region auf Java). Der Lebensraum dieses Fleckenmusangs, einer Schleichkatzenart (Familie der Schleichkatzen – Unterfamilie Palmenroller – Gattung Musangs. Eine weitere Unterfamilie der Schleichkatzen bilden die Zibetkatzen, die eine bei den Parfümherstellern hochgeschätzte Moschus-ähnliche Substanz produzieren.), sind die Urwälder der indonesischen Inseln, aber auch die Wälder von Afrika (z.B. Äthiopien) und Europa. Es sind nachtaktive Tiere, die es lieben, sich in der Reifezeit der Kaffeekirschen an die Kaffeebüsche heranzupirschen und die ganze Nacht über die reifen und zuckersüßen Kirschen zu fressen. In ihrem Magen-Darm-Trakt werden die Kaffeekirschen dann durch Milchsäurebakterien aufbereitet. Verdaut wird aber nur die Pulpe; die Kerne werden, fast ohne Begleitprodukte, wieder ausgeschieden. Die so veredelten Bohnen müssen am nächsten Morgen nur noch von den Kaffeebauern aufgesammelt, gewaschen, getrocknet und grammweise verkauft werden. Etwa 1.000 Euro werden für ein Kilo Kopi-Luwak-Bohnen bezahlt. Damit ist dieser Kaffee der teuerste der Welt und der außergewöhnlichste ohnehin, nicht jedoch auch der beste (siehe auch *www.zeit.de/2004/34/Kaffeekatze*). Lag die Jahresproduktion von Kopi-Luwak-Bohnen vor einigen Jahren um die 200 kg, sind es jetzt bereits einige Tonnen, Tendenz steigend. Diese plötzliche Mengensteigerung hat eine einfache Erklärung: Stopfluwak. Mittlerweile werden auf Kopi-Luwak-Farmen tausende von Kaffeekatzen in engsten Käfigen gehalten und mit reifen Kaffeekirschen gefüttert bzw. gestopft wie in Europa Gänse für die Erzeugung von Stopfleber! Den Glanz von einem besonderen Kaffee hat er damit verloren und sollte ebenso boykottiert werden wie der Kauf von Stopfleber. Außerdem werden im Handel mittlerweile auch Fälschungen angeboten (siehe: *coffeeroastersdirect.com/tips-to-differentiate-real-or-fake-kopi-luwak*).

Auch die Worm-Bitten-Menados-Bohne soll noch Erwähnung finden. Bei dieser Kaffeebesonderheit werden die Rohkaffeebohnen in humusreiche Erde eingegraben, damit sie ihre Säure verlieren. Offenbar finden auch Würmer Gefallen an diesem Brauch, jedenfalls nagen sie gern an den Bohnen. In der Tasse entwickelt dieser Kaffee – wen wundert's – einen bitteren, würzig-erdigen Geschmack.

Timor: Der Timorkonflikt hat die Kaffeewirtschaft empfindlich getroffen, was um so bedauerlicher ist, als der Timor-Kaffee einer der faszinierendsten überhaupt ist; jedoch erholt sich der Anbau allmählich wieder.

► *Papua-Neuguinea* produziert sowohl gewaschene als auch halbgewaschene (semi-dry) Bohnen. Angebaut werden sie im westlichen und östlichen Hochland und in der Region Morobe. Die Tasse aus guten, gewaschenen Bohnen ist mit einer ausbalancierten Säure und einem sehr breiten Spektrum von Aromen, besonders floralen und Zitrus-Tönen, gesegnet. Die Tasse aus semi-dry-Bohnen ähnelt derjenigen aus Sumatra und Sulawesi.

(Einen sehr schönen Überblick über die geografischen Regionen einzelner Kaffeeanbaugebiete gibt der Kaffeeatlas von James Hoffmann: „Der Kaffeeatlas. Die ganze Welt des Spitzenkaffees", Hallwag, 2015.)

Erntezeiten der reifen Kaffeekirschen

Südamerika

Brasilien	Arabica und Robusta	April bis September
Kolumbien	Arabica (Hauptsaison)	Oktober bis März
Peru	Arabica	April bis Oktober
Bolivien	Arabica	April bis August
Ecuador	Arabica und Robusta	Juni bis Oktober
Paraguay	Arabica	April bis Oktober

Mittelamerika

Mexiko	Arabica	Oktober bis März
Guatemala	Arabica	August bis März
El Salvador	Arabica	November bis März
Honduras	Arabica	Oktober bis März
Nicaragua	Arabica	November bis Februar
Costa Rica	Arabica	September bis Februar
Panama	Arabica	Oktober bis Dezember

Kuba	Arabica	September bis Januar
Jamaika	Arabica	August bis September
Haiti	Arabica	August bis März
Dominikanische Republik	Arabica	September bis Februar
Puerto Rico	Arabica	September bis Februar
Hawaii	Arabica	August bis Dezember

Afrika

Äthiopien	Arabica	gewaschen: Aug. bis Dez., ungewaschen: Okt. bis März
Kenia	Arabica	Haupternte: Okt. bis Dez., Nebenernte: Juni bis Aug.
Uganda	Arabica Robusta (Hauptsaison)	Oktober bis Januar November bis Februar
Demokratische Republik Kongo (ehemals Zaire)	Arabica Robusta (Hauptsaison)	Oktober bis Januar Oktober bis März
Burundi	Arabica	April bis September
Tansania	Arabica Robusta	Oktober bis Februar Juni bis Dezember
Sambia	Arabica	Juni bis Oktober
Malawi	Arabica	Juni bis Oktober
Simbabwe	Arabica	Juni bis September
Ruanda	Arabica	März bis August
Madagaskar	Arabica Robusta	Juni bis September Mai bis Oktober
Kamerun	Arabica Robusta	Oktober bis Dezember November bis Januar
Angola	Arabica Robusta	April bis Juni Mai bis September
Zentralafrikanische Republik	Robusta	Haupternte: Nov. bis Feb.
Ghana	Robusta	Haupternte: Sep. bis März
Elfenbeinküste	Robusta	Haupternte: Nov. bis April
Togo	Robusta	Haupternte: Dez. bis Februar
Südafrika	Arabica	Haupternte: Juni bis Sept.
Kanarische Inseln	Arabica	Juni bis August
Kongo	Arabica Robusta	Oktober bis September

Asien

Jemen	Arabica	Juni bis Juli November bis April
Indien	Arabica Robusta	Oktober bis Februar November bis März
Indonesien	Arabica Robusta	Juni bis Dezember Mai bis Dezember
Papua-Neuguinea	Arabica	April bis September
China	Arabica	Haupternte: Nov. bis März
Laos	Robusta	Haupternte: Januar bis März
Philippinen	Robusta	Haupternte: Dez. bis März Nebenernte: Januar bis April
Sri Lanka	Robusta	Haupternte: Sept. bis Dez.
Thailand	Arabica Robusta	Haupternte: Sept. bis Feb.
Neukaledonien	Arabica	Mai bis August

Anmerkung: Im Handel läuft das Kaffeejahr vom 1. Oktober bis zum 30. September.

Kaffeeplantage in Sanga, Ruanda

3. Das Rösten – Theorie und Praxis

Rösten als Königsdisziplin der Kochkunst

Unsere Lebensmittel bestehen aus pflanzlichen und tierischen Rohstoffen. Nur ein ganz geringer Teil von ihnen wird in seinem ursprünglichen Zustand verzehrt, so z.B. Salat, Obst oder Nüsse. Der größere Teil muss für den menschlichen Verzehr eigens zubereitet bzw. verarbeitet werden, und die dabei eingesetzten Techniken und Methoden, die zu den großen Kulturleistungen der Menschheit zählen, haben bei aller Vielfalt stets das Ziel gemeinsam, die Essbarkeit, Bekömmlichkeit und Verdaulichkeit, den Geschmack, das Aroma, das Aussehen oder die Haltbarkeit der Lebensmittel zu verbessern.

Wir haben gelernt, bei der Zubereitung der Lebensmittel Regeln zu beachten, um eine qualitativ hochwertige und genießbare Nahrung zu bekommen: Ein verkohltes oder auch nur fast verkohltes Stück Fleisch ist nicht mehr ess-, geschweige denn genießbar. Das hat für den Höhlenmenschen nicht weniger gegolten, als es heute und zweifellos auch in der Zukunft gilt.

In der heutigen Kochkunst sprechen wir bei der Verarbeitung bzw. Zubereitung von pflanzlichen und tierischen Lebensmitteln vom Garen. Die wichtigsten klassischen Garverfahren sind diejenigen, bei denen die Nahrungsmittel erhöhten Temperaturen – in der Regel zwischen 75 °C und 320 °C – ausgesetzt werden. Eine Garung kann aber auch durch Einwirkung von zugesetzten oder stoffeigenen Enzymen erfolgen (so beim Keimenlassen von Samen, Getreiden etc.), durch Mikroorganismen (Fermentation: Bakterien, Hefen, Schimmelpilze) oder durch zugesetzte Stoffe (Gewürze, Säuren). Des Weiteren können die klassischen Garverfahren danach unterschieden werden, ob Flüssigkeit zum Garen verwendet wird oder nicht. Demnach gibt es also feuchte und trockene Garverfahren sowie natürlich eine Kombination von beiden. Kochen, dünsten, dämpfen, pochieren, sautieren, blanchieren, braten, backen, frittieren, grillen, schmoren und eben rösten sind heutzutage die gängigsten Garverfahren.

Rösten ist die Königsdisziplin der Kochkunst. Saucen beispielsweise – die Visitenkarte des ambitionierten Kochs – kommen selten ohne Röststoffe aus. Geröstet werden Knochen, Gewürze, Mehle, Zwiebeln, Nüsse und einiges mehr; und die dabei entstandenen Aromen machen neben den alkoholischen Zutaten (vor allem Wein) und der Sahne gewissermaßen die Seele der Saucen aus. (Wie man in einem Fünf-Sterne-Hotel Saucen herstellt, können Sie hier erfahren: *https://www.youtube.com/watch?v=re2miwqnSY0.*) Das Rösten ist ein dem Grillen verwandtes Garverfahren, der Übergang zwischen beiden ist fließend. Auch beim Grillen wird mittels Kontakt zwischen Wärmeplatte und Gargut Wärme bzw. Hitze übertragen. Beim Rösten verwendet man weder Fett noch Flüssigkeit, es ist also ein trockenes Garverfahren und kann auch als ein kontrollierter Übergang zur Verkohlung verstanden werden – aber unter gezielter Vermeidung eben dieser Verkohlung. Mit „Rösten" ist die Strecke beschrieben, die ein pflanzlicher oder tierischer Rohstoff vom Beginn seiner physischen und chemischen Umwandlung aufgrund trockenen Erhitzens bei Temperaturen über 100 °C bis zum Beginn des Verkohlens zurücklegt, wobei der Verlauf dieser Strecke im Wesentlichen von der Steuerung der Hitzezufuhr abhängt.

Rösten von Rohkaffeebohnen – chemische Aspekte

Auf die gekonnte Steuerung der Hitzezufuhr kommt es auch beim Kaffeerösten an. Sie hat jedoch nichts mit Magie zu tun, sondern ist von jedermann leicht zu erlernen. Um einen Sinn für das Rösten zu entwickeln, empfehle ich Ihnen folgende Übung: Nehmen Sie eine Pfanne, werfen Sie eine Handvoll gehobelter Mandeln hinein und beginnen Sie sie trocken, ohne Zugabe von Fett, auf Ihrem Herd zu rösten, indem Sie sie langsam mit dem Kochlöffel hin- und herbewegen. Kosten Sie die Mandeln vor und nach dem Rösten. Beobachten Sie, bei welcher Temperatur, bei welcher Reglerstufe es zu Verkohlungen kommt. Sie werden sehen, dass es bis zu den ersten typischen Röstverfärbungen eine Weile dauert, danach aber sehr schnell die ersten Verkohlungspunkte auf den Mandelblättchen zutage treten. Die Frage ist also, bis zu welcher Temperatureinstellung man gehen darf, wenn man Verkohlungen vermeiden will. Führen Sie dasselbe Experiment mit Pinienkernen durch. Kosten Sie auch hier das Röstgut vor und nach dem Rösten. Sie werden merken, dass Rösten im Grunde ähnlich einfach ist wie z.B. das Braten eines Schnitzels oder das Backen von Spiegeleiern: Es kommt darauf an, die richtige Temperatur zu erzeugen und den Vorgang zum richtigen Zeitpunkt abzubrechen.

Das ist beim Kaffee nicht anders. Wenn Sie Rohkaffeebohnen ein paar Mal aufmerksam geröstet haben, werden Sie allein an Geruch und Farbe der Bohnen erkennen können, wann sie gar sind. Von einem kräftigen Gelb der rohen Bohnen muss sich die Farbe hin zu einem hellen bis kräftigen Dunkelbraun verändert haben.

Außer dem Farbwechsel können beim Röstvorgang noch zwei deutliche Veränderungen beobachtet werden: Gewichtsverlust und Volumenzunahme.

Einbrandformel

Der Gewichtsverlust, der als Einbrand bezeichnet wird, liegt je nach Röst- und Feuchtigkeitsgrad der Rohkaffeebohnen zwischen 12 % und 15 % bei einer hellen, 15 % und 17 % bei einer mittleren und 18 % bis 24 % bei einer dunklen Espresso-Röstung. Der Einbrandwert ist eine konstante Kennzahl für die Beurteilung der Röstung und des Röstverlaufs und sollte deshalb von jeder Röstcharge ermittelt werden. Mir persönlich schmeckt der Kaffeesud bei Filterkaffee mit einem Einbrand um die 12 bis 13 % – das ist für mich die Kennziffer einer gelungenen Röstung. Für jeden anderen mag das aber anders aussehen, denn „den" richtigen Einbrand gibt es beim Kaffee natürlich nicht: Richtig ist, was mir schmeckt! Bei Espresso kann der Einbrand auch zwischen 14 und 16 % liegen. Der Grad des Einbrands wird nach folgender Formel berechnet:

$$\text{Einbrand E in \%} = \frac{\text{Gewicht (ungeröstet) minus Gewicht (geröstet)}}{\text{Gewicht (ungeröstet)}} \times 100$$

Die Volumenzunahme schwankt je nach Sorte und Röstgrad zwischen 50 % und 80 %. Bedingt wird sie durch den stabilen Zellverband, aus dem die Bohnen bestehen. Jede der Zellen ist durch ihre Zellwand von der nächsten getrennt und bildet jeweils eine dicht abgeschlossene Kammer. Durch die hohen Temperaturen verdampft ein Großteil des Wassers sowie eine Reihe anderer Substanzen aus den Zellkammern. Dabei dehnt sich der holzige Teil der Zellkammern und wird porös.

Was glauben Sie übrigens, aus wie vielen Zellen eine einzelne Kaffeebohne ungefähr aufgebaut ist? Aus hundert? Tausend? Zehntausend? Nun, die Kaffeebohnen bestehen vorwiegend aus isodiametrischen Speicherzellen in Form eines Oktaeders und werden aus Hemizellulosen gebildet. Der Durchmesser beträgt durchschnittlich 70 µm (Mikrometer; $1\ \mu m = 10^{-3 mm}$). Geometrisch stellt die Kaffeebohne die Hälfte eines Ellipsoids bzw., genauer gesagt, einen flachen Ellipsoid dar: $V = 4/3\ \pi\ abc$ (abc sind Halbachsen). Geht man von einem mittleren Zellendurchmesser von 85 µm aus, fasst man die Zellform nicht als Oktaeder, sondern kugelförmig auf ($V = 4/3\ \pi\ r^2$), nimmt als Durchschnitt der Länge, Breite und Höhe der Rohkaffeebohnen 10 mm, 7 mm und 4 mm an, zieht ca. 10 % für Schnitt und Keimling ab, so kommt man auf die unglaubliche Zahl von 300.000 bis 400.000 Zellen pro Bohne. Und in jeder einzelnen davon entstehen während der Röstung schätzungsweise 1.001 verschiedene Aromen! (Für seine Hilfe bei der Berechnung der Zellenzahl danke ich Herrn Professor Baumann, Schaffhausen.)

Man hat festgestellt, dass während des Röstens eine endotherme, d.h. unter Zufuhr von Wärme zustande kommende, und eine exotherme, d.h. unter Abgabe von Wärme stattfindende Reaktion abläuft. Die endotherme Reaktion setzt bei 60 °C ein und erreicht bei 150 °C das Maximum. Schon bei 60 °C fangen die Zersetzungsprozesse an. Die ersten Kohlenhydrate, also Zucker wie Saccharose, Glucose, Fructose, Polysaccharide, werden abgebaut, und aus der Zellwand lösen sich Inhaltsstoffe. Mit steigenden Temperaturen wird die Zellwand langsam durchlässiger, um gegen Ende des Röstvorgangs vollständig porös zu werden, wodurch auch die Mahlfähigkeit der Bohnen erst ermöglicht wird.

Die Maillard-Reaktion: Wie Rohkaffeebohnen zu Kaffeebohnen werden

Bei 100 °C verdampft der größte Teil des Wassers, und die Gasbildung setzt ein. Jetzt beginnt die eigentliche Röstung der Bohnen. Kohlenhydrate und freie Aminosäuren (Asparaginsäure, Alanin, Asparagin, γ-Aminobuttersäure, Threonin, Serin, Glutaminsäure, Prolin, Glycin, Valin, Lencin, Tyrosin, Lysin etc.) werden ab 100 °C immer weiter abgebaut und reagieren miteinander zu neuen Produkten. Bis zu 1.000 neue chemische Verbindungen bilden sich dabei in jeder Bohnenzelle. Besonders die Substanzen, die für das typische Aroma des Röstkaffees wesentlich sind, werden durch eine Reihe bis heute nicht ganz verstandener, hochkomplexer Prozesse – die sogenannte Maillard-Reaktion – vornehmlich aus den Aromavorstufen der Zucker und Aminosäuren erzeugt. Neben den Aromastoffen entstehen beim Rösten hochmolekulare Farbstoffe, die als Melanoidine bezeichnet werden und für die braune bis schwärzliche Farbe der Kaffeebohnen verantwortlich sind. Auch Röstbitterstoffe, ein weiterer typischer Bestandteil des Kaffees, werden gebildet. Dabei spielen neben der Maillard-Reaktion auch Karamelisierungsreaktionen eine Rolle. Die einzelnen Reaktionen laufen nicht zeitlich aufeinanderfolgend, sondern meist gleichzeitig ab; zum Teil handelt es sich sogar um die gleichen Reaktionsmechanismen, nur mit anderen Ergebnissen. Der Verlauf der Reaktionen ist immer abhängig von den gegebenen Reaktionsbedingungen und den vorhandenen Reaktionspartnern.

J. E. Hodge hat 1953 ein übersichtliches Reaktionsschema der für die Aromabildung zentralen Maillard-Reaktion zusammengestellt. Sie müssen den Ablauf natürlich nicht im Einzelnen verstehen, um Kaffee zu rösten. Er soll Ihnen nur eine ungefähre Vorstellung davon vermitteln, was beim Aufeinandertreffen von Rohkaffeebohnen und Hitze geschieht, wenn jede einzelne Bohne, jede Bohnenzelle zu einer Chemiefabrik mit unvorstellbar hohem Arbeitstempo wird.

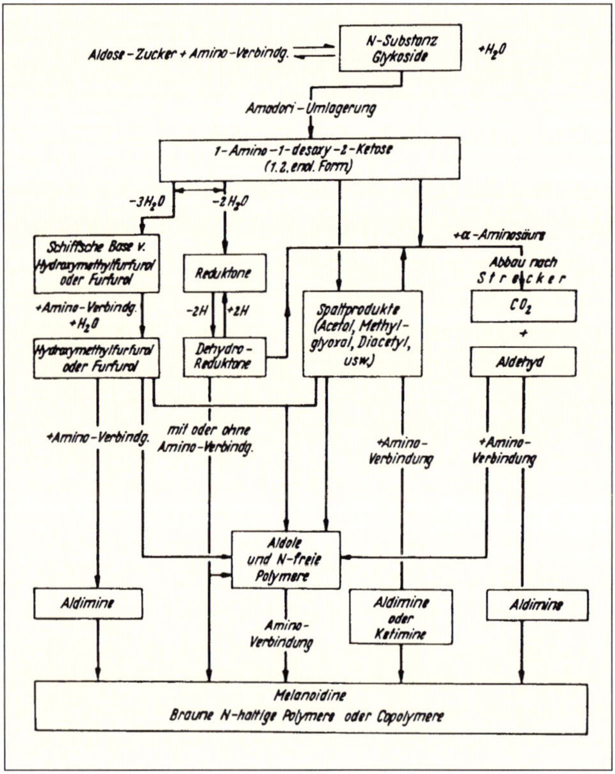

Abbildung A: Reaktionsschema der Maillard-Reaktion nach J. E. Hodge

Die Maillard-Reaktion ist eine mehrstufige Reaktion, d.h. sie setzt sich aus vielen aneinandergereihten Reaktionen zusammen. Im ersten Schritt reagieren reduzierende Zucker, wie z.B. Glucose und Fructose, mit einer freien oder proteingebundenen Aminosäure, wobei sich N-Glycoside bilden:

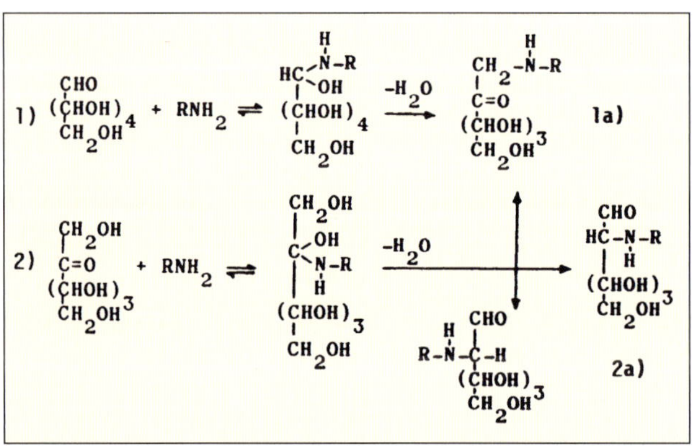

Abbildung B: Die Amadori-Umlagerung. 1) Glucose, 1a) 1-Desoxy-1-Aminoketose, 2) Fructose, 2a) 2-Amino-2-Desoxyaldose.

Die Amadori-Umlagerung

Im zweiten Schritt entstehen aus N-Glycosiden (Glycosaminen) durch Amadori-Umlagerung sogenannte Amadori-Produkte. Um das zu verstehen, braucht man schon ein gewisses Faible für chemische Vorgänge. Zunächst kommt es zur Bildung einer Endiol-Form, die sich durch die Verschiebung eines Wasserstoffatoms von der OH-Gruppe in die C-1-Stellung stabilisiert. Aus einer Aldose ist auf diese Weise ein Derivat einer Ketose (1-Amino-1-desoxy-Ketose) entstanden, die dann weiter zu einem Halbketalring reagieren kann.

Während die Amadori-Produkte relativ stabil sind, kann es in alkalischem Milieu zu einer Umwandlung zurück in die Endiol-Form kommen, die dann zu Eliminierungsreaktionen neigt. Dabei kann der Aminorest abgespalten werden, wodurch Dicarbonyl-Verbindungen, Desoxyosonen (Desoxyhexosonen) entstehen.

Abbildung C: Bildung von Desoxyosonen aus Amadori-Komponente bzw. Heyns-Umlagerungsprodukten, Vorstufen der Aromastoffe. 1) 1,2-Enolisierung, 1a) Heyns-Abbauprodukte, 1b) 3-Desoxyoson, 2) 2,3-Enolisierung, 2a) Amadori-Komponente, 2b) 1-Desoxyoson.

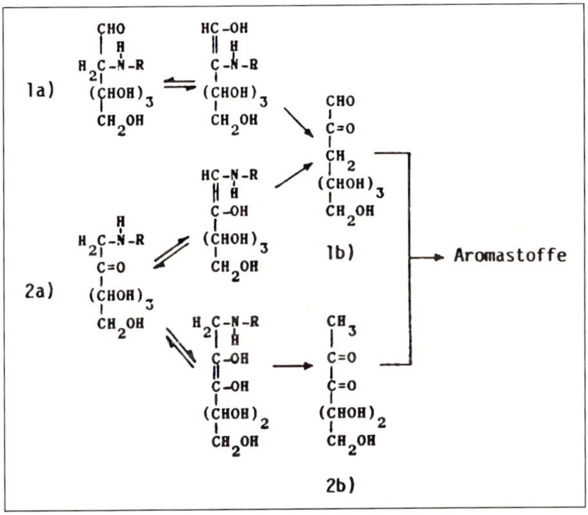

Das hier aus einem 1,2-Endiol gebildete 3-Desoxyhexoson stellt nun ein Zwischenprodukt dar, welches unter Abspaltung von zwei Molen Wasser rasch zu 5-Hydroxymethylfurfural (HMF) weiterreagiert. Aus einem 2,3-Endiol bildet sich durch Abspaltung des Amin-Restes das 1-Desoxyhexosan, dessen Spaltung unter anderem Diketone, Furanone, Furane oder Pyranone ergibt. Das Pyranon Maltol ist z.B. für den typischen Karamelgeschmack verantwortlich.

Die in dieser ersten Reaktionsphase entstandenen Verbindungen sind eigentlich nur Zwischenprodukte. Aufgrund ihrer hohen Reaktionsaktivität und der von außen zugeführten Hitze gehen sie im weiteren Verlauf der Maillard-Reaktion sowohl mit Amin-Gruppen, z.B. Aminosäuren, als auch mit anderen Verbindungen zahlreiche neue Verbindungen ein und bilden so wieder unzählige neue Maillard-Produkte, die aber meist ebenfalls sehr instabil sind, ihrerseits also weiterreagieren. Die vielen möglichen Folgereaktionen in der sich anschließenden zweiten Reaktionsphase führen zu den unterschiedlichsten Folgeprodukten.

Strecker-Abbau

Die Reaktion von Dicarbonyl-Verbindungen mit Aminosäuren führt zu einer Übertragung der Amino-Gruppe auf die Dicarbonyl-Verbindung. Diese als Strecker-Abbau bekannte Reaktion liefert neben freiwerdendem CO_2 auch α-Aminoketone und Strecker-Aldehyde, die im Vergleich zu den Ausgangs-Aminosäuren ein um ein C-Atom verkürztes Grundgerüst aufweisen. Durch Kondensation zweier α-Aminoketone entstehen Pyrazine, die häufig extrem niedrige Geruchsschwellen haben und somit zu den typischen Maillard-Aromen beitragen. Viele von ihnen riechen wir bereits, wenn ihre Konzentration noch im Nano-Bereich liegt (ppm [parts per million] = 10^{-9}). Furan-Verbindungen, Strecker-Aldehyde, Aminoketone und daraus resultierende Folgeprodukte sind für die Entstehung von Aromastoffen verantwortlich. Am Ende der Maillard-Reaktion kommt es durch Kondensationsreaktionen sowohl zur Bildung von stickstoffhaltigen Verbindungen als auch zu stickstofffreien Polymeren, die aus Carbonylverbindungen entstehen und erst anschließend mit Aminokomponenten weiterreagieren. Die sogenannten Prä-Melanoidine kondensieren weiter zu den hochmolekularen, braun- bis schwarzgefärbten Melanoidinen, welche den gerösteten Kaffeebohnen die typische braune Farbe verleihen. Die Maillard-Reaktionen können auch im Kalten ablaufen, dann jedoch nur sehr langsam. Unter diesen Bedingungen entstehende Verbindungen sind meist für Fehlaromen und Farbveränderungen verantwortlich.

Acrylamid im Kaffee – eine Gefahr?

Noch ein weiteres, weniger angenehmes Maillard-Produkt entsteht beim Rösten von Kaffee: Acrylamid. Die freie Aminosäure Asparagin, die in Rohkaffeebohnen in nicht unerheblichen Mengen vorkommt (durchschnittlich 500–900 mg/kg), bildet mit reduzierendem Zucker, wahrscheinlich Glucose, komplizierte Zwischenverbindungen, aus denen sich Acrylamid bilden kann. Das genaue Reaktionsschema ist bisher nicht bekannt.

$H_2C = CH–CO–NH_2$ Acrylamid	$COOH–CH–CH_2–CO–NH_2$ | NH_2 Asparagin

Acrylamid wird von der International Agency for Research on Cancer (IARC) als für den Menschen wahrscheinlich karzinogen eingestuft. Die EU führt es in der Kategorie 2 krebserregender Stoffe. Das Bundesamt für Verbraucherschutz und Lebensmittelsicherheit (Internet-Information: *www.bvl.bund.de*) geht bei geröstetem Kaffee von 276 Mikrogramm/kg aus (Schwankungsbreite 85–600), bei Kaffee-Extrakt von 217 Mikrogramm/kg (Schwankungsbreite 20 – 2.164). Acrylamid ist wasserlöslich, gelangt also auch in die Tasse, gottlob jedoch in relativ geringen Mengen, da Kaffee ein Auszugsgetränk ist und nicht wie Lebkuchen oder Pommes frites gegessen wird. Für eine Tasse Kaffee werden 6 g bis 8 g Kaffeepulver benötigt. Somit enthält eine Tasse Kaffee durchschnittlich etwa 1,9 Mikrogramm (= $1{,}9 \times 10^{-6}$ g) Acrylamid. Das BVL empfiehlt vorsichtshalber, den Kaffeegenuss auf zwei bis drei Tassen pro Tag zu beschränken.

Möglicherweise wird das Acrylamid aber von der großen Menge der im Kaffeegetränk selbst enthaltenen Antioxidantien in Schach gehalten. Antioxidantien sind jene Stoffe in unseren Lebensmitteln, die unsere Körperzellen vor Schäden durch besonders aggressive Sauerstoffmoleküle, die sogenannten Radikale, schützen können – und damit vor etlichen Krankheiten, Entzündungen, Gefäßschäden, Krebserkrankungen und vorzeitigem Altern. In den grünen, ungerösteten Kaffeebohnen ist der Antioxidantiengehalt noch relativ gering. Durch die Röstung jedoch, vor allem durch die Bildung der braun- bis schwarzgefärbten Melanoidine, erhöht er sich rapide. Mit zwei Tassen Kaffee nehmen wir ca. 1,3 g Antioxidantien zu uns, von denen ein großer Teil über den Magen-Darm-Trakt vom Körper aufgenommen wird (ein wie großer Teil genau, ist allerdings noch nicht ausreichend erforscht). In einer Studie aus dem Jahr 2005 zeigt der Chemiker Joe Vinson, dass Kaffee im Vergleich zu anderen Lebensmitteln eine unserer Hauptquellen für die Antioxidantien-Aufnahme ist. Eine Banane enthält nur 0,076 g, ein Apfel 0,039 g und eine Tomate 0,032 g Antioxidantien. Demnach entspricht eine Tasse Kaffee bezüglich des Antioxidantiengehalts 17 Bananen, 33 Äpfeln oder 40 Tomaten *(www.eurekalert.org/pub_releases/2005-08/acs-cin081905.php und www.cosic.org/coffee-and-health/antioxidants).*

Pyrolyse und Karamelisierungsreaktionen

Ab einer Rösttemperatur von 150 °C haben die endothermen Reaktionen ihr Maximum erreicht, und die in den Bohnen befindlichen Säuren (wie z.B. Chinasäure, Cumarinsäure, Ferulasäure, Kaffeesäure und die Ester der Chinasäure, die Chlorogensäure etc.) beginnen ihre chemische Struktur zu verändern. Ein Teil der Säuren wird nach außen durch die Zellwand abgegeben, aber auch neue Säuren entstehen, die für den Kaffeegeschmack wichtig sind. Mit steigender Temperatur erweitert und beschleunigt sich der chemische Ab- und Umbau in den Zellen. Dabei entsteht auch eine immer größere Menge von CO_2 sowie auch CO, die einen gewaltigen Druck auf die Zellwände ausüben: zwischen 8 bar und 20 bar. Dem halten einige Zellen nicht stand. Sie zerplatzen, was von außen als ein lautes Knacken und Knistern hörbar wird. Von diesem Moment an ist beim Heimröster höchste Konzentration gefragt, da das Röstgut jetzt dicht vor der Verkohlung steht. Auf der anderen Seite entfaltet sich in der kleinen Zeitspanne kurz vor, während und nach dem knackenden Bersten der Zellen die gesamte Palette der Geschmacksmöglichkeiten von Röstkaffee. Es treffen also in dieser Röstphase gewissermaßen Himmel und Hölle aufeinander. Die Zellen, die nicht geborsten sind, und das sollte bei guter Hitzeführung und Kontrolle durch den Röster die Mehrzahl sein, dehnen sich gewaltig aus: Volumenvergrößerung ist die Folge.

Bei 180 °C entsteht durch den immer schnelleren Reaktionsablauf zusätzlich zur von außen hinzugefügten Energie auch innerhalb der Zellen Energie und somit zusätzliche (Röst-)Wärme. Die endothermen Reaktionen werden von den exothermen abgelöst. Die hohe Temperatur der Zellen und ihrer Umgebung erzwingt Bindungsbrüche innerhalb großer Moleküle. Diese thermische Spaltung chemischer Verbindungen wird auch Pyrolyse genannt.

Bei Temperaturen um 200 °C finden neben der Maillard-Reaktion und der Pyrolyse auch Karamelisierungsreaktionen statt, d.h. verschiedene Abbaureaktionen von Kohlenhydraten ohne Beteiligung stickstoffhaltiger Substanzen. Gleichwohl entstehen, wie bei der Maillard-Reaktion, Aromasubstanzen und braun- bis schwarzgefärbte Farbstoffe. HMF und Furfurale gehen aus den Zuckern Hexose und Pentose hervor. Durch Spaltung können sich im weiteren Aldehyde, Carbonylverbindungen und organische Säuren (Milchsäure, Essigsäure, Ameisensäure) bilden. Und unter vielen weiteren Abbauprodukten entstehen Maltol, Isomaltol und Hydroxymaltol. Die unterschiedliche Zuckerzusammensetzung in den Rohkaffeebohnen bestimmt die jeweilige Menge solcher für Geschmack und Aroma überaus wichtigen Karamelisierungsprodukte in den gerösteten Kaffeebohnen. Ausgereifte Rohkaffeebohnen sind hierfür unabdingbare Voraussetzung, da nur durch ausreichende

Assimilation genügend Zuckermoleküle gebildet und in die Kerne eingelagert werden können.

Ab 200 °C beginnt schließlich die Zersetzung der Zellfasern, die der Röster als ein Knistern wahrnimmt. Haben die Bohnen 250 °C erreicht, muss die Röstung sofort abgebrochen und mit der Abkühlung der Bohnen begonnen werden. Nur so können die bei der Röstung entstandenen Substanzen erhalten und Verkohlungen vermieden werden. Mit der Abkühlung verlangsamen sich die chemischen Prozesse und kommen schließlich zum Stillstand. Die Substanzen schlagen sich an den Zellwänden nieder und werden von dem CO_2, welches mit ihnen entstanden ist, vor Sauerstoff geschützt – fürs Erste wenigstens, denn nach ca. drei Tagen ist der Hauptteil des aromaschützenden CO_2 aus den Zellen nach außen gewandert und hat damit Platz für den eindringenden Sauerstoff gemacht. Sauerstoff führt jedoch unweigerlich zur Oxidation der Aromasubstanzen und Kaffeeöle. Innerhalb weniger Tage verschlechtern sich dann Geruch und Geschmack der Kaffeebohnen nachhaltig.

Rösten von Rohkaffeebohnen – praktische Aspekte

Bis zu 1.000 neue Aromen entstehen bei der Röstung in jeder Bohnenzelle. Nichts beeinflusst den Geschmack und Duft des Kaffees so entscheidend wie die Röstung. Sie kann aus ein und demselben Rohkaffee völlig verschiedene Tassen hervorbringen: belegt bitter, säuerlich, scharf bitter, sauer, erbsig, grünlich, wässrig, flau, derb, trocken, breit, mit feiner Säure, kernig, kräftig, vollmundig, süßlich, abgerundet, verkohlt. Das Farbspektrum der gerösteten Bohnen (es gib etwas mehr als 100 verschiedene Röstbraunstufen bei der Kafferöstung) reicht von sehr leicht braun bis mittelbraun, von leicht dunkelbraun bis stark dunkelbraun, von sehr stark dunkelbraun bis schwarzbraun. Ab dem Röstgrad Mittelbraun wird die Oberfläche der gerösteten Bohnen durch die austretenden Kaffeeöle zunehmend ölig bis fettglänzend.

Das farbliche Erscheinungsbild der gerösteten Bohnen wird mit unterschiedlichen Röstgradnamen beschrieben, wobei es aber keine eindeutigen Zuordnungen gibt. Auf Initiative der Specialty Coffee Association of America (SCAA) hin ist eine genaue Skalierung der verschiedenen Röstfarben mit Hilfe eines Farbspektrometers unternommen worden. Das Ergebnis sind acht Kennzahlen, auch Agtron-Zahlen genannt, die acht Röstgrade unterscheiden: Agtron-Zahl (AZ) 95 für ein sehr leichtes Braun, AZ 85 für ein leichtes, AZ 75 für ein mäßiges, AZ 65 für ein leichtes Mittelbraun, AZ 55 für Mittelbraun, AZ 45 für ein mittleres Dunkelbraun, AZ 35 für Dunkelbraun und AZ 25 für ein sehr dunkles bis schwarzes Braun. Diese Zahlen sind zwar für den Heimröster irrelevant, bieten aber immerhin eine objektive Grundlage, um sich über Landesgrenzen hinweg über verschiedene Röstgrade zu verständigen. Der Heimröster jedoch sollte sich auf seine eigenen „Mess- und Prüfinstrumente" verlassen und diese ausgiebig trainieren: nämlich Augen, Nase, Ohren – und sein Gefühl.

Andere Länder, andere Röstnamen, andere Geschmäcker

Die Röstnamen, mit welchen Röstgrade und -farben beschrieben werden, unterscheiden sich von Land zu Land, von Kontinent zu Kontinent. In Deutschland kennt man eigentlich nur fünf Röstgrade: hell, mittelhell, mittel, mitteldunkel, dunkel. In Nordamerika dagegen wird mit zehn Röstgradnamen operiert: Light Cinnamon: sehr helles Braun; Cinnamon: helles Braun; New England (Light): nicht mehr ganz helles Braun; American (Light): mittelhelles Braun; City Roast (Medium): mittelbraun; Full City (Wiener Röstung, Continental): mittleres Dunkelbraun, vereinzelt kleine glänzende Stellen auf der Bohnenoberfläche; Espresso (Light French): mäßiges Dunkelbraun, vermehrt Glanzstellen und ganz kleine Öltröpfchen auf der Bohnenoberfläche; French (Espresso): dunkelbraun, glänzende Bohnenoberfläche; Italian (Neapolitan, Spanish, Dark French, Heavy): stark braun, ölig glänzend; Spanish (Dark French, Neapolitan): sehr stark bis schwarzbraun, nicht mehr ganz so stark glänzend, eher matt.

Auch die Vorlieben für einen bestimmten Röstgrad unterscheiden sich von Land zu Land, mitunter von Region zu Region. Schweden, Norweger und Finnen bevorzugen die hellen Röststufen. Nord-Italiener mögen den Röstkaffee dunkler, jedoch nicht ganz so dunkel wie die Süditaliener. Auch in der Bretagne und der Normandie sind die dunklen Röstungen die Favoriten, in den anderen Teilen Frankreichs die nicht so dunklen. Spanien ist bekannt für seinen schwarzen, fast schon angekohlten Röstkaffee, und die slawischen Länder haben gleichfalls eine Vorliebe für die schwarze Röstung. In Österreich schätzt man eher eine nur leicht dunkle Röstung.

Die Frage, welcher Röstgrad der beste sei, ist nicht schwer zu beantworten: Jener Röstgrad ist es, der die Rohkaffeebohnen so verwandelt, dass mir persönlich die mit diesen Bohnen zubereitete Tasse am besten schmeckt. Natürlich müssen meine Vorlieben sich nicht auf einen Röstgrad beschränken. Letztlich ist es ja auch das Experimentieren mit den Röstgraden, was das Heimrösten, die Privatröstung so überaus spannend macht. Was dann hell, mittelhell, mittel, mitteldunkel, dunkel, Cinnamon, City, Full City usw. ist, bestimmen Sie ganz allein. Sie können natürlich auch eigene Namen für die verschiedenen Röstgrade kreieren, indem Sie sich z.B. an den Erdfarben orientieren: Umbra gebrannt Cypern; Umbra gebrannt Cypern, rötlich hell; Umbra gebrannt Cypern, schwarzbraun; Siena natur, Monte Amiata (= rehbraun); oder schlicht R (= Röstgrad) 1, R2, R2+, R3, R3+, R3++ usw.

In jedem Fall aber sollten Sie, damit Ihre Privatröstung nicht zu einer Zufallsveranstaltung wird, systematisch vorgehen. Legen Sie schriftlich vor jeder Röstung ein Röstprofil fest. Hierfür reicht ein kleiner Notizzettel. Schreiben Sie in die Kopfzeile Datum und Bohnenart, darunter das angestrebt Röstprofil. Lassen Sie genug Platz, um nachträglich Korrekturen oder Ergänzungen notieren zu können. Weichen Sie zum Beispiel während der Röstung von dem festgelegten Profil ab, so schreiben Sie das nach der Röstung auf dem Notizzettel nieder. Wenn Sie zum Beispiel mit dem *Gene Coffee Roaster CBR-101* einen 2013er Yirgacheffe rösten möchten, so kann der Notizzettel in etwa so aussehen: „geröstet: Donnerstag 01.09.2013 Yirgacheffe Arabica-Variante Heirloom Doppelröstung: 1. 160 °C – 9 min – Abkühlung; 2. 245 °C – 14 min, 210 °C – 2,5 min = 16,5 min. Tasse: ganz, ganz wunderbar". Die Gesamtzeit der Röstung im zweiten Schritt beträgt also 16,5 min, wobei trotz der verschieden Temperaturen keine Röstunterbrechung stattfinden darf. Das ist bei dem *CBR-101* am besten so zu bewerkstelligen, dass Sie vor Röstbeginn die Gesamtzeit auf 16,5 Minuten und die Rösttemperatur 245°C einstellen. Dann, wenn der Zeitübergang von 13,8 auf 13,9 auf dem Display des *CBR-101* angezeigt wird, reduzieren Sie nur die Temperatur durch drehen des roten Knopfs auf 210 °C (Sie haben hierfür sechs Sekunden Zeit; geben Sie aber unbedingt acht, dass Sie den Knopf dabei nur drehen und nicht versehentlich drücken, was zum Röstabbruch führen würde, da mit dem roten Knopf auch die Stoppfunktion aufgerufen wird, eben durch drücken desselben). Den Notizzettel legen Sie zu den gerösteten und abgekühlten Yirgacheffe-Bohnen, die am besten in einem geschmacksneutralen und luftdicht verschließbaren Behälter aufbewahrt werden. Auf dem Notizzettel können Sie natürlich noch weitere Angaben vermerken: Mengenangabe, Besonderheiten während des Röstung usw. Protokollieren Sie detailliert all die Parameter, die zu wissen für Sie nötig sind, um ein Röstergebnis wiederholen oder unbedingt vermeiden zu können. Der Notizzettel kann dann auch verwendet werden, um eine Mustersammlung von Röstungen anzulegen: Besorgen Sie sich kleine Klarsichtbeutel, am besten mit einem Falzverschluss. Bewahren Sie darin von jeder Röstung ca. zwei Teelöffel der gerösteten Bohnen und ca. zwei Teelöffel der ungerösteten Rohkaffeebohnen zusammen auf, legen den bereits beschrifteten Notizzettel bei und verschließen den Beutel staubsicher. Den Wert solch einer Sammlung werden Sie schnell selbst feststellen. Beherzigen Sie aber auf Ihrem Weg zu einem kenntnisreichen Kaffeeröstmeister eine alte Weisheit der Röstzunft: Kaffeerösten ist eine Sache, die jeder kann und mancher wirklich gut versteht, die aber kein Mensch so gut beherrscht, dass er nicht immer noch etwas dazulernen könnte.

Der Röstgrad entscheidet über die Qualität: Säure, Körper, Geruch, Geschmack

Die Röstgrade von hell bis dunkel sowie Art und Dauer der Röstung (schnell mit hohen Temperaturen oder langsam mit niedrigen Temperaturen) entscheiden letztlich über die Tassenqualität, weil durch sie das Potenzial der Rohkaffeebohnen zu sensorisch wahrnehmbaren Größen wird. Säure, Körper, Geruch und Geschmack sind die Kategorien, in denen sich die durch den Röststil herausgearbeiteten sinnlich wahrnehmbaren Substanzen vorstellen.

Die Diagramme zeigen den ungefähren Verlauf der vier Hauptmerkmale von Kaffee während der Röstung. Bei hellen Röstgraden steigt die *Säure* zunächst an, um dann bei fortschreitendem Röstprozess stetig abzunehmen.

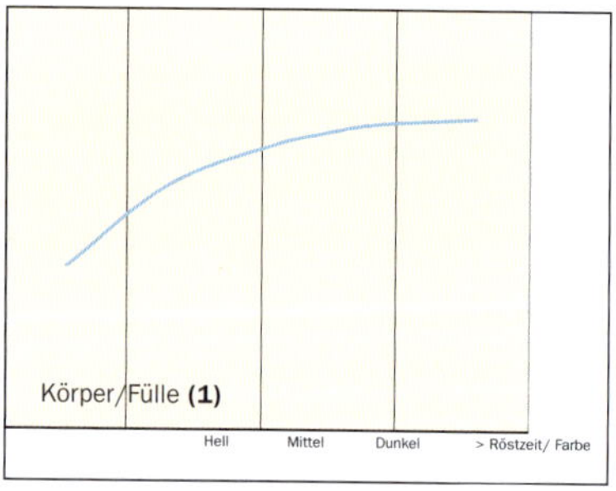

Körper-/Fülleprofil der Kaffeebohne in Abhängigkeit der Röstzeit/Farbe

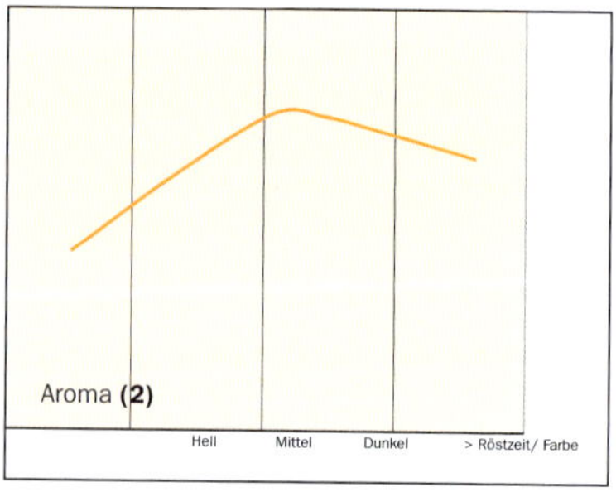

Aromaprofil der Kaffeebohne in Abhängigkeit der Röstzeit/Farbe

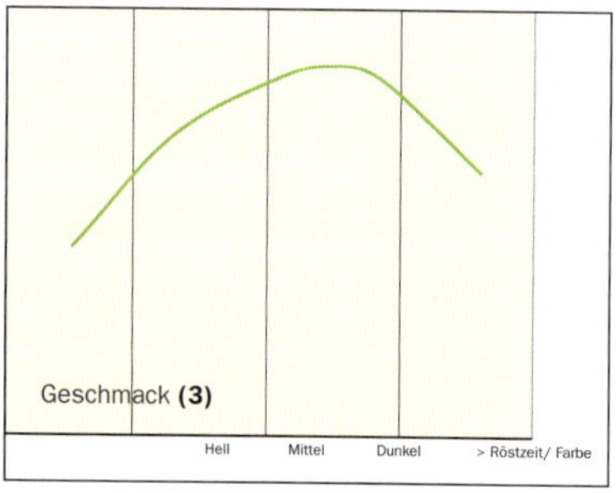

Geschmacksprofil der Kaffeebohne in Abhängigkeit der Röstzeit/Farbe

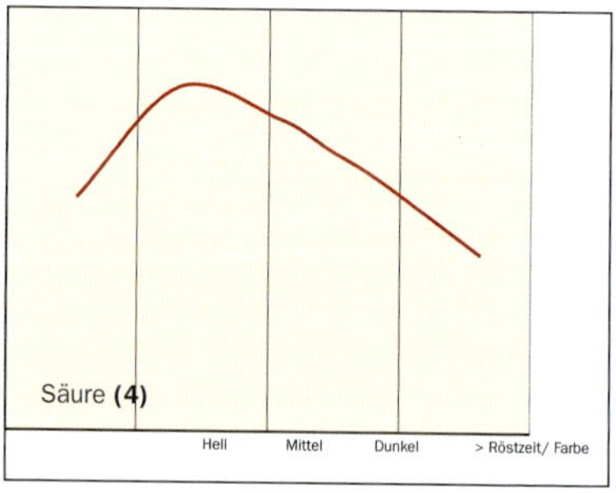

Säureprofil der Kaffeebohne in Abhängigkeit der Röstzeit/Farbe

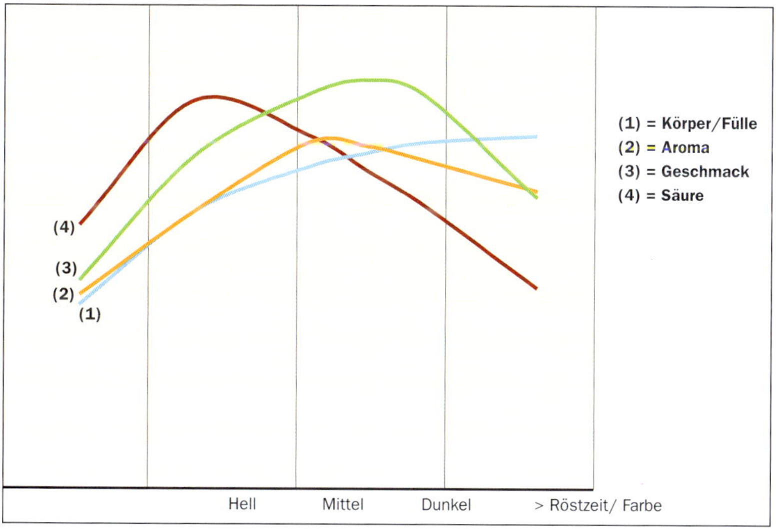

Säure/Körper-Fülle/Aroma/Geschmack-Profil der Kaffeebohne in Abhängigkeit der Röstzeit/Farbe

Körper bzw. Fülle des Kaffees steigt zu Beginn der Röstung rasch und danach nur noch sehr langsam an. Die *Aromenvielfalt* erreicht in der Mitte der Röstzeit ihren Maximalpunkt, bevor sie wieder abnimmt. Der *Geschmack* steigt bis zur Mitte der Röstzeit rasch an, um dann genauso schnell wieder zu fallen. Helle Röstgrade tendieren demnach dazu, die *Säure* im Kaffee zu belassen. Bis zu den mittleren Röstgraden wird der Geschmack sehr ausgewogen, mit harmonischer Säure und zunehmender Fülle. Dunklere Röstungen, wie sie für Espresso typisch sind, betonen die Fülle, den Körper des Kaffees, und verdecken die dann noch vorhandenen Säuren; eine bittersüße Röstnote wird schmeckbar. Je länger geröstet wird und je dunkler die Bohnen werden, desto stärker treten die Kaffeeöle aus den Bohnen und bilden glänzende Flecken, bis hin zu Öltröpfchen, auf ihren Oberflächen. Geht dieser ölige Überzug während der Röstung langsam wieder zurück, so ist das ein sicheres Zeichen dafür, dass der Röstprozess in das Stadium der trockenen Destillation eingetreten ist: Die Verkohlung hat begonnen.

Generell gilt, dass die hellen bis mitteldunklen Röstgrade die Sortenspezifik der einzelnen Provenienzen betonen. Je dunkler der Kaffee geröstet wird, desto mehr wird die Sortenspezifik von malzigen, bittersüßen bis bitteren Geschmacksverbindungen aus den Karamelisierungsreaktionen und der Pyrolyse überlagert.

Die Suche nach dem richtigen Röstgrad

Rösten bedeutet immer einen Kompromiss, weil stets alle Inhaltsstoffe gleichzeitig betroffen sind und ein Inhaltsstoff nur auf Kosten eines anderen vermehrt oder verringert werden kann. Ob der Kompromiss – je nach Aufgabenstellung – schlecht, mittelmäßig, gut, womöglich sogar glänzend ausfällt, können nur Sie als Heimröster allein beurteilen – Ihre Nase, Ihr Gaumen geben den Ausschlag. Als Selbströster sind Sie natürlich im Vorteil, denn Sie können sich an das ideale Ergebnis herantasten. Beispielsweise, indem Sie die gleiche Provenienz Rohkaffeebohnen in verschiedenen Stufen rösten, also heller, um bei einer Röstung mehr die Säure, mitteldunkel, um stärker die Aromen zu betonen. Anschließend mischen Sie die verschiedenen Röststoffe und führen auf diese Weise einen Ausgleich herbei.

Wenn Sie als Röstanfänger unsicher sind, welchen Röstgrad bzw. welche Röstfarbe Sie anstreben sollten, empfehle ich Ihnen den Kauf einer Musterprobe, d.h. einer kleinen Menge bereits gerösteter Bohnen, welche die Röstfarbe besitzen, mit der Sie bevorzugt Ihren Kaffee zubereiten. Diese Bohnen nehmen Sie als Maßstab für Ihre Privatröstung: Vergleichen Sie die Farben während des Röstens immer wieder und beenden Sie Ihre Arbeit ein paar Sekunden, *bevor* die Farbe Ihrer Röstung derjenigen des Vorbilds entspricht (denn die Bohnen rösten aufgrund der gespeicherten Hitze außerhalb der Röstkammer nach, werden also noch eine Idee dunkler).

Eine weitere Empfehlung: Versuchen Sie bei Ihren ersten Privatröstungen, zuerst nur diesen einen von Ihnen favorisierten Röstgrad zu erreichen, wenn möglich, stets mit der gleichen Rohkaffeeprovenienz und Menge. So werden Sie in kurzer Zeit eine sicheres Gespür für das Kaffeerösten und insbesondere das Erreichen eines bestimmten Röstgrads erwerben. Danach können Sie sich auch in anderen Röstgraden üben; wegen der besseren Vergleichbarkeit am besten wieder mit der gleichen Rohkaffeeprovenienz.

Die vier Phasen der Röstung

Wir können die Kaffeeröstung in vier Phasen einteilen. In Phase 0 geht es um die Beurteilung der Rohkaffeebohnen hinsichtlich ihres potenziellen Röstverhaltens und um die Festlegung des zu erreichenden Röstgrades. In Phase 1 werden die Bohnen in der richtigen Weise mit genügend Rösthitze aufgetankt. Ist das erreicht, so treten wir in Phase 2 ein, die vom ersten Knacken bis zum Röstende reicht. Die Beurteilung, ob der angestrebte Röstgrad erreicht ist, und die Erhaltung dieses Röstgrades durch sofortiges Abbrechen der Röstung und Kühlung der heißen Kaffeebohnen kennzeichnet Phase 3.

Phase 0: Beurteilung der Rohkaffeebohnen

Wiegen Sie genau die Menge Rohkaffeebohnen ab, die der Hersteller Ihrer Röstmaschine empfiehlt. Diese Vorgabe einzuhalten, ist deshalb wichtig, weil jede Abweichung von ihr völlig andere Röstergebnisse zur Folge hat. Wird das Verhältnis von Menge und Temperatur zugunsten der Menge verschoben, so werden die Bohnen nur unzureichend mit Rösthitze versorgt und folglich mehr gebacken als geröstet. Ist die Menge der Bohnen zu klein, so werden sie zu schnell und zu heiß geröstet. Ich empfehle Ihnen auch bei jenen Röstmethoden, bei denen die Menge etwas flexibler gehandhabt werden kann (z.B. beim Herdmaisröster), sich auf eine bestimmte Menge festzulegen und diese zunächst nicht abzuwandeln.

▶ *Geruch:* Die abgewogenen Bohnen werden jetzt begutachtet. Praktisch jede Rohkaffeecharge ist ein anderer Röster, weicht also in ihrem Röstverhalten mehr oder weniger stark von der vorangegangenen ab, und zwar in direkter Abhängigkeit von der nach Geruch, Farbe, Struktur und Form zu differenzierenden Beschaffenheit der Rohkaffeebohnen. Bereits der Geruch der Bohnen kann erste Hinweise auf ihr Alter geben. Alte Bohnen riechen nach Stroh. Ist der Geruch leicht schimmelig, modrig, so waren die Bohnen während der Lagerung nicht ausreichend belüftet. Es bleibt dann nichts anderes übrig, als sie in die Biotonne zu entsorgen. Riechen die Bohnen etwa nach Braten, Gewürzen, Zwiebeln o.Ä., so waren sie bei Ihnen zu Hause nicht genügend geschützt: Rohkaffeebohnen nehmen schnell Fremdgerüche an. Stellen Sie wiederum einen faulig-säuerlichen Geruch fest, liegen eine oder mehrere überfermentierte Bohnen vor. Schauen Sie die Bohnen, besonders wenn sie trocken aufbereitet wurden, auch nochmals kurz auf Verunreinigungen durch: Steine, Holzstückchen, Plastikteile etc. „Elefantenohren" oder von Insekten angefressene Bohnen brauchen hingegen nicht aussortiert zu werden, da sie das Röstergebnis nicht beeinträchtigen.

▶ *Farbe:* Auch die Farbe der Bohnen kann Hinweise auf ihr Alter geben. Bohnen aus neuer Ernte haben in der Regel ein frisches, einheitliches Sattgrün bis Bläulich- bzw. Gelblich-Grün, vor allem, wenn es Arabica-Bohnen aus dem Hochland sind. Robusta-Bohnen tendieren mehr ins Gelblich-Bräunliche. Je älter die Bohnen, um so blasser ist ihre Farbe und um so weiter reicht diese Blässe in die Bohnenmasse hinein. Arabicas haben einen helleren Silberhäutchenrest als Robusta-Bohnen.

▶ *Dichte und Schnittverlauf:* Bei der Begutachtung der Bohnenstruktur ist hauptsächlich auf den Schnittverlauf und die spezifische Dichte zu achten. Diese spezifische Dichte der Bohnenmasse hängt von der Anbauhöhe ab: je höher der Anbau, desto fester und schwerer die Bohnenmasse, je niedriger der Anbau, desto schwammiger und leichter das Innenleben.

► *… bei neuer Ernte:* Hochlandbohnen aus neuer Ernte haben einen geschlossenen und mehr oder weniger stark nach innen gewölbten Schnittverlauf. Im Vergleich zu ihrer Länge weisen sie nur eine geringe Dicke auf. Bei gewaschenen Bohnen muss der Schnitt leuchtend sein, bei ungewaschenen ist er dunkelbraun bis rötlich. Mit dem Messer können Sie mit etwas Anstrengung hornartige Scheibchen schneiden. Die hornartige Beschaffenheit zeigt an, dass die Bohnen einen hohen Feuchtigkeitsgehalt besitzen (11 % ist ideal); ein gleichmäßiger Röstverlauf ist deshalb zu erwarten, da die Feuchtigkeit die Rösthitze gleichmäßig in der ganzen Bohne verteilt und im fortgeschrittenen Röststadium, während ihrer Verdampfung, aktiv an der Umwandlung der Rohbohne in eine Röstbohne beteiligt ist.

Tieflandkaffees aus neuer Ernte haben eine schwammige, spezifisch leichtere Bohnenmasse. Der Schnittverlauf ist nicht so stark nach innen gewölbt und weniger geschlossen als bei ihren Hochlandpendants. Auch sie lassen sich in feine, hornartige Scheibchen schneiden, die aber von weicher Beschaffenheit sind.

► *…bei abgelagerten Bohnen:* Abgelagerte Hochland- und Tieflandbohnen gleichen sich in ihrer Struktur. Ihre Oberfläche kann farblos, strohgelb, zitronengelb oder auch bräunlich sein. Aufgrund der längeren Lagerung hat sich der Schnitt relativ weit geöffnet. Die Bohnenmasse ist spröde und würde beim Schneiden zerbrechen. Längere Lagerung muss aber nicht zwangsläufig zu einer Verblassung bis in die Bohnenmasse hinein führen. Bei guten Arabicas kann sich die Lagerungspatina auch nur auf der Oberfläche der Bohnen zeigen, während die Masse noch frischfarbig und von hornartiger Konsistenz ist.

► *Bohnenform:* Die Flachbohnenform ist die Regelform. Bei den Ausnahmen interessieren hinsichtlich des Röstverhaltens nur die Maragogype und die Perlbohnen. Perlbohnen fallen sowohl in der Hochland- als auch in der Tieflandproduktion an. In der Beschaffenheit ihrer Masse können sie sich deshalb ebenso unterscheiden wie die entsprechenden Flat beans. Doch haben sie aufgrund ihrer Rundform zwei Besonderheiten gemeinsam: die Dicke und der kaum sichtbare, fest geschlossene Schnitt. Die Dicke der Perlform bringt es zudem mit sich, dass die Bohnenmasse auch nach längerer Lagerung ihre hornartige Beschaffenheit behält, auch wenn ihre Oberfläche nicht mehr frischfarbig ist.

► *Aufnahmefähigkeit für Wärme:* Die Bedeutung der Beschaffenheit des Schnitts für den Röstverlauf habe ich bereits angesprochen. Bei einem geschlossenen Schnitt bilden die beiden Schnittflächen einer normalen

Flachbohne mit ihrem gewölbten Bohnenteil eine fast einheitliche Form (im Querschnitt lässt sich ein geschlossener bzw. weniger geschlossener Schnitt gut erkennen). Für das Rösten bedeutet dies, dass die Rösthitze ins Innere der Bohnen nur über die Oberfläche gelangen und wegen der festen Bohnenmasse nur schwer vollständig durchdringen kann (Rohkaffeebohnen haben eine sehr schlechte Wärmeleitfähigkeit, nur etwa ein Sechshundertstel von Eisen). Wird nun gerade bei Röstbeginn versucht, unter starker Hitzezufuhr die Bohnen mit Wärme aufzutanken, entsteht auf der Bohnenoberfläche eine große Wärmeansammlung, die aber wegen der schlechten Wärmeleitfähigkeit der Bohnenmasse nicht schnell genug ins Bohneninnere geleitet wird. Die Folge ist ein steigendes Temperaturgefälle zwischen Oberfläche und innerer Bohnenmasse. Bei einer normalen Röstung ist ein solches Temperaturgefälle die Regel und muss in der Auftankphase des Röstprozesses auch angestrebt werden. Ist aber über eine längere Zeit hindurch das Temperaturgefälle zu hoch, wird die Oberfläche der Bohnen überröstet, während die Bohnenmasse noch ungar ist. Eine erbsige, säuerlich-bittere Tasse ist die Folge. Nicht die schnelle Temperatursteigerung führt also zu einer stärkeren Hitzedurchdringung der Bohnenmasse, sondern nur die mäßige, allmähliche Steigerung bzw. das Halten einer Temperatur. Diese Einsicht aus der Praxis gibt jedem Röster ein einfaches und dennoch wirksames Werkzeug für die Steuerung des Röstprozesses an die Hand. Haben die Bohnen einen mehr oder minder offenen Schnitt, kann die Röstwärme sowohl durch die Schnittöffnung als auch über die gewölbte Bohnenseite direkt ins Innere der Bohnen gelangen, so dass diese sich wesentlich schneller mit Hitze auftanken.

Die Dicke und der kaum sichtbare, fest geschlossene Schnitt der Perlbohnen bringen es mit sich, dass eine Durchhitzung ihrer Masse mindestens ebenso schwer zu erreichen ist wie bei frischen Bohnen aus dem Hochland. Zusätzlich wird die Durchhitzung von der Eigenschaft der Perlbohnen erschwert, im Stadium des Auftankens nur sehr gering auseinanderzuklaffen: So kann auch die in der Bohne vorhandene Feuchtigkeit weniger schnell verdampfen. Perlbohnen rösten deshalb unter starker Mitwirkung ihrer Feuchtigkeit. Bei frischen Flachbohnen aus dem Hochland hingegen ist das Auseinanderklaffen während der Röstung ausgeprägter, weshalb die Feuchtigkeit schneller aus dem Bohneninneren nach außen gelangen kann.

► *Feuchtigkeit:* Die Feuchtigkeit – über die alle Bohnen mit hornartiger Bohnenmasse in ausreichendem Maße verfügen – hat einen erheblichen Einfluss auf das Röstergebnis, insofern sie die Rösthitze besser in das Bohneninnere leitet und ja auch an der Maillard-Reaktion maßgeblich beteiligt ist, besonders auch an der Bildung der braunen Röstfarbstoffe, der Melanoidine.

Bei fehlender Feuchtigkeitsmitwirkung verläuft die Röstung zuerst stockend, um dann, wenn eine bestimmte Innentemperatur überstiegen ist, völlig überstürzt zum Abschluss zu kommen. Ganz allgemein kann man sagen: Abgelagerte Bohnen und Bohnen mit offenem Schnitt dürfen diese bestimmte Innentemperatur nur allmählich erreichen. Das Auftanken mit Rösthitze darf hier also nicht unter allzu hohen Temperaturen erfolgen – freilich auch nicht mit zu niedriger Temperatur, weil sonst auch noch die allerletzte Restfeuchtigkeit der Bohnen verdampft ist, bevor sie überhaupt die notwendige Hitze gespeichert haben. Das Ziel beim Röstbeginn muss sein, die in den Bohnen vorhandene Feuchtigkeit solange als möglich am Röstprozess (und nicht an einem Backprozess!) zu beteiligen.

Bohnen aus neuer Ernte mit einem geschlossenen Schnitt, hoher spezifischer Dichte, kleiner bis mittlerer Größe, können hingegen eine hohe Anfangshitze vertragen, da hier sowohl über die Oberfläche als auch über die Feuchtigkeit die Hitze relativ schnell gleichmäßig ins Bohneninnere gelangen kann. Diese Bohnen rösten insgesamt langsamer. Das gilt auch für Rohkaffeebohnen von den indonesischen Inseln, die eine hohe Rösttemperatur bzw. -dauer benötigen. Anders verhält es sich bei großen Bohnen (z.B. die Maragogype) mit fest geschlossenem, gewölbtem Schnitt sowie bei klein- bis mittelgroßen Bohnen mit einem weniger geschlossenen, gewölbten Schnitt. Hier gilt: Je weniger geschlossen, je weniger gewölbt der Schnitt, je blasser das Bohneninnere und je dicker die Bohnen, desto gemäßigter sollte die Rösthitze bis zum ersten Knacken sein.

► *Temperatur:* Die exakte Temperatur im Bohneninneren können wir Heimröster nicht direkt feststellen. Zwar kann sie, bis auf wenige Ausnahmen, auch in den professionellen Röstereien nicht exakt bestimmt werden, doch lässt sich dort immerhin die Innentemperatur der Rösttrommel ziemlich genau messen und mit dem Thermometer anzeigen – ein entscheidendes Steuerungsmittel für das Erzielen feiner Geschmacksnuancen. Auch einige Haushaltröstmaschinen, wie z.B. der *Gene Coffee Bean Roaster CBR-101 Analog* oder der *Quest M3s,* erweitert um zwei K-Temperatursonden, einen Datenlogger und eine Röstsoftware, bieten dem Heimröster die Möglichkeit, die Innentemperatur der Röstkammer ziemlich genau zu erfahren und zu steuern. Bei einigen Röster ist zumindest ein Thermostat eingebaut, der eine konstante Rösttemperatur gewährleistet. Außerdem lassen sich diese Geräte wie der Herdmaisröster durch ein Candy-Thermometer oder andere geeignete Temperaturanzeige-Instrumente ergänzen. Aber auch wenn Letztere bei der Regulierung des Röstprozesses zweifellos gute Dienste leisten können, sollte der Heimröster das Thermometer nur als ein Hilfsmittel ansehen. Besser ist es, wie die neapolitanischen Heimröster vor 100 Jahre, zu lernen, den Röstverlauf vor allem mit Augen, Nase, Ohren und Gefühl zu kontrollieren. Eine Tasse in dieser Weise gerösteter Kaffeebohnen *kann* nicht schlecht gewesen sein, wie die Ahs und Ohs im Bericht Eduardo de Filippos bezeugen. Die Kaffeebohnen sprechen während des Röstens auf ihre Art mit uns, wir mussen es nur merken und verstehen: die Veränderung ihrer Farbe von gelblich über leicht braun und mittelbraun bis hin zu schwarz; die Menge und der Geruch des Röstrauchs; und nicht zuletzt das so überaus wichtige erste und zweite Knacken (welch Letzteres eher ein Knistern ist, ähnlich wie es beim Verbrennen von trockenen Tannennadeln entsteht). Gerade der Heimröster sollte darum bemüht sein, die Sprache der Bohnen zu verstehen.

Eine bewährte Methode ist es, als Röstanfänger nicht nur eine stets gleichbleibende Menge Rohkaffeebohnen zu verwenden, sondern auch eine bestimmte Temperatur bzw. Einstellung an der Röstmaschine beizubehalten und den Röstgrad der Bohnen ausschließlich über die Dauer der Röstung zu steuern. Nützlich hierfür ist eine Uhr mit Sekundenanzeige oder noch besser eine Stoppuhr (Schachspieluhr). Bietet Ihr Heimröster die Möglichkeit der Temperaturauswahl, beginnen Sie möglichst nicht mit zu hohen Temperaturen; am besten beginnen Sie bei etwa 200 °C. Müssen Sie länger als acht oder neun Minuten warten, bis Sie erste Zeichen chemisch aktivierter Reaktionen wahrnehmen – nach Kaffee riechender Rauch, erstes Knacken einzelner Bohnen –, erhöhen Sie bei der nächsten Röstung die Temperatur auf ca. 210 °C bis max. 240 °C (Röstungen im Backofen sind hiervon ausgenommen- siehe dort). Stellen Sie hingegen schon nach vier Minuten erste Rauchentwicklungen und Knackgeräusche fest, dann ist die Anfangstemperatur zu hoch: Verringern Sie diese schrittweise bei der nächsten Röstung. Mit dieser empirischen Methode werden Sie bald Ihre beste Einstiegstemperatur finden. Bleiben Sie dann fürs Erste dabei und versuchen Sie nur über die Dauer der Röstzeit den von Ihnen favorisierten Röstgrad zu erreichen. Später können Sie parallel zur Röstdauer mit unterschiedlichen Temperaturen auch während des Röstprozesses zu experimentieren beginnen.

Zum Verlauf des Röstprozesses siehe Seite 159.

Phase 1: Auftanken der Bohnen mit Rösthitze

Sie geben jetzt die abgewogene Menge Bohnen in Ihren Röster, in unserem Fall in einen um ein Candy-Thermometer ergänzten manuellen Herdmaisröster aus Edelstahl. Nehmen wir einmal an, es sind 100 g SHB-Hochlandbohnen aus Guatemala, Antigua, nasse Aufbereitung, neue Ernte und mittelbohnig, der Schnitt fest geschlossen. Wie beim Plätzchenbacken, für das der

Ofen auch vorgeheizt werden muss, haben wir die Röstkammer des Maisrösters mit ca. 205 °C (400 °F) Anfangstemperatur vorgeheizt.

Das erste Ziel ist es, die Bohnen mit Hitze aufzutanken. Im Gegensatz zu frischen Tieflandbohnen, die sich zum Beginn der Röstung entfärben und knochenbleich werden, so dass sie wie abgelagerte Bohnen aussehen, nehmen die SHB-Bohnen nach Röstanfang eine gelbliche bis gelbe Farbe an. Des Weiteren können wir beobachten, dass die SHB-Bohnen bis zum ersten Knacken in ihrem Volumen nicht zu-, sondern abnehmen. Bei Tieflandbohnen ist es gerade umgekehrt. Die fortlaufende Volumenabnahme erklärt sich aus dem geschlossenen Schnitt: Die dadurch bedingte langsamere Durchdringung der Bohnenmasse mit Hitze führt – freilich nur vorerst – zu einem Zusammenziehen der Bohnen. Wir können jetzt einen leichten Geruch von feuchtem Heu oder Gras wahrnehmen und sehen vereinzelt kleine Dampfwölkchen aufsteigen, die nicht mit Rauch zu verwechseln sind.

Aufgrund der fortlaufenden Volumenverringerung der SHB-Bohnen löst sich der größte Teil der Silberhäutchen erst bei Beginn des ersten Knackens von den Bohnen. Auch dies ist bei den Tieflandbohnen wieder anders. Der Gelbton der Bohnen ist übrigens von der Schnelligkeit der Röstung abhängig. Beginnt die Röstung langsam, tendiert die Färbung zu einem dunkleren Strohgelb, beginnt sie schnell, schlägt das ursprüngliche Blaugrün gleich um in ein ausgeprägtes Zitronengelb. Nach der Gelbfärbung setzt eine intensive Braunfärbung ein, die alsbald schon ins Schwarze geht.

Eine weitere charakteristische Eigenschaft von frischen Hoch- im Gegensatz zu Tieflandbohnen ist es, dass die Bohnenoberfläche sich nur sehr ungleichmäßig einfärbt. Zahlreiche dunkle Pünktchen geben ihr ein fleckiges Aussehen; und zwar zeigen diese sich um so ausgeprägter, je hochwertiger die Hochlandbohnen sind. Die Flecken sind das Produkt übermäßiger Feuchtigkeit im Zusammenspiel mit der Braunfärbung der Bohnen: Wenn Sie einen braunen Fleck mit Wasser überstreichen, wird er schwarz-braun bis schwarz.

Im weiteren Fortgang des Röstprozesses können wir einen Geruch wie von frischgebackenem Brot feststellen, das gerade aus dem Ofen kommt. Die chemischen Reaktionen in den Bohnen finden zu diesem Zeitpunkt allesamt unter endothermen Bedingungen statt, also unter Aufnahme von Wärme bzw. Energie. Geben Sie Acht, dass die Rösttemperatur nicht absackt.

Phase 2: Rösten

► *Das erste Knacken:* Vereinzelt können wir jetzt ein deutliches Knacken vernehmen, und der Röstrauch nimmt zu. Das heißt, es beginnt das Stadium des ersten Knackens und damit auch die Herausbildung des Kaffeegeschmacks.

Das Wasser in den mittlerweile mit genügend Rösthitze aufgetankten SHB-Bohnen beginnt zu verdampfen. Neben dem bei den chemischen Reaktionen bereits angefallenen CO_2 verstärkt das verdampfende Wasser den Innendruck der Bohnenzellen, unter dem diese sich aufblähen und vereinzelt auch bersten. Das Bohnenvolumen vergrößert sich.

Der Beginn des Aufknackens ist übrigens nicht an einen bestimmten Farbton gebunden. Das Aufknackstadium kann bei einem hellen oder dunklen Braun beginnen, bei abgelagerten Tieflandbohnen und zum Teil bei entkoffeinierten Bohnen auch schon bei einer satten Gelbfärbung. Abhängig ist das auch hier von der Schnelligkeit der Röstung. Die endothermen Reaktionen werden nunmehr von den exothermen, d.h. wärme- bzw. energieabgebenden Reaktionen abgelöst.

Dennoch müssen Sie unbedingt darauf achten, dass die Rösttemperatur nicht fällt, da jetzt immer mehr Wasser verdampft: Verdunstung braucht Energie, und die stammt aus der in den Bohnen angesammelten Wärme. Die durch die Verdunstung verbrauchte Wärme muss von außen zügig ersetzt werden, um die Maillard-Reaktion in Gang zu halten und den Absturz in einen Backprozess zu vermeiden. Die fortgesetzte Feuchtigkeitsverdampfung lässt die dunklen Pünktchen auf der Oberfläche unserer SHB-Bohnen allmählich verschwinden. Sie erhalten eine hellere und gleichmäßigere Färbung.

Wir hören jetzt ein sehr deutliches, lautes Knacken, wobei Tieflandbohnen sich weit weniger geräuschvoll verhalten als Hochlandbohnen aus neuer Ernte, weil bei ihnen die Feuchtigkeit über den offenen Schnitt verdampfen kann. Würden wir jetzt, mitten im Höhepunkt des ersten Knackens, da die Bohnen eine helle bis mittlere, zimtfarbene Bräunung erreicht haben, die Röstung beenden, dann erhielten wir eine beinahe maximal säurebetonte Tasse mit runder Süße, aber einem völlig unterentwickelten Aroma- und Geschmacksprofil. In der industriellen Kaffeeröstung werden Kaffeebohnen aus diesem Röststadium (helle Röstung, Cinnamon Roast) häufig verwendet, um Mischungen mit zusätzlicher Säure zu versehen.

▶ *Zwischenphase:* Wir aber rösten weiter. Das Geräusch des ersten Knackens flacht ab. Nach Beendigung dieses Stadiums wird der Röstrauch leicht dunkler, und ein süßlicher, voller, schon deutlich an Kaffee gemahnender Geruch breitet sich aus – herrlich! Beendigen wir die Röstung an diesem Punkt, bestehen beste Chancen, dass sich der typische Herkunftscharakter des Guatemala Antigua in der Tasse entfaltet. Die Aromen- und Geschmacksentwicklung steht kurz vor dem Maximalpunkt, die Tasse ist säurebetont. Es ist ein klassischer Frühstückskaffee. Mir persönlich fehlt an der Tasse aber noch etwas. Das hängt vielleicht damit zusammen, dass in diesem Röststadium die Karamelisierung (die ja erst gegen Ende des Röstprozesses einsetzt) praktisch noch nicht begonnen hat. Mittelbraune Bohnen, deren Röstung direkt nach Beendigung des ersten Knackens gestoppt wird, heißen in Nordamerika City Roast. City Roast Plus ist dann der Röstgrad von Bohnen, die nach Beendigung des ersten Knackens je nach Rösterhand noch ein bis zwei Minuten lang weiterrösten. Wir aber rösten wiederum weiter.

Es sind jetzt ca. drei bis vier Minuten nach Beendigung des ersten Knackens verstrichen. Hie und da hören wir ein sanftes Knistern. Offensichtlich steht der Beginn des zweiten Knackens (welches mehr ein Knistern ist und das Zusammenbrechen der holzigen Zellfasern anzeigt) unmittelbar bevor. Der Röstrauch wird dichter und ist begleitet von einem süßlichen und zugleich würzig-scharfen Geruch. Auf der trockenen Oberfläche der Bohnen erscheinen erstmals vereinzelt winzige Öltröpfchen, die Farbe der Bohnen ist ein mittleres Dunkelbraun. Stoppen wir jetzt den Röstprozess, bekommen wir eine Tasse mit kräftigem Körper, runder Süße, leichter Säure, viel Aroma und vollem Geschmack, begleitet von Röstbitterstoffen. Dieser mitteldunkle Röstgrad wird auch Full City genannt. Full City Plus heißen Bohnen, deren Röstung noch ca. 5 bis 15 Sekunden in den Beginn des zweiten Knackens hineinreicht, ohne dieses wirklich zu erreichen, und dann beendet wird. Dieses Vorgehen kommt der norditalienischen Röstart gleich, wie sie vor allem für die Espresso-Zubereitung Anwendung findet. Ich persönlich würde für den Guatemala SHB die Röstung an dieser Stelle, also bei Full City oder Full City Plus, abbrechen. Bevorzugen Sie jedoch sehr dunkel gerösteten Kaffee, müssen Sie die Arbeit fortsetzen.

► *Das zweite Knacken:* Alle Röstungen, die aus der Phase zwischen deutlichem Beginn (nicht zu verwechseln mit den bloßen Anzeichen des beginnenden zweiten Knackens), Höhepunkt und Ende des zweiten Knackens bzw. Knisterns stammen, sind dunkel- bis schwarzbraun und werden besser als Brand bezeichnet. Je dunkler die Bohnen werden, desto mehr dominiert der Röstgeschmack und überdeckt den Eigengeschmack der Kaffeeprovenienz. Es ist durchaus empfehlenswert, einmal die ganze Bandbreite der dunklen Röstgrade durchzuprobieren. Bedenken Sie dabei jedoch, dass zum Ende der Röstphase Himmel und Hölle immer nur wenige Sekunden auseinanderliegen.

Setzen wir die Röstung bis zum deutlichen Beginn des zweiten Knackens fort, so werden wir eine gut ausbalancierte Tasse bekommen, ohne Säure, würzig-bitter, aber dennoch süß und mit vollem Körper. Dieser Röstgrad wird auch als Französische Röstung (Light French, Wiener Röstung, Continental) bezeichnet. Auf der glänzenden Bohnenoberfläche zeigen sich deutlich die Öltröpfchen. Der Röstrauch wird noch dichter und riecht intensiv würzig, süßlich scharf. Lassen wir die Bohnen bis in die erste Hälfte des zweiten Knackens hinein rösten, erreichen wir die Süditalienische Röstung (Dark French, Heavy). Die Zucker sind jetzt alle karamelisiert und werden langsam wieder abgebaut, die Bohnen verlieren zunehmend an Gewicht, und ihre holzige Struktur beginnt zu verkohlen. Die Tasse ist entsprechend leicht und dünn und geprägt von starkem Röst- und Verbrennungsgeschmack. Mit viel Zucker versehen, findet aber auch sie ihre Liebhaber.

Eigentlich ist bei diesem tief dunkelbraunen Röstgrad mit der stark glänzenden Bohnenoberfläche das Ende der Fahnenstange erreicht. Die sogenannte Spanische Röstung geht freilich noch eine Idee weiter, nämlich bis zum Ende des zweiten Knackens bzw. Knisterns oder sogar darüber hinaus. Die Zellstruktur ist mittlerweile völlig in sich zusammengebrochen, die Inhaltsstoffe sind fast sämtlich entweder mit dem inzwischen undurchdringlichen Rauch verflogen oder aber verbrannt. Die Karamelisierung ist zum Abschluss gekommen, ihre Produkte werden bereits wieder verbrannt. Tatsächlich stehen die dunklen, schwarz-braunen oder graphitfarbenen Bohnen – deren Oberfläche schon weniger glänzt, da auch die Öle allmählich wieder verbrennen – kurz vor dem Flambiertwerden. Die Tasse präsentiert sich dünn und körperlos; sie erinnert mehr an Grillkohle als an Kaffee. Ab diesem Röstgrad geht es senkrecht hinab in die Hölle.

Zusammenfassung: Mögen Sie eine Tasse mit lebendiger Säure, feiner Süße, weit entwickeltem Aroma und Geschmack, die deutlich den Herkunftscharakter der Bohnen hervortreten lässt, dann brechen Sie den Röstprozess direkt nach dem Ende des ersten Knackens ab.

Neigen Sie einer weniger säurebetonten Tasse mit kräftigem Körper und voll entwickeltem Aroma und Geschmack zu, die den Herkunftscharakter der Bohnen betont, und haben Sie gegen eine kleine Menge Röstbitterstoffe nichts einzuwenden, dann rösten Sie bis zum Beginn des zweiten Knackens/Knisterns.

Für dunkle Röstungen, die mehr dem Espresso-Stil Norditaliens ähneln, rösten Sie bis zu dem Punkt, an dem das Knistern des zweiten Knackens gleichmäßig aufsteigt und der Röstrauch sehr dicht wird und würzig-scharf nach Kaffee riecht.

Meines Erachtens liegen die interessantesten Röstgrade zwischen dem Ende des ersten und dem Beginn des zweiten Knackens; und zwar entspricht ihre Anzahl genau der Sekundenzahl zwischen diesen beiden Punkten. Light French sollte meines Erachtens der äußerste Röstgrad für eine Espresso-Röstung sein. Aber das ist natürlich Geschmackssache.

Phase 3: Abschluss und Kühlung

Haben Sie nun den gewünschten Röstgrad erreicht, so müssen Sie den Röstprozess *sofort* beenden, am besten sogar einige Sekunden davor, da die mit Hitze aufgetankten Bohnen auch außerhalb der Röstkammer noch ein bisschen nachrösten und entsprechend dunkler werden. Keinesfalls dürfen Sie nur die Röstmaschine abschalten und die Bohnen im Röstbehälter belassen. Das erklärt sich eigentlich von selbst. Es ist natürlich richtig, zuerst das Gerät auszuschalten, weil das leicht vergessen wird. Die Bohnen müssen aber sofort von ihrer heißen Umgebung getrennt und abgekühlt werden. Auch diesem Arbeitsschritt kommt eine große Bedeutung im Röstprozess zu. Die heißen Bohnen sollten innerhalb von zwei Minuten nur noch handwarm sein – je länger die Abkühlung dauert, um so mehr Aromen und Geschmacksstoffe werden zerstört. Verfügen Sie über eine Röstmaschine, in die eine Kühlvorrichtung schon eingebaut ist, haben Sie natürlich leichtes Spiel.

Davon abgesehen haben sich für die Abkühlung drei Methoden bewährt:

► *Abkühlen im Sieb:* Sie schütten die heißen Bohnen direkt in ein Metallhandsieb und rühren sie mit einem Holzkochlöffel so lange um, bis sie handwarm sind. Am besten halten Sie das Sieb während des Rührens über das Spülbecken, um zu vermeiden, dass die mitgerösteten Silberhäutchen, die sich mittlerweile von den Bohnen gelöst haben und als Spreu zwischen ihnen liegen, in der Küche umherfliegen. Praktisch ist auch das Hin- und Herschütten der Bohnen von einem Handsieb in das andere, bis sie handwarm sind. Dabei können Sie die Bohnen auch durch sanftes Pusten von den brüchigen, bastähnlichen Silberhäutchen befreien.

► *Abkühlen mit Wasserdunst:* Eine sehr gute, weil aromaerhaltende Methode ist das Einleiten der Abkühlung mit ein ganz klein wenig Wasserdunst, erzeugt durch eine normale Pumpgas-Sprayflasche, wie wir sie auch beim Wäschebügeln oder für die Fensterblumen benutzen. Nachdem Sie die heißen Bohnen in das Küchenhandsieb geschüttet haben, nehmen Sie die Sprayflasche und benetzen Sie die Oberfläche der Bohnen durch kurze, ganz leichte Pumpstöße mit Wasser, während Sie die Bohnen durch leichtes Hochwerfen im Handsieb bewegen. Am besten warten Sie nach jeder „Wasserdunstsalve" einen Augenblick, bis die Feuchtigkeit auf den heißen Oberflächen verdunstet ist. Auf gar keinen Fall dürfen die Bohnen feucht bleiben, das ist nicht Sinn dieser Methode: Denn dann verlieren sie rapide ihr Aroma und schmecken in kürzester Zeit alt und muffig. Das Besprühen der Bohnen soll ja nur den Röstprozess in ihnen stoppen und die Abkühlung einleiten. Deshalb sprühen Sie lieber zu wenig als zu viel. Diese Art der Abkühlung ist deshalb so wirkungsvoll, weil durch den Prozess der Wasserverdunstung die

Wärmeenergie in den heißen Kaffeebohnen unmittelbar in Verdampfungsenergie des Wassers umgewandelt und so schnellstmöglich verringert wird: Es gibt keine bessere Art, die Aromen in den frischgerösteten Kaffeebohnen zu erhalten. Beenden sollten Sie die Abkühlung z.B. durch das Rühren mit dem Kochlöffel. Es ist empfehlenswert, sich zuerst mit der richtigen Handhabung der Sprayflasche vertraut zu machen, um damit ohne Schwierigkeit einen kurzen, ultra-leichten Wasserdunstschwall erzeugen zu können.

► *Abkühlen auf kaltem Blech:* Eine weitere, mir sehr sympathische Abkühlungsmethode, besonders für kleine Mengen, besteht darin, die heißen Bohnen auf einem frostig-kalten Pizzablech auszubreiten, das man vor Röstbeginn in das Tiefkühlfach gelegt hat und nun mit den heißen Bohnen wieder ins Tiefkühlfach stellt. Schon nach wenigen Minuten sind die Bohnen fast kalt. Auch eine sehr aromaschonende Abkühlungsmethode, da auch hier etwas Wasser im Spiel ist. Bitte vergessen Sie nicht, die Bohnen nach kurzer Zeit wieder aus dem Tiefkühlfach zu nehmen. Auf *www.kaffee-netz.de* können Sie ganz großartige Bauanleitungen für externe Bohnenabkühlvorrichtungen finden. Geben Sie dort im Suchfeld „Bohnenkühlung Staubsauger" oder „Bohnenkühlung Flotte Lotte" ein.

Die Spreu der Silberhäutchen

Als letzte Schutzschicht besitzen die Bohnen das schon mehrfach erwähnte Silberhäutchen, welches aus durchsichtigem, birkenbastähnlichem Material besteht. Handelt es sich um polierte Bohnen (die von Kaffeeliebhabern überhaupt nicht geschätzt werden), dann hat bereits die maschinelle Politur die Silberhäutchen praktisch restlos entfernt. Im Übrigen ist die Silberhäutchenspreu, ähnlich dem Weinstein beim Wein, eher ein Zeichen der Güte. In sehr großen Mengen – die aber äußerst selten sind – kann die Spreu den Geschmack unter Umständen stumpf erscheinen lassen. Doch selbst Kenner schmecken das nur selten heraus. In der Menge, in der sie normalerweise bei Röstkaffee vorkommt, hat sie keinerlei Einfluss auf das geschmackliche Erscheinungsbild des Kaffees.

Einige Heimröstmaschinen haben einen integrierten Spreufilter (muss unbedingt nach jeder Röstung entleert werden). Arbeitet Ihr Röster ohne einen Filter, werden die meisten, durch die Röstung nunmehr brüchig und braun gewordenen Spreuflöckchen durch die Sieblöcher des Handsiebs fallen. Wenn Sie die gerösteten Bohnen im Tiefkühlfach abkühlen lassen, können Sie sie danach nochmals in einem Handsieb über dem Spülbecken mit dem Holzlöffel durchrühren, einzig mit dem Ziel, die Spreu zu reduzieren. Was immer dann noch an Silberhäutchen übrigbleiben sollte, können Sie getrost vergessen.

Kaffeerösten produziert Rauch

Wo gehobelt wird, da fallen Späne; wo Kaffee geröstet wird, entsteht natürlich Rauch. Ich finde, dass der Kaffeeröstrauch einer der schönsten Aspekte des Röstprozesses ist, weil er betörend gut riecht und die Wohnung, auch lange nach der Röstung noch, in eine unerklärlich feierliche Stimmung versetzt. Wer anderer Meinung ist und vermeiden möchte, dass der Rauch seine Wohnung mit Kaffeeduft parfümiert, röstet am besten unter der Küchenabzugshaube oder aber am geöffneten Fenster. Ab 15 °C Außentemperatur kann man auch, wie in De Filippos Kinderjahren, auf dem Balkon oder im Garten rösten. Die Rauchmenge ist natürlich umso größer, je mehr Bohnen es sind und je dunkler sie geröstet werden. Umgekehrt: Je weniger Bohnen Sie rösten und je heller der Röstgrad, desto weniger Rauch.

Beurteilung des Röstbildes

Nach der Ernte werden die Bohnen mehrfach und in vielen Abstufungen gesiebt; dadurch soll in der jeweiligen Rohkaffeecharge eine einheitliche Bohnengröße erreicht werden. Für den Röster bedeutet dies eine Arbeitserleichterung, da ihm viel besser ein einheitliches, gleichmäßiges Röstbild gelingt. Allerdings ist ein gleichmäßiges Röstbild nicht unbedingt eine Garantie für gute Tassenqualität. Ein ungleichmäßiges, buntes Röstbild kann eine wesentlich interessantere Tasse hervorbringen. Im Kaffeehandel, besonders bei den Kaffeeprobierrunden wird immer ein Schälchen mit den gerösteten, ungemahlenen Kaffeebohnen dazugestellt, damit auch das Röstbild beurteilt werden kann. Dies geschieht mit den folgenden begrifflichen Bewertungsklassen:

Ist das Röstbild einheitlich	► good
mit ganz kleinen Abweichungen	► nearly good minus
leicht unregelmäßig	► slightly irregular
sehr unregelmäßig	► very irregular
sehr unregelmäßig, kümmerlich	► very irregular, poor
sehr kümmerlich	► very poor.

Weitere Begriffe für die Beschreibung des Röstbilds sind: etwas glänzend – brightish; stumpf – dull; helle Bohnen – poles; halbhelle Bohnen – semi-poles; offener Schnitt – open centre cut; leuchtender Schnitt – shining centre cut; und so weiter. Beurteilen Sie einmal das Röstbild Ihrer fertiggerösteten Bohnen: Ist es „good“ oder vielleicht eher „slightly irregular“, oder ist es sogar „very poor“? In jedem Fall sollten Sie von jeder Röstung (auch von den weniger gut gelungenen) eine Tasse zubereiten, da Sie nur so in Ihrem Geschmacksgedächtnis ein breitgefächertes Erfahrungsarchiv anlegen können.

Der Röstprozess in Bildern

Beim Kaffeerösten gilt die Ausnahme, nie die Regel. Jede Bohne ist ein anderer Röster. Einen bestimmten Röstgrad allein anhand der Röstfarbe zu bestimmen, ist nicht möglich. So können beispielsweise indonesische Bohnen noch eine sehr helle Farbe haben und dennoch schon in der Phase des 2. Knackens/Knisterns sein. Und afrikanische oder brasilianische Bohnen können schon zu Beginn des Röstprozesses dunkel werden, obwohl sie noch ein gutes Stück Weg bis zum 1. Knacken zurücklegen müssen. Fassen Sie die folgenden Bilder deshalb nicht als visuellen Maßstab für „richtige Röstgrade" auf, dem es nachzueifern gilt, sondern nur als eine von eigentlich unendlich vielen Möglichkeiten, wie Rohkaffeebohnen während eines Röstverlaufs ihre Farbe, Größe und Oberflächenbeschaffenheit verändern können. Auch die den Röstbildern zugeordneten Röstgradnamen und die angegebenen Temperatur- und Zeitangaben sind relativ zu verstehen.

Die Röstfarbe der Bohnen bekommt nur zusammen mit den Geräusch- und Geruchsinformationen des jeweiligen Röstprozesses eine Aussagekraft. Allein ist sie kein Kriterium für die Röstqualität oder Kaffeequalität: Die Qualität des Kaffees wird ausschließlich in der Tasse bestimmt.

00:00

230°C

Schritt 1: Rohkaffeebohnen (Raumtemperatur 20 °C)
Santos, Sieb 17/18, gewaschen, einfache Qualität. Geröstet wird in einem 5-kg-Probat-Ladenröster, ergänzt mit einem Digitalthermometer. Der Röster ist auf 230 °C vorgeheizt, es werden 5 kg Santos geröstet.

00:30

110°C

Schritt 2: Beginn des Röstens
Einschütten der Bohnen, die Röstkammertemperatur (RKT) fällt von 230 °C auf 110 °C.

01:00

122°C

Schritt 3: Auftankphase beginnt, RKT steigt; langsames Auftanken der Bohnen mit Rösthitze, endothermische Prozesse beginnen.

01:30

134°C

Schritt 4

Schritt 5

02:00

142°C

02:30

152°C

Schritt 6

03:00

156°C

Schritt 7

03:30

162°C

Schritt 8

04:00

166°C

Schritt 9

04:30

173°C

Schritt 10: Die Dehydrierungs- und Trocknungsprozesse im Bohneninneren werden schneller. Zellwände werden langsam durchlässiger.

05:00
175°C

Schritt 11: Sichtbare Bleichung
Die Bohneninnentemperatur (BIT) wird jetzt über 60 °C betragen. Erste Zersetzungsprozesse beginnen in den Bohnenzellen, Zucker zerfällt, Inhaltsstoffe lösen sich aus den Zellwänden.

05:30
180°C

Schritt 12

06:00
182°C

Schritt 13: Gelbphase
Beginn der Gelbphase. Dehydrierung setzt sich massiv fort. Hier und da sind jetzt kleine Dampfwölkchen (kein Röstqualm!) über der Bohnenoberfläche zu sehen. Geruch von feuchtem Heu wird wahrnehmbar. Kohlenhydrate und Proteine werden immer weiter abgebaut.

06:30

187°C

Schritt 14

07:00

192°C

Schritt 15

07:30

195°C

Schritt 16: **Endothermische Prozesse finden in den Bohnenzellen weiterhin statt.**

08:00

195°C

Schritt 17

08:20

201°C

Schritt 18: BIT wird jetzt etwa bei 160°C liegen. Die vorhandenen Säuren in den Bohnenzellen verändern sich, werden zum Teil nach außen durch die Zellwand abgegeben, neue Säuren entstehen in den Bohnenzellen.

08:40

204°C

Schritt 19: Gelbbraun-Phase
Besonders im Schnitt sind hellbraune Stellen zu erkennen. Geruch von geröstetem Brot tritt auf, Geruch von feuchtem Heu verflüchtigt sich.

09:00

206°C

Schritt 20

09:20

208°C

Schritt 21: Hellbraun-Phase

Der Schnitt von einigen Bohnen ist jetzt deutlich geöffnet: Aufnahme von Hitze in das Bohneninnere wird dadurch beschleunigt. Einige Bohnen vergrößern sich sichtbar und trennen sich von der restlichen Spreu (Silberhäutchen). All dies sind Vorzeichen für den bevorstehenden Beginn des 1. Knackens.

09:40

211°C

Schritt 22:

Die ersten Bräunungsprodukte der Maillard-Reaktion sind unübersehbar. Röstgrad: Light Cinnamon

10:00

214°C

Schritt 23

10:20

217°C

Schritt 24: Beginn des 1. Knackens

Die ersten Knackgeräusche sind zu hören. BIT wird jetzt bei ca. 180 °C liegen. Der chemische Ab- und Umbau in den Bohnenzellen produziert größere Mengen von CO_2, etwas CO und Wasserdampf. Dadurch wird ein großer Druck auf die Zellwände ausgeübt. Dem halten einige Zellen nicht stand: Sie zerplatzen, was wir dann als ein Knacken hören.

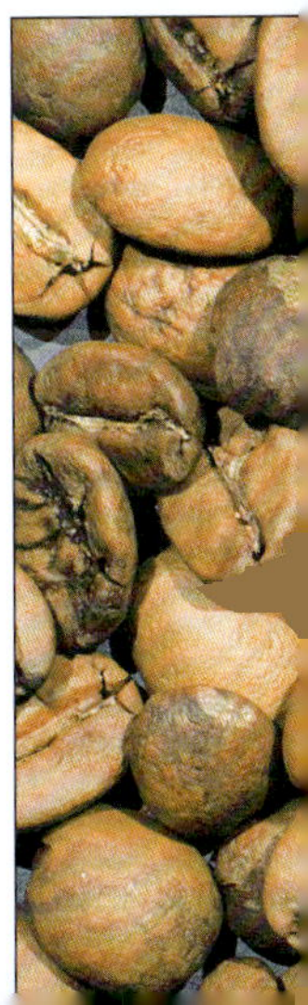

10:40

219°C

Schritt 25: 1. Knacken

Das 1. Knacken ist jetzt voll im Gange. Die Farbe der Bohnen besteht aus einer bunten Brauntönung. Die Bohnen werden größer; dabei fällt auch die letzte Spreu von den Bohnenoberflächen ab. Endotherme Reaktionen in den Bohnenzellen sind jetzt von exothermen abgelöst. Da jetzt auch weiterhin Wasser verdampft, und Verdunstung Energie verbraucht, die aus der in den Bohnen angesammelten Wärme stammt, muss der Röster gerade jetzt unbedingt darauf achten, dass die Rösttemperatur nicht auf Backtemperatur absackt, die der Tasse einen sehr unangenehmen Backgeschmack geben würde. In den intakten Bohnenzellen entstehen langsam die typischen Kaffeearomen. Ein mehr oder weniger würziger Geruch breitet sich aus.

11:00
220°C

Schritt 26: Abklingen der Knackgeräusche.
Röstgrad: Cinnamon, Röstgrad: New England – ein paar Sekunden länger als Cinnamon

11:20
222°C

Schritt 27: 1. Knacken ist fast beendet, vereinzelt sind noch Knackgeräusche zu hören.
Röstgrad: American

11:40
225°C

Schritt 28: Ende des 1. Knackens.
Die große Ausdehnung der Bohnen lassen deren Oberflächen glatt erscheinen. Die vielen kleinen dunklen Punkte auf der Oberfläche sind Kanäle, die vor allem durch CO_2 und Wasserdampf entstanden sind, welche mit großem Druck während des 1. Knackens aus den Bohnenzellen nach außen gepresst wurden. Röstgrad: City Roast

12:00

226°C

Schritt 29: Between-Phase

Circa ein bis zwei Minuten nach Ende des 1. Knackens wird der Röstgrad City Roast Plus erreicht. Dieser Röstgrad bewahrt noch den Herkunftscharakter der Bohnen, wenn auch jetzt einzelne dominante Röstaromen in der Tasse schmeckbar werden. Die Bohnen nehmen weiter Hitze auf. Die Braunfärbung wird jetzt stetig dunkler. Das Tempo der Maillard-Reaktion, Karamellisierungsreaktionen und der Pyrolyse wird nochmals beschleunigt. BIT liegt jetzt bei weit über 200°C, der Röstrauch wird jetzt dichter, würziger.

12:20

227°C

Schritt 30: Between-Phase

Der Röstprozeß wird wohl in Kürze das 2. Knacken/Knistern erreichen. Die fortgesetzte Hitzeaufnahme lässt das Bohneninnere austrocknen und die aus Zellulose aufgebaute Bohnenstruktur beginnt langsam zu zerbrechen. Eindeutige Vorzeichen, die das bevorstehende Ereignis ankündigen, wie es beim 1. Knacken der Fall ist, sucht man beim 2. Knacken/Knistern vergeblich. Dies liegt daran, daß das 1. Knacken eine Ausdehnung, das 2. Knacken/Knistern hingegen ein Zusammenbruch der Bohnen ist, der von der Herkunft, Anbauhöhe, Sorte, Bohnengröße etc. abhängig ist. Besonders die Between-Phase verlangt von dem Röster eine noch höhere Aufmerksamkeit und richtige Entscheidungen. Röstgrad: Full City (Wiener Röstung, Continental)

12:40

228°C

Schritt 31: Between-Phase

13:00

230°C

Schritt 32: Kurz vor Beginn des 2. Knackens/Knisterns. Ab und zu ist jetzt ein sehr leises Knistern zu hören: Das 2. Knacken/Knistern ist auf dem Weg, hat aber noch nicht richtig begonnen. Röstgrad: Full City Plus, die etwas dunklere Variante von Full City.

13:20

230°C

Schritt 33:
Das 2. Knacken/Knistern ist jetzt deutlich zu hören. Kleine, glänzende Stellen sind auf der Bohnenoberfläche zu sehen. Spätestens ab diesem Zeitpunkt überwiegen die Röstaromen und überdecken die Aromen, die den jeweils spezifischen Herkunftscharakter einer Bohne hervorheben. Röstgrad: Espresso (Light French, Wiener Röstung). Für einen Espresso, wie er in Norditalien geschätzt wird, ist dieser Röstgrad wohl schon zu dunkel, für Süditalien aber noch zu hell.

13:40

232°C

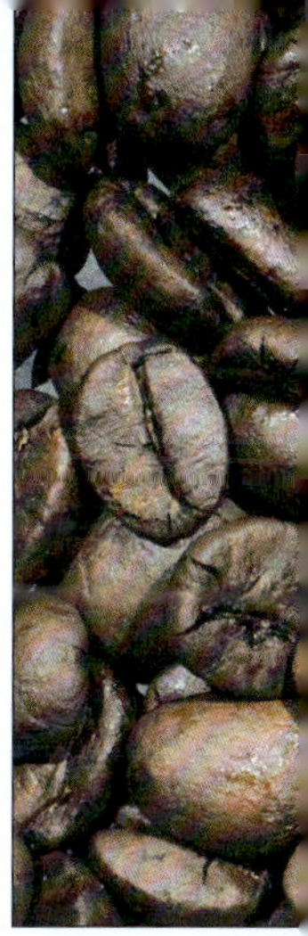

Schritt 34: 2. Knacken/Knistern

Das 2. Knacken/Knistern ist erreicht. Die auf Höchstleistung laufenden Reaktionen geben jetzt noch größere Mengen Energie ab. Noch vorhandene Zucker karamellisieren und es wird vermehrt Melanoidin produziert. Auch die Gas- und Umbildung von Säuren laufen weiter, so lange sich noch genügend geeignete Bausteine finden lassen.
Hier beginnt langsam die Phase, wo Himmel und Hölle aufeinandertreffen. Der Geschmack der Tasse wird spätestens ab hier immer dünner und fader.

14:00

235°C

Schritt 35:

Abflachen des 2. Knackens/Knisterns. Beginn der Zersetzung der Zellfasern. Bohnen dehnen sich jetzt immer weiter aus und ihr Gewicht nimmt rapide ab. Zucker und andere Inhaltsstoffe verbrennen langsam wieder.

14:10

238°C

Schritt 36:

Die Zellwände sind nun so porös geworden, dass immer größere Mengen Kaffeeöle (zelleigene Pflanzenfette, die während des Röstprozess teils verändert werden, teils neu entstehen) austreten können.

14:20

242°C

Schritt 37:
Oberflächen sehr glänzend.
Röstgrad: French (Espresso)

14:30

248°C

Schritt 38:
Oberflächen sehr glänzend, speckig.
Röstgrad: Italien (Neapolitan, Spanish, Dark French, Heavy)

14:40

250°C

Schritt 39:
Oberflächen glänzend, schwarzbraun.
Röstgrad: Spanish (Dark French, Neapolitan)

14:50

252°C

Schritt 40:
Verkohlte Stellen sind deutlich zu sehen.
Die Öle auf den Oberflächen sind fast wieder verschwunden, d.h. verbrannt.

15:00

255°C

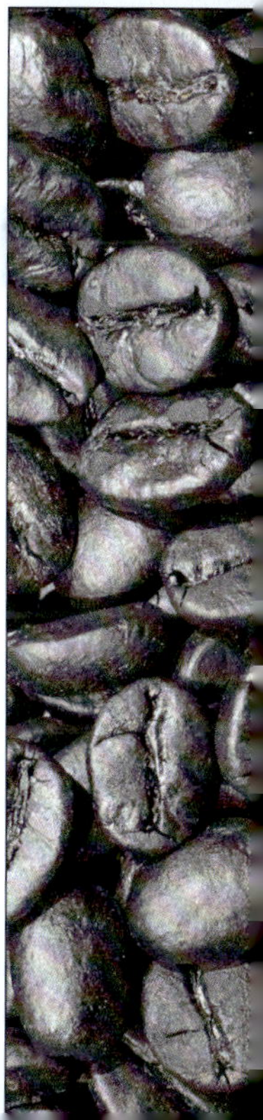

Schritt 41:
Die Bohnen sind vollständig verkohlt und tot.

Botanische Darstellung der Pflanze Coffea

1. Jungpflanze
2. Blühender Kaffeezweig
3. Kaffeekirschen am Zweig
4. Kaffeekirsche (Frucht)
5. Kaffeekirsche im Querschnitt
6. Frucht mit Kaffeesamen (Flachbohnen)
7. Kaffeekirsche im Längsschnitt
   a) Fruchtfleisch
   b) Pergamenthülse
   c) Silberhäutchen
   d) Kaffeebohne
8. Blüte
9. Blüte im Schnitt

Aquarell/Tempera von Waltraud Weber, ca. 1955

4. Tipps für Kaffeegenießer

Aufbewahren von Rohkaffeebohnen

Wollen Sie Rohkaffeebohnen ein paar Jahre lang in der Wohnung aufbewahren, müssen Sie die Bohnen kühl, dunkel und trocken lagern und gut belüften. Dies lässt sich beispielsweise mit einem kleinen, eventuell selbstgebauten Schränkchen bewerkstelligen, in das auf zwei oder drei Seiten kleine Fensteröffnungen eingeschnitten sind, die mit Fliegendraht verschlossen werden. Der besseren Belüftung wegen müssten Regalbretter aus kleinen Rund- oder Kanthölzern eingesetzt werden. Noch bis weit in die sechziger Jahre hinein waren ganz gewöhnliche Küchenschränke dazu geeignet, Vorräte dunkel, trocken und nicht zu warm bei ausreichender Belüftung zu lagern.

Rohkaffeebohnen sind glücklicherweise nicht übermäßig empfindlich, doch ist es wichtig, dass sie trocken liegen. Auch vor Fremdgerüchen, wie z.B. Gewürzen und Kochgerüchen, muss man sie schützen. Als Aufbewahrungsbehälter sind, besonders für eine längere Lagerzeit, kleine Baumwoll- oder Jutesäckchen am besten geeignet, weil dieses Material den Luftaustausch gewährleistet und die Bohnen atmen lässt. Doch auch Papiertüten sind nicht ungeeignet, und für eine kurze Aufbewahrungszeit lassen sich sogar kleine Plastiktüten verwenden. Einige Kaffeehändler schwören sogar auf ganz normale Weißblechdosen mit Deckel. Lagert man die Bohnen in Baumwoll- oder Jutesäcken übereinander, so sollte man sie wie in den großen Kaffeelagern alle drei bis vier Monate von oben nach unten umschichten. Die ideale Lagertemperatur für Rohkaffeebohnen liegt zwischen 15 °C und 18 °C bei ca. 40–45 % Luftfeuchtigkeit. Wie bei der Weinlagerung sind konstante Lagertemperaturen und Luftfeuchtigkeit für die Reifung hochwertiger Rohkaffeebohnen von großer Bedeutung. Ideal wäre ein Humidor, wie er für die Lagerung von hochwertigen Zigarren Anwendung findet. Leider verfügen nur die wenigsten über eine regelbare Lagertemperatur. Gute Anregungen für den Eigenbau eines Kaffeehumidors können Sie hier finden: *www.humidorbau.de.* Eine verblüffend einfache Lösung für die Lagerung von Rohkaffeebohnen empfehlen einige renommierte Kaffee-Experten in Nordamerika: das Vakuumieren und

Einfrieren in geeigneten Tiefkühlbeuteln. Eine Reifung der Rohkaffeebohnen findet bei dieser Methode natürlich nicht statt, aber auch keine unerwünschten Alterungsprozesse.

Gelagerte Rohkaffeebohnen verändern mit der Zeit ihren Geschmack. Diejenigen aus dem Hochland, insbesondere wenn sie aus Mittelamerika, Kolumbien und Ostafrika stammen, werden nach etwa einem Jahr runder und süßlicher; später, nach zwei bis drei Jahren, werden sie kräftiger im Körper, verlieren aber an Säure. Rohkaffeebohnen aus dem Tiefland können sich noch wesentlich rascher im Geschmack verändern. Ich denke hier besonders an die brasilianischen Kaffees. Ihre Säure nimmt schnell ab, und zum Teil entwickeln sie schon nach etwa einem Jahr einen flachen, modrigen Geschmack. Dunkelgrüne oder braune Bohnen mit einem hohen Feuchtigkeitsgehalt, wie z.B. die indonesischen, können nach längerer Zeit einen etwas muffigen, malzigen Ton annehmen, den manche durchaus schätzen, andere jedoch nicht. Meine Erfahrung ist aber auch, dass Premium-Bohnen, ganz gleichgültig, in welcher Anbauhöhe sie gewachsen sind, wie bei gutem Wein mit der Lagerzeit an Qualität dazugewinnen.

Aufbewahrung von frischgerösteten Kaffeebohnen

Wie bei frischgebackenen Plätzchen, die erst nach zwölf Stunden ihren vollen Geschmack entfalten, haben sich auch bei frischgerösteten Kaffeebohnen die neu entstandenen Aromen und Flavoursubstanzen erst nach ca. 12 bis 24 Stunden, sehr oft auch erst nach drei Tagen, so weit stabilisiert, dass sie sensorisch voll wahrnehmbar werden. So lange sollten Sie mit der Kaffeezubereitung warten und die gerösteten Bohnen lagern – viel länger aber auch nicht.

Geröstete Kaffeebohnen sind im Gegensatz zu den Rohkaffeebohnen relativ empfindlich. Das liegt wohl vor allem daran, dass der Gewichtsanteil der durch die Röstung neu entstandenen Substanzen lediglich ein Tausendstel des Gesamtgewichts einer Bohne ausmacht. Schon kleinste Veränderungen an diesen Substanzmengen machen sich geschmacklich sofort bemerkbar.
Direkt nach der Röstung geht es den flüchtigen und nichtflüchtigen Substanzen in den jeweils 300.000 bis 400.000 kleinen Speicherkammern einer Kaffeebohne gut: Sie werden dann für kurze Zeit von dem CO_2 geschützt, das bei den chemischen Röstreaktionen als Abfallprodukt freigesetzt worden ist. In der Abkühlphase nach der Röstung schlagen sich die neuen Substanzen an den Innenwänden der Zellen nieder, während das CO_2 den Zellraum ausfüllt und verhindert, dass von außen Sauerstoff in das Zellinnere eindrin-

gen kann. Die Diffundierungsprozesse setzen aber schon kurz nach der Röstung ein, begünstigt durch die während der Röstung porös gewordene Zellstruktur. Erst unmerklich langsam, dann immer schneller wandern das CO_2 und einige flüchtige Aromen durch die Zellwände nach außen. Gleichzeitig dringt von außen Sauerstoff ein und besetzt den freigewordenen Platz. Ist das O_2 erst einmal im Zellinnenraum angelangt, kommt es dort aufgrund seines aggressiven Reaktionspotenzials direkt zu ersten Oxidationen und damit zur schleichenden Zerstörung all der wertvollen Stoffe, die den Geschmack des Kaffees so einzigartig machen. Neben Feuchtigkeit und Wärme, vor denen die gerösteten Kaffeebohnen leicht geschützt werden können, ist Sauerstoff ihr allmächtiger Verderber.

Schon nach drei Tagen beginnen die Oxidationsprozesse, und nach vier bis sieben Tagen sind die Feinheiten des Kaffees größtenteils verschwunden. Nach sieben Tagen erinnert Ihre Tasse nur noch von ferne an jenen Kaffee, den Sie ein bis drei Tage nach der Röstung getrunken haben. Bedingt durch die in den Bohnenzellen entstehenden und dort ja auch verbleibenden Oxidationssubstanzen bekommt der Kaffee einen zunehmenden negativen Oxidationsgeschmack (Kaffeefirngeschmack).

Aufbewahren sollten Sie die frischgerösteten Bohnen an einem kühlen, vor Sonnenlicht, Toaster, Heizung etc. geschützten Platz. Luftdichte Vorratsbehälter sind bestens geeignet. Aber Achtung: Frischgeröstete Bohnen geben bis zu 24 Stunden nach der Röstung relativ große Mengen CO_2 ab. Wenn Sie einen luftdichten Vorratsbehälter randvoll mit frischgerösteten Bohnen anfüllen und gleich verschließen, wird es nicht lange dauern, bis es ordentlich knallt. Deshalb sollten Sie entweder den Behälter einen Tag lang nicht fest verschließen oder aber ihn nur zur Hälfte füllen und sofort verschließen, was den Vorteil hätte, dass das aus den Bohnen diffundierte CO_2 (das schwerer ist als Sauerstoff) dann als Schutzschicht über den Bohnen liegen und das Eindringen von O_2 in die Bohnen praktisch unmöglich machen würde. Sobald Sie allerdings den Deckel des Behälters einmal geöffnet haben, fällt dieser Schutz weg. Am besten rösten Sie immer nur so viel Kaffee, wie Sie maximal in vier Tagen verbrauchen können: So entsteht das Problem mit der Oxidation gar nicht erst.

Geröstete Bohnen, die Sie nicht innerhalb von drei oder vier Tagen verwenden können, sollten Sie einfrieren. Geben Sie Portionen für eine Tasse oder Kanne in Gefrierbeutel, die Sie mit einem Luftansauger (falls vorhanden) luftdicht verschließen und ins Tiefkühlfach legen. Mindestens eine Stunde vor Verbrauch aus dem Tiefkühlfach holen.

Kaffeebohnen mahlen

Erst durch das Rösten erreichen die Kaffeebohnen einen Zustand, der uns in die Lage versetzt, einen schmackhaften Auszug aus ihnen herzustellen: Sie werden mürbe und damit für eine zweckmäßige Kaffeezubereitung mahlbar. Dieses Mahlen ist unerlässlich, da die Geruchs- und Geschmacksstoffe nur so in das Auszugs- bzw. Lösungsmittel Wasser übertragen werden können.

Dass Sie als Kaffeegourmet die Bohnen erst unmittelbar vor dem Aufbrühen mahlen, also auch erst dann, wenn das Wasser fertig erhitzt bereitsteht, versteht sich von selbst. Beim Mahlen werden die Bohnen in unregelmäßig geformte Bruchstücke, sogenannte Partikel, geschnitten und zerhackt, ihre Struktur wird völlig zerstört. Aromen und alle anderen Geschmacks- und Geruchsstoffe strömen aus den Zellen und sind dem aggressiven Sauerstoff ungeschützt ausgeliefert. Der Oxidationsprozess setzt auf der Stelle ein. Deshalb wird das nicht verbrauchte Kaffeemehl in kurzer Zeit ranzig und schal. Es gibt zwei Arten von Mahlmaschinen: solche mit rotierendem Schlagmesser und solche mit Scheiben bzw. Konusmahlwcrk.

- Von den *elektrischen Schlagmessermühlen* rate ich Ihnen ab. Ihre Messerklingen zerschlagen die Kaffeebohnen viel zu ungleichmäßig. Außerdem wird durch die hohe Rotationsgeschwindigkeit der Messer das Kaffeemehl erhitzt, was Sie unbedingt vermeiden sollten, da Hitze die wertvollen Kaffeearomen nachteilig verändern.
- Ideal sind *Mühlen mit Scheiben- oder Konusmahlwerken.* Die Scheibenmühlen arbeiten nach dem Prinzip der urzeitlichen Getreidemühlen: Eine geriffelte Mahlscheibe dreht sich gegen eine gleichartige Mahlscheibe, die aber feststeht. In der Mitte der sich drehenden Mahlscheibe befindet sich eine Öffnung, durch die das zu mahlende Korn (bzw. die Bohnen) auf die feststehende Mahlscheibe rutschen kann. Der Abstand der Mahlscheiben zueinander bestimmt den Mahlgrad.

Bei den Konusmühlen, auch Kegelmühlen genannt, dreht sich ein geriffelter Konus in einem geriffelten Trichter. Auch hier wird der Mahlgrad von dem Abstand zwischen Kegel und Trichter bestimmt. Der Mahlgrad sagt aus, in welcher Partikelgröße die gerösteten Bohnen zerkleinert werden. Die Partikelgröße bestimmt wiederum, wie groß die Kaffeebohnen-Oberfläche ist, die mit dem Brühwasser in Kontakt kommt. Bei feinem Mahlgrad ist die Oberfläche größer – um so mehr Geschmacksstoffe können sich im heißen Wasser lösen. Bei grober Mahlung verkleinert sich die Oberfläche – um so kleiner ist der Auszug des Kaffeemehls.

Die optimale Partikelgröße des Mahlguts hängt davon ab, welche Art Kaffee Sie zubereiten wollen:

- Türkischer Kaffee: ganz feine, pudrige Mahlung (mittlerer Partikeldurchmesser 0,1 mm),
- Espresso: feine Mahlung (Partikelgröße ca. 0,2–0,4mm),
- Kaffeezubereitung mit Qualitäts-Papierfilter bzw. Goldfilter: mittelfeine Mahlung (ca. 0,3 bis 0,5 mm),
- Karlsbader Kaffeefilter: grießfeine Mahlung (ca. 0,5 bis 0,9 mm); Angabe nur zur groben Orientierung: *Den* richtigen Mahlgrad für die Kaffeebereiter der Firma Walküre gibt es nicht, da sie handgefertigt sind. Und das heißt, dass jeder Filter einen individuellen Mahlgrad benötigt. Man sollte also den Mahlgrad für „seine Karlsbader" selbst erkunden.
- Pressstempelkanne: grießfeine bis grobe Mahlung (bis ca. 1,3 mm),
- AeroPress: unterschiedliche Mahlgrade mit unterschiedlichen Ziehzeiten, je nach persönlichem Geschmack bzw. dem verwendeten Kaffee in passender Kombination aus Mahlgrad, Dosierung, Ziehzeit und Wassertemperatur (siehe auch: *http://worldaeropresschampionship.wordpress.com/*).

Kaffeemehl ist stark hygroskopisch, d.h. wasseranziehend, wasserbindend; eine Eigenschaft, die gerade bei der Espresso-Zubereitung berücksichtigt werden muss und je nach Wetterlage eine tägliche Änderung der Mahlgradeinstellung erfordern kann. Je größer nämlich die Luftfeuchtigkeit ist (beispielsweise nach einem Regen), umso mehr Feuchtigkeit nimmt das Kaffeemehl auf. Die Folge ist eine verlangsamte Extraktion (von lat. „extrahere" = herausziehen), was zu Bitterkeit und abnehmender Geschmacksfülle in der Tasse führt. Bei trockener Luft hingegen ist auch das Kaffeemehl trocken, und dann wird die Extraktion beschleunigt, da das Wasser schneller durchlaufen kann. Eine Faustregel besagt, dass die Mühle feiner eingestellt werden muss, wenn der Espresso in weniger als 25 Sekunden fertig ist. Dauert es länger als 30 Sekunden, sollte die Mühle gröber eingestellt werden.

Auch und gerade bei der Mühle ist auf Sauberkeit zu achten. Immerhin bestehen mehr als 15 % der gerösteten Kaffeebohnen aus Ölen, Fetten und Wachsen. Besonders in den Konusmahlwerken kann sich Kaffeemehl festsetzen, und die darin enthaltenen Öle und Fette werden mit der Zeit ranzig. Der ranzige Geschmack wird dann bei jeder Mahlung auf das frischgemahlene Kaffeemehl übertragen. Deshalb regelmäßig (einmal die Woche) nur mit einem trockenen Borstenpinsel das Mahlwerk säubern und dabei, wo es möglich ist, die Mühle aufschrauben (einmal im Monat). Bitte mahlen Sie keinen ungekochten Reis, Erbsen oder Mais mit Ihrer Kaffeemühle, um damit das Mahlwerk zu säubern. Die anschließende Entfernung dieses fremden Mahlguts ist ziemlich mühselig und der Putzeffekt mehr als fragwürdig. In eine Kaffeemühle gehört nur Kaffee, sonst nichts.

Beim Mahlen mit guten Mühlen werden die gerösteten Kaffeebohnen also in unregelmäßig geformte, ganz kleine Partikel geschnitten und zerhackt. Die Menge dieser Partikel liegt ungefähr pro Gramm Kaffeepulver: bei mittlerem Mahlgrad zwischen 3.000 bis 20.000, bei feinerem bis ca. 60.000, bei feinstem weit über 100.000. Je größer die Menge der Partikel, desto größer ist die Menge der guten, aber auch der bitteren und adstringierenden Stoffe, die bei der Zubereitung in das Kaffeegetränk extrahiert, diffundiert, emulgiert und suspendiert werden können. Dies geschieht in gelöster wie in ungelöster Form sowie je nach der Art der Zubereitungsmethode in unterschiedlichem Ausmaß.

Die Verfahren

- Bei dem in Deutschland üblichen *Filterverfahren* wird das Kaffeemehl mit heißem Wasser (ca. 92 °C heiß) angeteigt. Wasser arbeitet hier als Lösungsmittel, genauer gesagt als Extraktionsmittel. Nach einer kurzen Zeit (rund eine Minute) entsteht durch Extraktion in jedem Partikel eine stark konzentrierte Kaffeelösung, ein Kaffeeextrakt. Wird jetzt erneut heißes Wasser auf das nunmehr gequollene Kaffeemehl geschüttet, kommt es zu einer Diffusion (von lat.: diffundere = ausgießen, verstreuen, ausbreiten), einem Ausgleich der Konzentrationsunterschiede zwischen den Partikeln und dem nachlaufenden Wasser. Aus Wasser wird Kaffee. Ist die Kontaktzeit zwischen den Partikeln und Wasser zu lange, werden auch die schwerlöslichen Bitterstoffe gelöst. Deshalb sollten Sie immer warten, bis das Wasser komplett durch den Filter abgelaufen ist, und dann erst schütten Sie erneut ein Schwall frisches Wasser in den Filter.

Achten Sie bei der Filtermethode auf qualitativ hochwertiges Filterpapier. Besser noch sind Goldfilter, da diese eine Emulsion und Suspension nicht verhindern und Kaffeeöle (diese Öle sind die wichtigsten Aromenträger im Kaffee) oder feinste Kaffeepartikel nicht zurückhalten. Filterkaffee sollte einen kleinen Anteil an emulgierten und suspendierten Stoffen enthalten.

Die beste Filtermethode bleibt m. E. immer noch die mit dem Karlsbader Kaffeefilter: Kanne, Filter und Filterbehälter mit Deckel bilden eine aus Porzellan gefertigte Einheit und gewährleisten eine optimale Kontaktzeit zwischen Kaffeemehl (grießfeine Mahlung) und Wasser. Auch der negative Einfluss des Sauerstoffs auf das Kaffeegetränk und ein vorzeitiges Verduften von Aromen schon während der Zubereitung werden durch den Porzellandeckel stark vermindert. Die Eigenschaft von Porzellan, Wärme zu speichern, bietet den Aromen zudem eine schützende Umgebung. Und natürlich ist Porzellan

Hier können Familien Kaffee kochen, Gemälde von Hans Baluschek 1895; zu sehen ist hier auch eine klassische Art der Kaffeezubereitung: der Kannenaufguss

sehr gut von Kaffeeölen zu reinigen. Eine wunderbare Tasse Kaffee ist dann das Ergebnis dieser Filtermethode.

- *Espresso* ist der Esprit der gerösteten Kaffeebohnen, und ist im Gegensatz zum Filterkaffee eine Emulsion und Suspension, mit einem kleinen Anteil an extrahierten und diffundierten Stoffen. Es ist eine Emulsion (von lat.: mulgere = melken und dem e von ex = heraus; E-mulsion heißt in etwa = Herausgemolkenes) unlöslicher, aromatischer Öle (2 mg und mehr pro Milliliter Espresso) und eine Suspension (von lat.: suspendere = in der Schwebe lassen) feinster, fester Kaffeepartikel, die dem Espresso erst die geheimnisvolle Vollmundigkeit, die Körperfülle geben. Für das Gelingen eines guten Espressos gilt die 5-M-Formel:
  1. Die Mischung, also die Auswahl der Kaffeebohnen, 2. die Menge (7 g plus/minus 0,5 g), 3. die Mühle für den richtigen Mahlgrad (feine Mahlung : Partikelgröße ca. 0,2–0,4 mm), 4. die Maschine, die absolut zuverlässig Wasser auf 90 °C (plus/minus 2 °C) erhitzt und mit 9 bar Druck absolut gleichmäßig innerhalb von 25 bis 30 Sekunden durch die 7 g festgedrücktes Kaffeemehl presst und somit 25 Milliliter Espresso mit einer haselnussfarbigen Crema erzeugt. (All das ist nur möglich mit Handhebel-Maschinen und Siebträger-Maschinen; Vollautomaten sind hierfür ungeeignet!) Zu Mischung, Menge, Mühle und Maschine gesellt sich dann als 5. „M" natürlich der Mensch mit dem notwendigen Fingerspitzengefühl und der Leidenschaft zum perfekten Espresso.

- Nach dem Prinzip der Extraktion und Diffusion, der Emulsion und der Suspension arbeiten auch die *anderen bekannten Methoden* der Kaffeezubereitung: Kannenaufguss, Pressstempelkannen, Kaffeeautomaten, Percolatormethode, Vakuummethode, Maccinetta Napoletana, Espressotopf, Türkischer Kaffee. Im Internet gibt es mittlerweile zahlreiche und sehr genaue Beschreibungen zu den einzelnen Methoden der Kaffeezubereitung. Ein an der Praxis der Zubereitung orientiertes Buch (mit Schwerpunkt Espresso) haben zu diesem Thema Thomas Leeb, Ingo Rogalla („Perfekt zubereitet: Kaffee, Espresso und Barista", München 2002), Scott Rao („Everything But Espresso", 2010; „The Professional Barista's Handbook", 2008) und Bernhard Reiter („Der perfekte Barista", Freising 2010) geschrieben.

  Auch sehr informativ und hilfreich: „Das Kaffeebuch. Für Anfänger, Profis und Freaks" von Tobias Hierl und Johanna Wechselberger (Braumüller-Verlag); „Filterkaffee" von Johanna Wechselberger (Braumüller-Verlag); „Das Kaffee-Buch. Sorten, Anbaugebiete, Barista-Wissen und Rezepte aus der ganzen Welt" von Anette Moldvaer (Dorling Kindersley).

Entscheidend: das Wasser

Von größter Bedeutung ist in allen Fällen das zugesetzte Wasser – daraus besteht schließlich das Kaffeegetränk zu 98%. Als Kaffeefeinschmecker sollten Sie daher über das Wasser, mit dem Sie Ihren Kaffee zubereiten, gut Bescheid wissen. Eigenschaft und Geschmack des Wassers sind in jeder Region, in jeder Stadt, ja in jedem Stadtteil verschieden, in Abhängigkeit vor allem von den Gesteins- und Bodenverhältnissen der Grundwasserstätten sowie von der regionalen Aufbereitung. Der Kaffeegeschmack wird wesentlich von der Zusammensetzung der Mineralien im Wasser bestimmt.

Im natürlichen Wasserkreislauf nimmt das weiche Regenwasser Kohlendioxid auf – das in der Luft befindliche sowie vor allem das CO_2, das in der Porenluft des Bodens aufgrund der Atmung der Mikroorganismen vorhanden ist. Damit kann das Wasser Mineralien aus dem Bodengestein lösen und nimmt je nach Bodenbeschaffenheit eine gewisse „Härte" an. (Der Begriff der Härte kommt übrigens daher, dass nicht-enthärtetes Wasser die Wäsche „bretthart" macht.) Gemäß den DIN-Vorgaben ist als „Härte eines Wassers" dessen Gehalt an Kalzium-, Magnesium-, Strontium- und Barium-Ionen zu verstehen. Größtenteils handelt es sich bei den in hartem Wasser gelösten Ionen um Ca-2+-Ionen und Mg-2+-Ionen. Sie stammen aus Sulfatmineralien wie Gips ($CaSO_4$) und Bittersalz ($MgSO_4$), die sich durch eine relativ gute Löslichkeit auszeichnen.

Der Gehalt an Kalzium- und Magnesium-Salzen bestimmt die Eigenschaft des Wassers: je höher ihr Anteil, desto härter das Wasser. Kalzium und Magnesium werden deshalb auch als Härtebildner bezeichnet, d.h. ihr Vorhandensein bestimmt die Gesamthärte. Für Wasserhärte gibt es keinen internationalen Standard, es sei denn, man gebraucht die grenzüberschreitende Sprache der Chemie, die Härte in mmol/l ausdrückt. In Deutschland wird die sichtbare Wasserhärte meist in „Deutschen Härtegraden" (°d oder °dH) angezeigt. 1 °d entspricht 10 mg Kalziumoxid oder 7,19 mg Magnesiumoxid pro Liter Wasser, bzw. 1 °d entspricht ca. 0,018 g/l Kalk:

- 0 °d–4 °d sehr weich, 4 °d–8 °d weich: beide meist in Gebieten mit Granit, Gneis und Basalt;
- 8 °d–12 °d mittelhart, 12 °d–18 °d ziemlich hart: Sandsteinregionen haben meist hohe Härtegrade, je nach Kalkgehalt der Steine;
- 18 °d–30 °d hart, >30 °d sehr hart: in Regionen mit überwiegend Kalk-, Gips- oder Dolomitgestein.

Die Wasserhärte wird nochmals unterschieden in Karbonathärte und Nichtkarbonathärte. Die Karbonathärte wird auch temporäre Härte genannt. Jener Teil der Kalzium- bzw. Magnesium-Ionen, der durch das Lösen mit CO_2 ins Wasser gebracht wurde, kann durch sprudelndes Kochen des Wassers wieder ausgefällt werden. Das CO_2 verflüchtigt sich dabei sichtbar, Ca^+-, Mg^+-Ionen setzen sich in Kalkverbindungen als hellgrauer Belag (Kesselstein) ab. Jener Teil der Kalzium- bzw. Magnesium-Ionen hingegen, der durch das Lösen von Sulfaten, Chloriden etc. ins Wasser eingebracht wurde, bildet die Nichtkarbonatsäure. Das sprudelnde Abkochen des Wassers reduziert die Wasserhärte um bis zu 50 %. Der Kaffeeliebhaber weiß jedoch, dass das Wasser für die Kaffeezubereitung nie sprudelnd kochen darf, weil dann auch der Sauerstoff und damit die Frische des Wassers verloren geht. Zu heißes Wasser löst zudem unerwünschte Bitterstoffe aus dem Kaffeemehl. Das Wasser für Kaffeezubereitung nur bis kurz vor Beginn des sprudelnden Kochens erhitzen, dann die Bohnen mahlen und das Kaffeemehl unverzüglich z.B. in den Filter befördern und sofort mit dem heißen Wasser übergießen.

Ein weiterer wichtiger Indikator für die Wasserqualität ist der pH-Wert. Der pH-Wert (lat.: potentia hydrogenii – Stärke, Konzentration des Wasserstoffs) ist das Maß für die in einer Lösung vorhandene Menge an Säuren bzw. Basen, zeigt also an, ob eine wässrige Lösung sauer, neutral oder alkalisch ist. Ist der pH-Wert kleiner als 7, ist die Lösung sauer; ist er genau 7, ist die Lösung neutral; ist er größer als 7, so ist die Lösung alkalisch (basisch). Wasser in seiner ursprünglichen Form hat einen pH-Wert von 7. Gemäß der Trinkwasserverordnung darf der pH-Wert des Trinkwassers nicht unter 6,5 und nicht über 9,5 liegen. Zum Vergleich: Zitronensaft: pH 2, Speiseessig: pH 3, Cola: pH 4, Mineralwasser: pH 5, Milch: pH 6, destilliertes H_2O: pH 7, Seifenlösung: pH 10.

Hat das Wasser z.B. einen pH-Wert von 6,5, so reagiert es sauer und betont die Säuren des Kaffees. Gerade bei sehr säurereichen Rohkaffeesorten (Kenia z.B.), hellen Röstungen oder zu schnell gerösteten Kaffeebohnen kann das zu einer ziemlich übersäuerten Tasse führen. Liegt der pH-Wert im alkalischen Bereich (7,5–9,5), werden wiederum die feinen Fruchtsäuren neutralisiert, die gerade an guten Arabica-Provenienzen so geschätzt werden. Einer exzellenten Kenia-Tasse kann das die Hälfte ihrer wunderbaren Säure rauben. Außerdem können die härtebildenden Mineralien einen ziemlich unangenehmen, metallischen Nebengeschmack entwickeln.

Der Idealwert des Kaffeewassers setzt sich aus pH 7, wenig Karbonathärte und einer Gesamthärte von 8 °d zusammen. Die Brühtemperatur sollte zwischen 90 °C und 94 °C liegen und 95 °C nie übersteigen, da sich dann unerwünschte Bitterstoffe aus dem Kaffeemehl lösen können. Erkundigen Sie sich bei Ihrem Wasserwerk auch danach, ob das Wasser gechlort wird: Chlor hat einen ziemlich dominanten Geschmack, der selbst in kleinsten Mengen sensorisch wahrgenommen wird.

Verwenden Sie Leitungswasser für die Kaffeezubereitung, so sollten Sie es regelmäßig probieren. Auch wenn Leitungswasser das am besten überwachte Lebensmittel in Deutschland ist, empfehle ich Ihnen für eine gute Kaffeewasserqualität die gängigen 1l- bis 2l-Haushaltsfilter, wobei das Filtergranulat regelmäßig gewechselt werden und für die Kaffeezubereitung stets frisch gefiltertes Wasser zum Einsatz kommen sollte. Haushaltsfilter mit dem gefilterten Wasser im Kühlschrank aufbewahren! Wenn Sie ungefiltertes Leitungswasser verwenden, sollten Sie, besonders im Altbau und in den oberen Stockwerken, morgens unbedingt Wasser vorlaufen lassen; denn in der Nacht steht es mehrere Stunden lang unbewegt in den Rohren. Dabei kann es sich sowohl aus dem Rohrmaterial (selbst bei Kupferrohren) als auch aus den Ablagerungen in den Rohren in konzentrierter Menge mit schädlichen Ionen gesättigt haben, die Sie dann genauso konzentriert in Ihren Kaffee bekommen. Geschmacklich, gesundheitlich und auch ökologisch am verträglichsten wäre es daher, morgens zuerst den Toilettengang zu erledigen, dann zu duschen, eventuell noch Geschirr zu spülen und sich erst danach der Kaffeezubereitung zu widmen.

Wer den Aufwand nicht scheut, kann natürlich auch Mineralwasser ohne Kohlensäure aus der Flasche für die Kaffeezubereitung verwenden. Hier kommen aber nur weiche, an Mineralien und Sulfaten arme Wasser in Frage, wie beispielsweise das stille Wasser Evian, ein Quellwasser aus den französischen Alpen, oder Voss, ein Quellwasser aus den Gebirgen Norwegens. Das von den Kaffeefeinschmeckern zu Recht hochgelobte PUR-PUR des Göppinger Mineralbrunnenbetriebs Aqua Römer *(www.purpur-premiumwasser.de)*, ein Quellwasser aus 70 Meter tiefen Gesteinsschichten des Schwarzwaldes, dessen ganz natürliche chemische Zusammensetzung den Kaffeearomen eine ausgezeichnete Umgebung für die Entfaltung ihrer Geschmacks- und Geruchsvielfalt bot, gibt es leider nicht mehr. Ersatzweise kann man für die Kaffeezubereitung das Aqua Römer Sanft und Still derselben Firma verwenden. Auch sehr gut ist das Apollinaris Vio Still mit 7,4 °dH.

Kaffee probieren

Die Tassenbewertung mit Hilfe der drei Sinne Sehen, Riechen und Schmecken wird als Sensorik bezeichnet. Mit Hilfe der Sensorik erfassen und fixieren wir das Aussehen, den Geruch und Geschmack des Kaffeegetränks, der Tasse also. Eine chemische Analyse kann zwar fast alle geschmackgebenden Inhaltsstoffe der Tasse ziemlich genau erfassen. Doch allein aus diesen Analysedaten lässt sich die Qualität, der Charakter, die Eigenart und der angemessene Preis einer Kaffeebohne nicht bestimmen. Die sensorische Prüfung ist der Höhepunkt einer langen Kette verschiedenster Mühen, die vonnöten sind, um eine Kaffeebohne zu ernten, aufzubereiten, einzusacken, zu verkaufen und um zu guter Letzt nach der Röstung durch Auszug daraus eine Tasse herzustellen. Die Sensorik verrät uns, ob die vielen einzelnen Arbeitsschritte mit Sachverstand vorgenommen worden sind – oder eher nicht.

Trinken Sie Kaffee nur schlicht der guten Tasse Kaffee wegen (was wohl für die meisten Heimröster zutrifft), reicht eine subjektive und emotional geprägte Prüfung anhand eines persönlichen Genuss-Maßstabs völlig aus. Die Skala eines solchen persönlichen Maßstabs könnte so aussehen:

- Sehr schlechte Tasse: Wir schnuppern nur kurz oder sehen bloß die Farbe – und schon schüttelt's uns vor Grausen.
- Schlechte Tasse: Wir sehen die Farbe, schnüffeln – und lassen die Tasse nach einem Probeschluck stehen.
- Schon besser: Wir nehmen noch einen zweiten Schluck, trinken die Tasse sogar bis zur Neige – doch eine zweite Tasse muss nicht sein.
- Gut: Es verlangt uns nach einer zweiten Tasse.
- Sehr gut: Nach der dritten oder vierten Tasse beginnen wir zu überlegen, ob wir 2 kg oder doch lieber gleich 4 kg Rohkaffeebohnen dieser Provenienz einbunkern sollten.
- Von da an geht es individuell (und je nach Portemonnaie) weiter: Wir bestellen gleich einen ganzen Sack, oder zwei, bis zur subjektiv maximalen,

nicht mehr zu überbietenden Qualität. Die ist dann erreicht, wenn wir alle Hebel in Bewegung gesetzt haben, um die gesamte Ernte aufzukaufen. Diese Spielart der Sensorik setzt ganz und gar auf Emotionen, ist durchweg sympathisch und keineswegs zu verurteilen. Im Gegensatz zu ihr steht die professionelle Tassenprüfung, die nach möglichst objektiven Maßstäben erfolgt, und zwar in Form einer nüchternen Geschmacksanalyse. Leicht gesagt – schwer getan! Denn in der Praxis erfahren wir ziemlich schnell die Grenzen objektiver Wahrnehmung. Genau das gehört aber schon zur Kunst des Probierens: zu merken, wann ich noch objektiv probiere und wann ich mich nur mehr subjektiv verhalte. Ich muss merken, wenn nicht mehr die Tasse „zu mir spricht", sondern ich gewissermaßen zu ihr. Um das wahrzunehmen, müssen freilich die Voraussetzungen für eine objektive Tassenprobe sowohl beim Tassenprüfer als auch bei der Tasse selbst und dem ganzen Milieu der Probe gewährleistet sein.

Bei der professionellen Kaffeeprüfung wird nicht danach gefragt, wie der Kaffee mir persönlich schmeckt, sondern wie er an sich schmeckt. Dabei darf man, bildlich gesprochen, nichts aus der Tasse lesen, was man selbst zuvor hineingelegt hat. Dies ist das wichtigste Unterscheidungsmerkmal zwischen objektiver und subjektiver Kaffeeprobe. Die Grenze zwischen dem Subjektiven und dem Objektiven ist natürlich fließend und für Ungeübte meist schwer zu erkennen. Die Objektivität wird zudem von der individuellen Disposition des Prüfers gefiltert, von seinem Gesundheitszustand und Wohlbefinden – von Schmerzen (z.B. Zahnweh), verdorbenem Magen, kleinen persönlichen Tagesdramen, Schnupfen, Kälte, Hitze, ablenkenden Gesprächen, Parfümduft, Seifen-, Cremegeruch, Müdigkeit, vor der Probe genossenem Essen, Zigarettenrauch usw. usw.

Bei der Tasse ist auf das Einhalten des richtigen Mahlgrades, die Kaffeemehlmenge und die Menge und Temperatur des Wassers zu achten. Der Raum, in dem die Probe stattfindet, sollte hell sein und eine neutrale Wandfarbe haben. Auch für eine neutrale, frische Raumluft ist zu sorgen. Kein Duft einer gerade durchgeführten Röstung oder eines Blumenstraußes, keine Essensgerüche oder anderen Düfte sollten noch im Raume hängen.

Sehen, Riechen, Schmecken: Auch die Kaffeeprobe findet im Kopf statt

Zur professionellen Kaffeeprüfung gehört meines Erachtens unbedingt auch ein Bewusstsein davon, dass beim Kaffeetrinken wie allgemein beim Essen und Trinken nicht nur Geschmacks- und Geruchsempfindungen angesprochen werden, sondern alle Sinne, also auch der Hör-, Tast- und Gesichtssinn. Erst das unbewusste, hochkomplexe Zusammenspiel aller Sinne führt uns –

bewusst oder unbewusst – zu dem Gesamturteil: Diese Speise, jenes Getränk schmeckt mir oder schmeckt mir nicht. Unsere Schmeck- und Riechfähigkeit gehört zunächst einmal zu unserer animalischen Grundausstattung, die uns, zur Aufrechterhaltung unserer Lebensfunktionen, eigentlich nur davor bewahren soll, ungenießbare oder sogar giftige „Lebensmittel" aufzunehmen. Alles, was darüber hinausgeht, nämlich das Feinschmeckerhafte bzw. die besonders feine Nase, ist bloß ein evolutionäres Abfallprodukt – sowie freilich auch ein Indiz dafür, wie sehr wir darum bemüht sind, vom Naturzustand in den Kulturzustand zu gelangen.

Wie funktioniert aber das Zusammenspiel der Sinne beim Schmecken, beim Riechen? Wie können wir uns diese Vorgänge verständlich machen? Erst den jüngsten Erkenntnissen der Neurowissenschaften ist es zu verdanken, dass auf diese scheinbar so einfachen Fragen plausible Antworten vorliegen. Nun würde es den Rahmen dieses Handbuchs für das heimische Kaffeerösten sprengen, auf all die Hormone, Zytokine, Neurotrophine, Neurotransmitter und andere extrazellulären Botenstoffe, auf Neuronenerregung, Ionenströme, Varianten von Rezeptorenmolekülen und dergleichen Faktoren mehr einzugehen, die alle zusammengewirkt haben, damit wir beispielsweise sagen können: Dieser Kaffee ist einfach wunderbar.

Ein solch intensiver Exkurs in die Biologie ist in diesem Buch nicht notwendig. Stattdessen empfehle ich Ihnen als anspruchsvollem Kaffeefreund, der sich eingehender mit der menschlichen Neuro-Anatomie und Physiologie des Geschmacks- und Geruchssinnes befassen will, das brillante und sehr verständlich geschriebene Büchlein (82 Seiten) „Die Weinprobe findet im Kopf statt", das der Professor für Neuroanatomie Jürgen K. Mai zusammen mit weiteren Autoren verfasst hat. Das dort Gesagte lässt sich ohne Weiteres auf unser Genussmittel übertragen – nicht nur die Weinprobe, sondern auch die Kaffeeprobe findet im Kopf statt.

An dieser Stelle beschränke ich mich auf die praktischen Aspekte der Sensorik. Es sind vor allem Augen, Nase und Gaumen, mit deren Hilfe wir bestimmte Informationen über unsere Tasse Kaffee aufnehmen.

- *Sehen:* Mit den Augen wird die optische Beschaffenheit der Tasse beurteilt. Wie beim Wein werden Farbe und Klarheit begutachtet: hell, mittel oder dunkel, trüb oder klar. Trübungen in der Tasse entstehen durch ein Zuviel an Polyphenolen, meist bedingt durch stark mineralhaltiges Wasser oder durch eine lange Kontaktzeit des Kaffeemehls mit dem Sudwasser. Die Farbe hängt auch vom Mahlgrad des Kaffeemehls ab: je gröber, desto heller die Tasse. In einigen Kaffeeregionen sind die Bohnen von Natur aus kräftig färbend, wie z.B. in Mexiko, Costa Rica, Kolumbien, Afrika.

- *Riechen:* Ausgelöst wird die Geschmacksempfindung dadurch, dass Duftstoffe mit der Atemluft in die Nase dringen. Die Nase selbst besteht aus drei übereinanderliegenden Nasenmuscheln (siehe Abb. S. 161). In der obersten Nasenmuschel, direkt unterhalb des Siebbeins, befindet sich in großer Entfernung von den Nasenlöchern das Riechepithel. Es ist ungefähr so groß wie eine 20-Cent-Münze und besteht aus echten Nervenzellen. Die Riechnerven führen direkt zu dem Riechkolben im Gehirn. Durch die geschützte Lage des Riechepithels in der Nase gelangen Duftstoffe beim Einatmen nur schwer dorthin, da das Epithel nicht im eigentlichen Luftstrom liegt.

Möchte man nun von einem Kaffee die fernsten und feinsten Duftstoffe deutlich wahrnehmen, müssen diese Duftstoffe in der Nase erst von der unteren Nasenmuschel in die obere gebracht werden. Diesen Transport können Sie beschleunigen, indem Sie durch Schnüffeln Luftwirbel erzeugen, die die Duftstoffe nach oben an das Riechepithel heranführen. Riechen mit tiefen Atemzügen bringt nur einen Bruchteil der Duftstoffe an das Riechepithel, der Rest gelangt in die Lunge, wo es leider keine Riechnerven gibt. Auch ist die Menge der Duftmoleküle nicht unbegrenzt. Saugt man mit tiefen Atemzügen die Duftmoleküle des Kaffees ein, so braucht es seine Zeit, bis neue Geruchsmoleküle freigeworden sind. Die Intensität dieser Freisetzung läßt aber schnell nach.

Duftmoleküle können auch beim Ausatmen wahrgenommen werden. Das ist dann der Fall, wenn sich nach dem Verschlucken oder Ausspucken des Kaffees der durch das Gaumensegel hergestellte Nasen-Rachen-Verschluss wieder öffnet. Sie werden feststellen, dass Sie einiges, was Sie zu schmecken glauben, in Wahrheit riechen. Durch umgekehrtes Schnüffeln, also kurzes, stoßweises Ausatmen bei geschlossenem Mund werden die Duftmoleküle nochmals an das Riechepithel herangeführt. Der bei der sensorischen Kaffeeprobe so wichtige Aspekt des Abgangs – gemeint ist das zurückbleibende Geschmacksgefühl im Gaumen und Rachen, nachdem der Kaffee geschluckt („abgegangen") oder ausgespuckt worden ist – hat deshalb nicht nur eine geschmackliche, sondern auch eine geruchliche Komponente.

Ich möchte versuchen, den Unterschied zwischen Geruch, Duft, Gestank, Aroma und Geschmack näher zu beleuchten: „Geruch" ist der Allgemeinbegriff für das, was mit der Nase, „Geschmack" der Begriff für das, was mit dem Mundraum wahrgenommen werden kann. „Duft" ist der angenehme, „Gestank" der unangenehme Teil des Geruchs. Die Ausgangsstoffe für jede Geruchs- und Geschmackswahrnehmung sind die „Aromen", und zwar sowohl deren geruchlicher als auch ihr geschmacklicher Teil. Je nach Konzentration und je nach ihrer Neigung, sich als gelöster Stoff zu verflüchtigen, also von der Flüssigkeits- in die Gasphase überzugehen, können wir die Ober-, Zwischen-

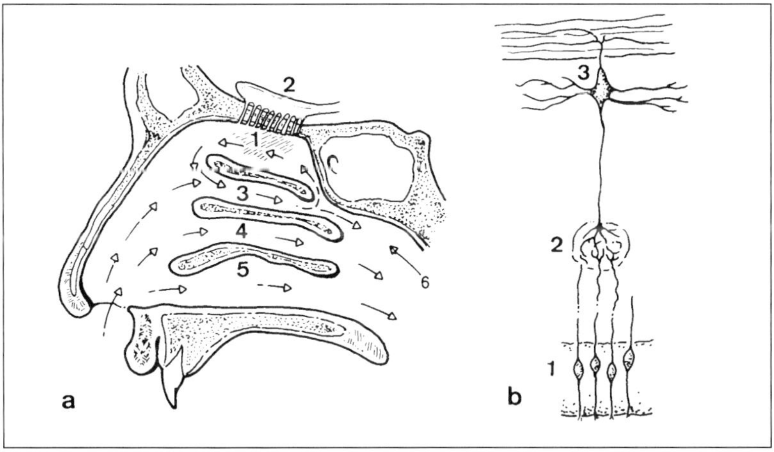

Querschnitt durch eine Nase und Nasenhöhle
a. Nur im obersten Teil befindet sich das Riechepithel (1), das durch die Siebbeinplatte mit dem Riechkolben (2) in Verbindung steht. Nur ein kleiner Teil der eingeatmeten Luft kommt damit in Berührung. Die Pfeile deuten den Luftstrom an: 3 = oberen, 4 = mittlere und 5 = untere Nasenmuschel. 6 deutet die unbewusste Riechempfindung durch den ausgeatmeten Luftstrom nach dem Schlucken an.
b. Schema des zentralen Riechnervenverlaufs. 1 = Riechzellen der Nasenschleimhaut mit Riechhärchen unten, 2 = Glomerulus im Riechkolben, 3 = Mitralzelle und Nervenstrang.

und Untertöne einiger Kaffeearomen nur als Duft, andere nur als Geschmack, manche sowohl als Duft wie auch geschmacklich und wieder andere überhaupt nicht wahrnehmen. Die geruchliche Komponente der Aromen gehört nicht zum Geschmack, ihre Geschmackskomponente aber zum Geruch.

Aromen treten im Kaffeegetränk natürlich nie einzeln auf. Isoliert riechen und schmecken sie anders als im Zusammenwirken mit anderen Aromen, was die sensorische Arbeit nicht gerade vereinfacht. Auch wird der Kaffeegeschmack und -geruch nicht nur durch ein einziges Aroma oder einige wenige Aromen charakterisiert. „Kaffeegeschmack und -geruch“ ist vielmehr ein Sammelbegriff für die Art und Weise, wie sämtliche Geschmacks- und Geruchsnuancen der etwa 1001 Aromen der gerösteten Kaffeebohnen sich als Einheit zeigen. Und diese Einheit besteht (nach Vitzthum, 1976) aus aliphatischen Verbindungen (Carbonylverbindungen, Kohlenwasserstoffe, Carbonsäure, Alkohole, Ester, Schwefelverbindungen, Stickstoffverbindungen), alicyclischen Verbindungen (Ketone, Diketone, Kohlenwasserstoffe), aromatischen Verbindungen (Kohlenwasserstoffe, Phenole, Carbonylverbindungen, Phenolether, Chinone, Ester, Phenylthioether) sowie heterocyclischen Verbindungen (Furane, Pyrazine, Pyrrole, Thiazole, Oxazole, Thiophene, Chinoxaline, Pyridine, Laktone).

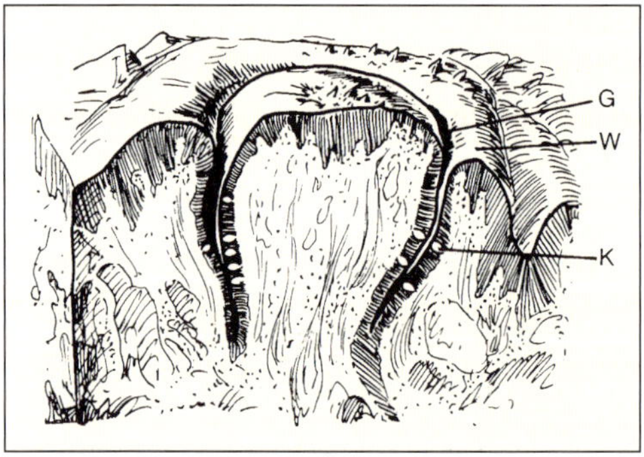

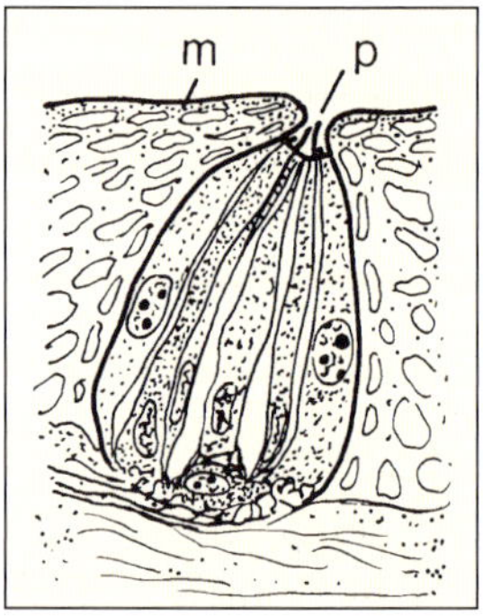

Abbildung links: Schnitt durch eine Wallpapille am Zungengrund mit 10 angeschnittenen Geschmacksknospen (K). Man beachte die geschützte und verdeckte Lage der Geschmacksknospen in der Furche des Grabens (G), der von der Papille und dem Wall (W) gebildet wird.
Abbildung rechts: Schnitt durch eine Geschmacksknospe (Schmeckbecher). Die Organe reichen nicht ganz bis zur freien Oberfläche des Plattenephitels (m) der Haut. Die Verbindung nach außen wird durch einen feinen Kanal, den Geschmacksporus (p) hergestellt, in den die Sinneszellen mit einem kleinen Fortsatz münden.

► *Schmecken:* Geschmack ist nicht Schmecken allein, sondern eine kombinierte Wahrnehmung des Geschmacks- und Geruchssinnes. Es sind die flüchtigen Kaffeearomen, die einen Teil der feinen Nuancen der Geschmackswahrnehmung ausmachen, weil sie auch in der Nase diffundieren und dort unbewusst als Geschmack wahrgenommen werden, obwohl sie eigentlich zum Geruch gehören. Schmecken ist die Wahrnehmung von gelösten Stoffen und findet in der Mundhöhle statt. Es wird von unseren ca. 2.000 Geschmacksknospen besorgt, die in den drei Arten von Geschmackspapillen (wall-, blatt-, pilzförmig) liegen (siehe Abb. S. 162).
Der überwiegende Teil der Geschmacksknospen befindet sich auf der Zungenschleimhaut, und zwar nur an der Spitze, den seitlichen Rändern und nahe der Zungenwurzel. Die Mitte der Zunge hat keine Geschmackspapillen, sondern Rezeptoren, die nur auf Kälte, Wärme, Schmerz, Rauheit, Glätte und Druck, d.h. auf Tastempfindungen reagieren.

Auch Schärfe – vom medizinischen Standpunkt aus betrachtet eigentlich keine Geschmacks-, sondern eine Schmerzempfindung – wird hier (sowie am weichen Gaumenteil) wahrgenommen. Hervorgerufen wird das Schärfegefühl von bestimmten Stoffen, z.B. Piperin, Capsaicinoiden, Allyl-Senföl, die auf die Wärme-Rezeptoren der Zunge wirken und dadurch Hitze- bzw. Schmerzreize auslösen. Ist die Speise oder das Getränk dann auch noch heiß, verstärkt sich die Schmerzempfindung. Schärfe wirkt insofern als Geschmacksverstärker, als mit den gereizten Rezeptoren in den Schleimhäuten auch die Geschmacksnerven besser durchblutet und auf diese Weise wiederum empfänglicher für die eigentlichen Geschmacksrichtungen süß, sauer, bitter und salzig werden. Außerdem löst eine Schmerzreaktion die Ausschüttung der schmerzstillenden Endorphine aus (der populärwissenschaftlich so genannten „Glückshormone").

Im weichen Gaumenteil und im Rachenraum befinden sich die restlichen Geschmacksknospen. Geschmacksknospen sind keine echten Nervenzellen, haben also kein direktes, sondern nur ein indirektes Aktions- und Reaktionspotenzial. Außerdem liegen sie geschützt in den Papillen. Sie reagieren unterschiedlich auf die verschiedenen Geschmackskomponenten der Aromen. Die Geschmacksknospen in den pilzförmigen Papillen der Zungenspitze reagieren vor allem auf Süße, die Geschmacksknospen in den blattförmigen Papillen, die auf den seitlichen Zungenrändern sitzen, mehr auf Säure und Salzigkeit, die in den Wallpapillen auf dem hinteren Teil der Zungenschleimhaut überwiegend auf Bitterkeit. Auch hier sind die Übergänge fließend.

Diese anatomisch bedingten Eigenarten unseres Schmeckapparates erfordern bei der Kaffeeprobe bestimmte Techniken, deren gemeinsames Ziel es ist, ausreichend Kaffeeflüssigkeit zu den Geschmacksknospen zu befördern und diese zu aktivieren, um ein Maximum an sensorischen Wahrnehmungseindrücken zu erhalten. So ist es wichtig, die Kaffeeflüssigkeit des Probeschlucks im Mund gleichmäßig auf alle Schmeckorte zu verteilen. Hilfsmittel hierbei sind Schlürfen, Rollen des Kaffees über die Zunge, indem man gleichzeitig etwas Luft einzieht, das leichte Kneten und Drücken des Kaffees mit der Zunge an den hinteren, weichen Gaumenteil, das Vor- und Rückwärtsrollen des Kaffees. (Kleiner Tipp: Halten Sie beim Probieren den Kopf nach unten geneigt. Auf diese Weise vermeiden Sie, dass versehentlich Kaffeeflüssigkeit in die Luftröhre kommt und Sie dann ganz erbärmlich husten müssen.)

Alle diese Techniken tragen zu einer gleichmäßigen und gleichzeitigen Reizung aller Geschmacksknospen bei und steigern insgesamt die Summe unserer Wahrnehmungen von der jeweiligen Kaffeeprobe. Um eine relativ gleichmäßige Probenerfahrung zu haben, sollten Sie stets einen gleich großen Probeschluck nehmen und diesen auch gleich lang im Mund behalten. Aber nicht *zu* lange, weil dadurch der Speichelfluss vermehrt wird, was die Reizwahrnehmung beeinflusst. Die empfangenen Geschmackseindrücke müssen Sie während des Probierens registrieren und ordnen und dabei den vorherrschenden Eindruck feststellen, sich das Charakteristische merken und am besten gleich schriftlich notieren.

Das Kaffee-Archiv im Gehirn

Nase und Gaumen sind zweifellos die empfindlichsten Sinnesorgane des Menschen. Das Wahrnehmungspotenzial dieser beiden Sinnesorgane ist erstaunlich und im wechselseitigen Zusammenspiel immens. Auch wenn wir nicht so gut riechen können wie Aale, Lachse und Hunde, so vermögen wir doch immerhin ca. 10.000 verschiedene Gerüche zu unterscheiden. Die Kunst des Probierens besteht im Grunde darin, etwas zu erkennen, genauer gesagt, etwas uns bereits Bekanntes wiederzuerkennen, so wie wir einen Bekannten in einer großen Menschenmenge wiedererkennen. Probierkoster von Wein, Kaffee, Schokolade, Whisky, Schnaps etc. haben, ähnlich den Spürhunden und Trüffelschweinen, eben diese Fähigkeit geschult, bei den Proben „alte Bekannte" zu entdecken und sie mit dem richtigen Namen anzusprechen. Diese Fähigkeit ist wie das Rösten von Rohkaffeebohnen keine Hexerei. Es ist eine Frage der Übung. Und Üben heißt in diesem Falle, dass man im Hypothalamus des Gehirns ein Geschmacks- und Geruchsarchiv anlegt und im Sprachzentrum der Großhirnrinde die dazugehörigen Namen speichert. Für Kaffee könnten Sie z.B., bildlich gesprochen, ein Archiv aus neun Hauptordnern, mit je unterschiedlichen Unterordnern, anlegen, in die Sie all das eintragen, was Sie mit jeweils einem bestimmten Geruchs- oder Geschmacksaroma verbinden – so etwa Orte oder Erlebnisse:

1. Erde – bestimmte Erinnerungen an den Geruch und Geschmack von Erde, z.B. an Erde nach einem Regen, einen frischgepflügten Acker, den Geschmack von Heilerde etc.
2. Gemüse – gekochte Kartoffeln, frischgeschälte Erbsen, frischgeschälte Salatgurken etc.
3. Gewürze – Zimt, Piment, schwarzer Pfeffer, Gewürznelken, Koriander-Samen, Vanille etc.
4. Blumen – Kaffeeblüte, Teerose etc.
5. Früchte – Zitronen, Aprikosen, Äpfel, schwarze Johannisbeeren etc.
6. Tierprodukte – Honig, frische Butter, Leder etc.
7. Geröstetes – Toastbrot, Malz, Lakritze, Karamel, Basmati-Reis, Mandeln, Erdnuss, gegrilltes Hähnchen, Bitterschokolade, Tabak etc.
8. Solitäre – Walnuss, Rauch oder Harze von Hölzern (z.B. von Buche, Fichte, Wacholder), Stroh (Heu), Zedernholz, Ahornsirup etc.
9. Fehler – Medizin (Apothekengeruch), Kautschuk, Schimmel, Moder, Asche, Kohle, Schweiß etc.

Als Verkoster müssen Sie in der Lage sein, einzelne, dominante Aromen aus dem 1001-Aromen-Pool herauszuschmecken (bzw. zu riechen) und zu benennen, indem Sie einzelne Geschmacks- oder Duftempfindungen mit der richtigen Aromavorstellung zusammenbringen, die Sie in Ihrem Hypothalamus-Archiv abgelegt haben. Besonders beim Kaffee besteht ja die Schwierigkeit, dass einzelne Geruchs- und Geschmackssubstanzen isoliert anders schmecken als im Zusammenwirken mit Hunderten von anderen Aromen. Erst neulich bin ich bei einem Kenia AA erst nach langem Kauen und Schmatzen endlich auf „Zitrone“ gekommen – obwohl Zitrone nun wirklich ein sehr einprägsames Aroma ist. Gewiss hing mein langes Suchen auch damit zusammen, dass jeder Mensch bei der Wahrnehmung von Aromen unterschiedlich empfindlich reagiert. Der eine riecht oder schmeckt Zitrone schon in geringsten Mengen, wo die andere vielleicht noch absolut kein Zitronenaroma wahrnimmt, dafür aber sehr wohl ein Aprikosenaroma, das wiederum dem Zitronenfreund unerfindlich ist. Auch entwickeln wir im Laufe unseres Lebens Vorlieben für und Abneigungen gegen bestimmte Aromen. (siehe hierzu auch das Vorwort zur 3. Auflage).

Ablauf einer Kaffee-Probe

Den Anfang sollten Sie mit drei deutlich unterscheidbaren Kaffees machen: z.B. Kenia (Kenia AA), Äthiopien (Yirgacheffe), Guatemala (Antigua).
Sie benötigen weiße Porzellantassen oder weithalsige, hitzebeständige Gläser, pro Verkoster einen, wegen der Geschmacksneutralität, versilberten Suppenlöffel, mit Wasser gefüllte Gläser für die Reinigung der Probenlöffel zwischendurch, ein Maß (ml), eine Grammwaage, eventuell einen Spucknapf (kleine Schüssel) sowie Papier und Stift für Notizen.

Das Kaffeemehl muss frisch, jedoch nicht zu fein gemahlen sein. Achten Sie darauf, dass die verschiedenen Proben getrennt gemahlen werden und die Kaffeemehle sich nicht vermischen. Erst nach einem großzügigen Mahlvorlauf haben Sie Gewissheit, es mit dem Kaffeemehl einer einzigen Bohnenprovenienz zu tun zu haben. Bei der professionellen Verkostung sind sowohl das trockene Kaffeemehl als auch die gerösteten Bohnen und die Rohbohnen der jeweiligen Proben Gegenstand der Kaffeebeurteilung. Dargeboten werden sie in kleinen Pappschälchen.

Von dem Kaffeemehl geben Sie 7 g in eine Tasse und übergießen es mit genau 150 ml heißem, aber nicht kochendem Wasser (8,5 g auf 180 ml Wasser, 12 g auf 250 ml Wasser). Das 90 °C bis 94 °C heiße Wasser können Sie am besten in der Thermoskanne bereithalten. Während Sie ein paar Minuten warten, schnuppern Sie schon einmal den Geruch des trockenen, frischgemahlenen Kaffeemehls. In der Tasse hat inzwischen das Kaffeemehl auf der Oberfläche eine geschlossene Kruste gebildet, teilweise ist es auf den Tassenboden abgesunken. Die sensorische Prüfung kann beginnen. Beurteilt werden:

- Geruch – die „Nase" des Kaffees – (a. Geruch des frischgemahlenen Kaffeemehls, b. Geruch des feuchten Kaffeemehls),
- Geschmack – die „Zunge" – (c. Säure, d. Bitterkeit, e. Salzigkeit, f. Süße, g. Gerbstoffgehalt, h. Schärfe),
- Körper, Ausgewogenheit (Süße – Säure – Bitterkeit/Schärfe, Geschmacks- und Geruchsaromen),
- Abgang.

Im abschließenden Gesamteindruck werden alle sensorisch geprüften Komponenten einer Probe in einem Gesamturteil zusammengefasst. Sinnvoll für den Anfänger ist es, bei allen drei Kaffees systematisch zuerst nur den Geruch (a. bis b.), dann den Geschmack (c. bis h.), dann den Körper usw. zu beurteilen. Anfängern empfehle ich auch, zuerst nur mit Hilfe von Begriffen ihre sensorischen Wahrnehmungsempfindungen wertneutral zu skizzieren. Das zwingt m.E. zu einer bewussten Fokussierung auf die Geruchs- und Geschmackswahrnehmungen und zu eindeutigen Entscheidungen.

Außerdem trainiert man mit einer beschreibenden Prüfung den Wortschatz der Kaffeeansprache. Im internationalen Kaffeehandel wird, der Vergleichbarkeit wegen, meist ergänzend zu der beschreibenden Prüfung mit Punkten bewertet: Geruch des trockenen Kaffeemehls (1–5 Punkte), Geruch des feuchten Kaffeemehls (1–5 Punkte), Säure (1–10 Punkte), Geschmack, Aroma, Tiefe (1–10 Punkte), Körper (1–5 Punkte), Abgang (1–10 Punkte), Gesamteindruck (1–5 Punkte). Zu erreichen sind damit maximal 50 Punkte.

Die jeweils erreichte Punktzahl wird mit 50 Punkten addiert, um zu einer prozentualen Aussage zu gelangen. Hat z.B. die sensorische Prüfung 32 Punkte erbracht, werden zu den 32 Punkten 50 hinzugezählt, ergibt also 82 Punkte. 82 Punkte heißt, dass der Kaffee, die Bohnen 82 % von einem maximalen Qualitätswert erreicht haben. Keiner weiß natürlich, wie der 82 %-Kaffee bei 100 % schmecken würde. Beim Kauf von Rohkaffeebohnen wird Ihnen dieses Punkteschema noch öfters begegnen. Bitte folgen Sie aber nur Ihrem Geschmack und nicht irgendwelchen ominösen Punktzahlen: Der Kaffee mit nur 72 Punkten kann Ihnen hundertmal besser schmecken als der mit 95 Punkten. Verwenden Sie die Punktangaben lediglich als erste Orientierung.

Geruch

a. Geruch des frischgemahlenen Kaffeemehls: Die flüchtigen Aromen der jeweiligen Probe können wir schon in ihrer ganzen Intensität am frischgemahlenen Kaffeemehl wahrnehmen, und hier am reintönigsten. Beugen Sie sich ganz dicht über die Schale mit dem Kaffeemehl und schnuppern, schnüffeln Sie in kurzen Atemzügen.

b. Geruch des feuchten Kaffeemehls: Beugen Sie sich mit der Nase dicht über die Kruste und schnuppern und schnüffeln Sie in kurzen Atemzügen. Die Geruchsintensität des Kaffeearomas ist zu diesem Zeitpunkt am größten. Das feucht-warme Kaffeemehl verströmt die in ihm enthaltenen Aromen mit voller Intensität. Beschreiben können wir den Kaffeegeruch in unserer Kaffeeansprache in etwa so: fast kein Duft; Duft (flüchtig, klein, zartduftig, fein, grasig, grün usw.); Blume (blumig, floral, fruchtig, würzig, kräftig, vornehm, typisch für das Kaffeeland X usw.); Bukett (wie Blume, jedoch deutlich intensiver und finessenreicher); Aroma (mit den entsprechenden Bezeichnungen: zartes Lemon-Aroma, kräftiger Bitterschokoladeton, feines Erdaroma, tabakartig usw.). Die Reintönigkeit des Kaffeegeruchs können wir mit sauber, rein, kristallklar umschreiben. Bei nicht vorhandener Reintönigkeit werden Begriffe wie muffig, dumpf, schimmelig, modrig, gummiartig, medizinisch, ranzig, schweißig, aschig, verbrannt, rauchig usw. verwendet.

Nehmen Sie jetzt den versilberten Löffel, beugen Sie sich mit der Nase wieder ganz dicht über die Kruste und brechen Sie diese mit dem Löffel auf; auch hier schnuppern und schnüffeln Sie in kurzen Atemzügen. Mit dem Löffel können Sie das versunkene Kaffeemehl an die Oberfläche heben. Auch dabei ist ein intensiver Geruch wahrnehmbar.

Wird die Kruste gebrochen, sinkt das Kaffeemehl fast vollständig auf den Tassenboden. Was sich jetzt noch auf der Oberfläche befindet (Kaffeemehl, Schaum), wird mit dem Löffel abgeschöpft und in den Spucknapf entsorgt. Die Tassen des zu probierenden Kaffees füllen Sie mit frischem heißem Wasser auf.

Geschmack

c. Säure: Jetzt nehmen Sie mit einem sauberen versilberten Löffel – für die Reinigung der Probierlöffel reicht ein kurzes Eintauchen in das bereitgestellte Glas mit dem sauberen Wasser – aus den jeweiligen Proben einen Löffel voll Kaffee und schlürfen, saugen ihn in den Mund, und zwar so, dass der Kaffee leicht versprüht und gleichmäßig Zunge und weichen Gaumenteil benetzt. Sie haben jetzt Zeit, mit Ihren Geschmackssinnen die einzelnen geschmacksgebundenen Kaffeebestandteile zu unterscheiden, gedanklich zu umschreiben und Fragen zu formulieren, auf die Sie eine Antwort haben möchten: Was ist der vorherrschende erste Eindruck? Was ist das Charakteristische?

Bei einem Kenia AA ist es die wunderbare, lebendige, weinige Säure. Um zu verstehen, was Säure in einem Getränk ist und für das Getränk bedeutet, probieren Sie einmal Leitungswasser und danach kohlensäurehaltiges Mineralwasser. Oder mischen Sie 20 ml Bio-Apfelessig mit 1 Liter Leitungswasser und probieren Sie das Wasser mit und ohne Essig. Merken Sie, was Säure

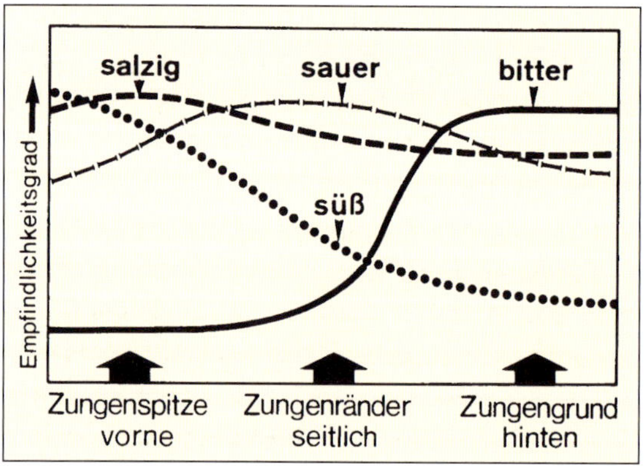

Die Empfindlichkeit der Geschmackszonen auf der Zunge gegenüber den Grundempfindungen süß – sauer – salzig – bitter (nach M. A. Amerine et al. 1965). Der Empfindlichkeitsgrad nimmt in der Darstellung von unten nach oben zu.

in einem Getränk bewirkt? Verringern Sie die Apfelessigmenge stufenweise: 15 ml, 10 ml, 5 ml, 4, 3, 2, 1, 0,5 ml. Können Sie 0,5 ml Apfelessig in einem Liter Wasser sensorisch noch wahrnehmen? Die Gesamtkaffeesäure (ca. 80 verschiedene sind bekannt: v.a. Chlorgensäure, Apfel-, Zitronen-, Weinsäure) hat einen wesentlichen Anteil daran, dass uns der Kaffee überhaupt so angenehm schmeckt. Wein, der so gut wie keine Säure hat, also z.B. eine Auslese, die mit 100° Öchsle geerntet wurde, schmeckt wie Limonade (zu erleben beim „Jahrhundertjahrgang“ 2003). Die Säure gibt dem Getränk Struktur und Charakter; beim Kaffee bindet sie vor allem die feinen Fruchtaromen der Arabicas. Der Säuregrad des Kaffees ist ja abhängig vom Röstgrad, von den Anbau- und Produktionsbedingungen (botanische Varietät, Erntemethode, Aufbereitung usw.) und vom Alter der Bohnen. Afrikanische Kaffees haben fast immer eine exzellente, weinige Säure, vor allem die Kaffees aus Äthiopien und Kenia. Gleiches gilt für die mittelamerikanischen Kaffees, besonders jene aus Costa Rica und El Salvador. Kaffeebohnen aus Guatemala besitzen meist eine ausgewogene, sanfte Säure. Hat ein Kaffee zu wenig Säure, werden wir ihn als fade, weich empfinden. Bei einem guten Säuregehalt finden wir ihn frisch, lebhaft, spritzig, weinig, kraftvoll; bei überentwickelten Säuren säuerlich, grün, unreif, hart, spitz, bissig, erbsig, sauer.

d. Bitterkeit: Bitterkeit wird von den „Geschmackspapillen“ auf der Schleimhaut der Zungenwurzel wahrgenommen. Dieser Geschmack wird nicht etwa von den Gerbstoffen erzeugt, deren adstringierende Wirkung auf die Mundschleimhäute von den Polyphenolen hervorgerufen wird, jenen Substanzen, die z.B. auch bei Rotweinen, besonders Bordeaux, den Gerbstoffgehalt bilden. Bitterkeit hingegen wird ein klein wenig vom Koffein, vor allem aber von den Röststoffen erzeugt, ist also direkt abhängig vom Röstgrad. Der Bittergehalt in der Tasse wiederum wird (wie bei der Teezubereitung) von der Aufgussmethode bestimmt: Je länger der Kontakt zwischen Wasser und Kaffeemehl, desto größer der Bitterkeitsgehalt. Wahrgenommen wird Bitterkeit, wie bereits gesagt, von den Geschmacksknospen der Wallpapillen auf dem hinteren Teil der Zunge. Zu einem ausgewogenen Kaffeegeschmack gehört immer ein maßvoller Anteil Bitterkeit. Diese lässt sich differenzieren mit den Umschreibungen: mild, samtig, reif, herb, unreif-herb, gerbig, säuerlich, streng, rau, stumpf, belegt.

e. Salzigkeit: Der Gehalt an Mineralien, die (wie v.a. das Kalium) den Geschmack von Salzigkeit hervorrufen können, hängt vom Nährstoffgehalt des Plantagenbodens ab. Je nach Vegetation und Düngung (mit Kunstdünger) steigt oder fällt der Kaliumgehalt der Bohnen. Im Wein wird überschüssiges Kalium je nach pH-Wert und Säuregehalt bei niedrigen Temperaturen als Salz der Weinsäure (Weinstein) ausgeschieden. In einer Tasse Kaffee können sich 50 mg bis 150 mg Kalium-Ionen befinden. Erst ab ca. 100 mg und einem bestimmten pH-Wert des Wassers lässt sich eine gewisse Salzigkeit schmecken. Die Sensoren für den Salzgeschmack, der einen vermehrten Speichelfluss auslöst, befinden sich vor allem an den Rändern der Zunge.

f. Süße: Die Süße stammt von den Zuckern, die während der Röstung karamelisiert und in der Phase der Pyrolyse nicht weiter umgewandelt werden. Die Zuckeranteile können 10 % des Kaffees ausmachen. Auch die höheren Alkohole tragen zum Geschmack der Süße bei. Am deutlichsten wird diese von den Geschmacksknospen in den pilzförmigen Papillen an der Zungenspitze wahrgenommen. Diese Papillen stehen frei, sind leicht beweglich und können daher sehr fein und rasch, wenn auch nicht nachhaltig, auf Süße reagieren. Differenzieren lässt sich diese mit den Umschreibungen: trocken, dezent, harmonisch, reif, würzig, neutral, aufdringlich, schlecht eingebunden usw.

g. Adstringenz (Gerbstoffgehalt): Kaffee mit einem hohen Gerbstoffgehalt, wie ihn vor allem die Polyphenole hervorrufen, verursacht auf den Mundschleimhäuten das Gefühl, als trockneten sie aus und zögen sich zusammen. Diese Empfindung der Adstringenz wird von den Kaffee-Experten unterschiedlich bewertet: Viele mögen sie nicht – einige empfinden sie bis zu einem gewissen Grade als angenehm. Umschreiben lässt sie sich mit den Attributen: mild, samtig, gerbig, schön, unschön, streng, rau, stumpf.

h. Schärfe: Vor allem dunkel geröstete Bohnen können in der Tasse eine breite Palette meist sanfter Schärfenuancen entwickeln. Die Empfindung der Schärfe kann mit Begriffen wie: prickelnd, pikant, würzig, sanft, zart, lind, dezent, erfrischend, matt, stumpf, pelzig, feurig, grob, brennend usw. beschrieben werden.

Körper

Der „Körper“ ist ein weiterer wesentlicher Geschmacksbestandteil des Kaffees. Um zu verstehen, was mit dem Begriff gemeint ist, brauchen Sie nur einen Schluck Leitungswasser mit einem Schluck Milch zu vergleichen. Mit „Körper“ umschreibt man bei einem Getränk – handele es sich nun um Wein, Tee oder Kaffee, Wasser oder Milch – die Fülle und Tiefe des Geschmacks, den die Probe im Mund hinterlässt. Nichtlösliche Feststoffe, Mineraliengehalt, Ölgehalt (mehr als 15 %), pH-Wert und einiges mehr haben ihren Anteil am Körper des Kaffees. Differenzieren lässt er sich mit den Umschreibungen: sauer, dünn, wässrig, arm, mager, flach, leer, klein, wenig bis viel, leicht, schlank, kurz, zart, kräftig, füllig, rund, voll, körnig, cremig, ölig, stoffig, schwer, dick, fett, plump, klotzig, breit usw.

Charakter

Der Charakter oder die Art des Kaffees wird bestimmt von der Ausgewogenheit seines Geschmacks und seiner Aromen sowie von seinem sogenannten Abgang.

i. Ausgewogenheit des Geschmacks: Nicht so sehr Süße, Adstringenz, Säure, Schärfe und die (selten vorkommende) Salzigkeit als vielmehr die Balance zwischen Säure und Bitterkeit eines Kaffees bestimmt die Harmonie seines Geschmacks. Hat die Tasse einen ausreichend natürlichen Gehalt an Süße, kann die eine oder andere Disharmonie im Verhältnis Säure–Bitterkeit ausgeglichen werden. Schmecken wir zu viel Säure oder Bitterkeit, neigen wir dazu, diese Disproportion mit der Zugabe von Zucker wieder ins Gleichgewicht zu bringen. Das optimale Verhältnis zwischen Säure und Bitterkeit wird vom Kaffeetrinker je nach der individuellen Empfindlichkeit bestimmt, mit der er auf Säure oder Bitterstoffe reagiert. Gleichwohl gibt es für einen guten Kaffee objektive Kriterien, die sich u.a. nach einem ausgewogenen Verhältnis zwischen Säure und Bitterkeit bemessen.

j. Ausgewogenheit der Aromen: Der Charakter oder die Art des Kaffees wird maßgeblich vom Gleichgewicht seiner Aromen bestimmt. Das ganze aromatische Spektrum eines Kaffees, im Duft wie im Geschmack, fügt sich uns zu einem Gesamteindruck ähnlich dem Gesamtklang eines Orchesters, zu dem unsere Wahrnehmung die Klangfarben der einzelnen Instrumente synthetisiert. Und so, wie wir beim Hören von Musik einen ausgewogenen Klang von einem unausgewogenen unterscheiden, wählen wir für die differenzierende Kaffeeansprache eine Metaphorik, die z.T. aus der Umschreibung von Musik entlehnt ist: ehrlicher Vortrag (doch ohne Verve), subtiles Spiel, elegante, zarte, gefällige, gediegene, wuchtige, raue Harmonie bis hin zur Harmonie einer Feuerwehr-Dorfkapelle. Der Metaphorik sind hier keine Grenzen gesetzt.

k. Abgang: Zum Schluss wird die Probe verschluckt oder ausgespuckt. War der Kaffee schlecht, hinterlässt er keinen Abgang. Ist der Kaffee zu stark geröstet worden und sind dabei zu viele Bitterstoffe entstanden, die das Aroma verdecken, ist ein meist länger anhaltender Abgang zu schmecken, der allerdings nicht sehr angenehm ist. Qualitätskaffee jedoch hinterlässt in der Regel einen minutenlangen Abgang, der individuell geprägt ist vom Verhältnis zwischen den verbliebenen Aromen. Je nach deren Ausgewogenheit kann der Kaffee einen komplexen, wuchtigen, guten, austarierten, zarten, flüchtigen, dezenten, langanhaltenden usw. Abgang haben. Der Kenia AA z.B. hinterlässt einen langanhaltenden Abgang, der geprägt ist vom Nachgeschmack feiner Säuren, intensiver Aromen und dezenter Milde. Der Yirgacheffe aus Äthiopien hinterlässt einen mindestens ebenso langen Abgang, der aber um einiges subtiler, komplexer, eleganter ist. Zwischen diesen beiden hält der Antigua die Mitte.

Gesamteindruck: Die Bestimmung eines sensorischen Gesamteindrucks ist so etwas wie die Verleihung einer Note, eines Abschlussprädikats. Die Skalierung kann dabei von überragend, exzellent, sehr gut und gut über durchschnittlich, okay bis hin zu schlecht, fehlerhaft reichen. Bevor Sie ein Abschlussprädikat verleihen, sollten Sie die geschmacklichen Veränderungen von der heißen über die warme und lauwarme bis hin zur kalten Tasse sensorisch begleitet und zum Abschluss also auch die kalt gewordene Kaffeeprobe gekostet haben. Kalter Kaffee enthüllt seine wesentlichen Geschmackseigenschaften in aller Deutlichkeit. Und ziemlich oft schmeckt Kaffee, der erkaltet ist, sogar besser als warmer.

Die „Cupping Form“ des „Cup of Excellence“-Finales

Um einen Einblick in den formalen und organisatorischen Ablauf einer professionellen Kaffeeprobe zu vermitteln, soll im Folgenden die „Cupping Form“ des weiter oben vorgestellten „Cup of Excellence“ beschrieben werden.

Für das Finale laden die Organisatoren des Cups anhand einer Liste, in die ca. 150 ausgewiesene Kaffee-Experten mit großer Degustationserfahrung eingetragen sind, in der Regel 24 Profis dazu ein, in dem sich über fünf Tage erstreckenden Finale den oder die Gewinner zu ermitteln.

Am ersten Tag werden die Jurymitglieder auf die Kaffeewelt des Gastgeberlandes eingestimmt und damit auf die kommenden vier Tage vorbereitet. In drei Sitzungen à fünf bis sieben Proben werden Kaffees degustiert, die das nationale Aromaprofil sehr gut, weniger gut und eher schlecht verkörpern. Die Proben werden debattiert, man probiert erneut, korrigiert seinen ersten Eindruck nach oben oder unten, lernt Terroir-Kaffees des Landes kennen – also solche, welche die regionalen Anbauböden und -bedingungen besonders gut repräsentieren –, verteilt auch Punkte. Kurzum, die Teilnehmer stimmen sich auch als Team auf ihre Arbeit ein. An den Nachmittagen des zweiten und dritten Wettbewerbstages wird ihnen außerdem die Möglichkeit geboten, Kaffeegüter des Landes zu besuchen und mit den Produzenten zu sprechen.

Des Weiteren wird der für den Cup gültige Bewertungsbogen (der unter *www.cupofexcellence.com* als PDF-Datei abgerufen und ausgedruckt werden kann) vorgestellt und erklärt. Beim Cup wird seit neuestem nicht mehr mit dem 50-Punkte-Schema operiert (d.h. maximal 50 Bewertungspunkte + 50 Prozentpunkte = 100 Punkte), sondern mit einem 64-Punkte-Schema (max. 64 Bewertungspunkte + 36 Prozentpunkte = 100 Punkte). Neu ist auch, dass die Geruchsaromen des trockenen und des feuchten Kaffeemehls sowie der Tasse nach dem Brechen der Kaffeekruste zwar nach wie vor beurteilt, aber nicht mehr bepunktet werden. Dies mag erstaunen, ist aber bei näherem Zusehen (wenn auch unter Umständen mit leichtem Unbehagen) nachvollziehbar. Denn wie Sie bereits wissen, machen die Geruchsaromen wegen ihres gasförmigen Aggregatzustandes den sensibelsten, sprich am schnellsten sich verflüchtigenden Teil der Kaffeearomen aus. Nun ist es so, dass im Cup-Finale ca. 60 Kaffeeprovenienzen degustiert werden. Die 24-köpfige Prüfungskommission, der ein Oberjuror vorsteht, dessen Wort im Zweifelsfalle den Ausschlag gibt, verteilt sich auf sechs Tische zu je vier Prüfern. Von jeder Provenienz werden pro Tisch gleichzeitig vier Tassen zubereitet und jeweils zwei auf jeder Tischseite platziert. Pro Sitzung („session") probiert ein Tisch zehn Provenienzen, das macht also bei vier Prüfern 40 Tassen je Tisch und Sitzung. Bei sechs Tischen sind demnach insgesamt 240 Tassen je Sitzung bereitzustellen. Wenn die erste Runde („Round") des Finales aus 60 Provenienzen besteht, bedeutet das 240 mal 6 = 1.440 Tassen: ein erheblicher logistischer Aufwand. Wie soll da noch gewährleistet sein, dass jede Tasse mit der gleichen optimalen Intensität der Geruchsaromen die Jurorinnen und Juroren erreicht? Die Geschmacksaromen sind stabiler und ermöglichen es deshalb eher, die Provenienzen unter gleichen Bedingungen zu prüfen.

Kaffee im Rahmen eines Wettbewerbs zu degustieren, bedeutet vor allem mentalen Stress: suchen, zweifeln, finden, nicht finden und weitersuchen. Konzentration, Ablenkung, Entscheidungszwang, Korrekturen – Überraschung, Staunen, Freude, Enttäuschung, Anstrengung, Müdigkeit und andere Gemütszustände und Befindlichkeiten werden sich bei den Jurymitgliedern im Laufe der Degustation abwechseln.

Beim Cup verkostet und bewertet jeder Prüfer alle vier Tassen ein und derselben Provenienz, von denen er bei einer die Kruste gebrochen hat. Bei zehn Provenienzen pro Sitzung bewertet er also 40 Tassen, wofür anderthalb Stunden vorgesehen sind – Zeit genug, um mit den Kolleginnen und Kollegen über die Güte der Tassen zu diskutieren. Die erste Runde ist auf zwei halbe Tage, d.h. auf zweimal drei Sitzungen verteilt. Da sie aus 240 Tassen besteht, verkostet und bewertet jeder Juror pro Tag 120 Tassen.

In die zweite Runde gelangen noch 40 bis 45 Provenienzen, die in ca. fünf an einem einzigen Tage stattfindenden Sitzungen nochmals verkostet und bewertet werden. Alle Kaffees, die dabei eine Punktzahl von mindestens 84 erreichen, sind Gewinner des Cup of Excellence. Die zehn Kaffees mit der höchsten Punktzahl gehen weiter in die dritte Runde, wo am fünften Tag des Wettbewerbs in einer Sitzung der Gewinner ermittelt wird: der Cup of Excellence in Gold.

Die Bewertungsbögen

Auf den Bewertungsbögen wird links der Name des Jurors bzw. der Jurorin eingetragen sowie die jeweilige Runde und Sitzung angestrichen. Die Kaffeeprovenienzen sind durch Nummern anonymisiert, die die Prüfer in der Spalte „Sample“ (von 1 bis 8) notieren. Die Bewertung von Röstbild („Roast

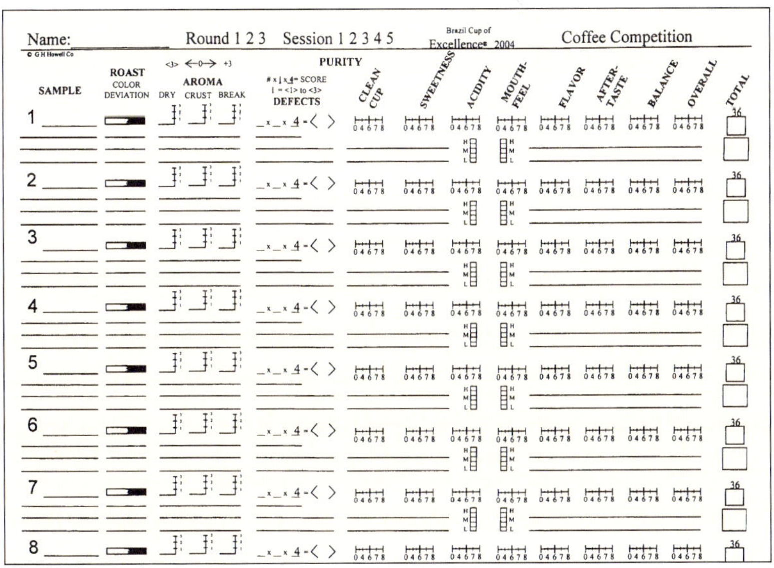

Cup-of-Excellence-Bewertungsbogen

Colour“) und „Aroma“ erfolgt ohne Punktevergabe. Dennoch können diese beiden Kriterien Einfluss nehmen auf das Kriterium „Overall“, den persönlichen Gesamteindruck also, den der Kaffee beim Juror hinterlassen hat und der wiederum in Punkten ausgedrückt wird.

Qualitätskriterien ohne Punktvergabe

- *Roast Colour:* Auf jeder Sitzung wird von jedem verkosteten Kaffee auch eine Schale mit dem Kaffeemehl bereitgestellt, damit die Röstfarbe begutachtet und gegebenenfalls vermerkt werden kann, ob die betreffende Probe etwa heller oder dunkler geröstet ist, als sie sein dürfte. Das wird dann mit einem Senkrechtstrich durch einen waagerechten Balken angezeigt.
- *Aroma:* Gemeint ist das Geruchsaroma. Beurteilt werden das Kaffeemehl, die Kruste, die sich auf der Oberfläche der Tasse bildet, nachdem heißes Wasser über das Kaffeemehl gegossen worden ist, und schließlich der Geruch, der aufsteigt, nachdem der Prüfer die Kruste gebrochen hat. Wie bereits ausgeführt, werden diese Stadien nicht bepunktet; doch hat sich dessen ungeachtet eine Art Notenskala etabliert, die von „minus 3“ („<3>“) bis „minus 1“ („<1>“) für „unerfreulich“ über „null“ („0“) für „neutral“ bis hin zu „plus 1“ („+1“) bis „plus 3“ („+3“) für „erfreulich“ reicht.
- *Defects:* In dieser Spalte kann die Intensität allfälliger Defekte (z.B. Ferment-, Zwiebel-, Schweißgeruch bzw. -geschmack u.ä.) taxiert werden, und zwar auf einer Skala von „minus 1“ („schwach“) über „minus 2“ („moderat“) bis „minus 3“ („intensiv“). Schwerste Fehler, wie etwa das Vorhandensein von Karbolsäure, führen zur sofortigen Disqualifikation. Auch in welcher Zahl und welchem Grad die Defekte bei den jeweils vier Tassen einer Provenienz vorkommen, wird sensorisch ermittelt. Da jeder Juror alle vier Tassen einer Provenienz prüft, kann es pro Bewertungsbogen und Provenienz maximal vier fehlerhafte Tassen geben. Die Minuspunkte werden nach folgender Formel errechnet:
  # × i × 4 = minus SCORE; wobei # = Anzahl der fehlerhaften Tassen und i = Grad des Fehlers („intensity of defect“) ist; hier wird von den insgesamt festgestellten Fehlergraden nur ein einziger, nämlich der höchste, eingesetzt. Sind also beispielsweise zwei Tassen fehlerfrei, eine hingegen schwach und eine stark fehlerhaft, so ergeben sich 2 × -3 × 4 = -24 Bewertungspunkte. Erweist die Degustation bei drei Tassen einen schwachen und bei einer Tasse einen schon moderaten Fermentgeschmack, dann berechnet die Jurorin: 4 × -2 × 4 = -32 Bewertungspunkte, die zum Schluss von der Gesamtpunktzahl abgezogen werden. Ein solcher Kaffee hat beim Cup natürlich keine Chance mehr.

Die Konstante „4“ in der Formel gibt die Bezugsgröße für die Zahl der fehlerhaften Tassen an, d.h. also die pro Provenienz standardmäßig zu probierenden vier Tassen; wobei die Organisatoren des Cups darauf hinweisen, dass diese Norm keinerlei wissenschaftliche Grundlage hat, sondern einzig als bewährtes Mittel dient, Kaffees mit starken Mängeln zu eliminieren, solchen mit schwachen Mängeln aber eine Chance beim Wettbewerb zu geben. So kann ein Kaffee, der lediglich bei einer Tasse schwächelt, dann prämiert werden, wenn er mindestens 52 von 64 möglichen Bewertungspunkten erhält.

Qualitätskriterien mit Punktvergabe

Schließlich werden acht sensorische Kriterien des Kaffees mit Punkten bewertet. Für die Punkteverteilung dient folgende Skala: 0 = unakzeptabel; 2 = klein, mager; 4 = durchschnittlich, normal; 6 = edel, fein; 8 = großartig. Mit einem Senkrechtstrich auf dieser Skala geben die Juroren ihre Bewertung an. Da im Cup fast ausschließlich hochwertige Kaffees zur Debatte stehen, ist die Strecke zwischen den Zahlen 6 und 8 genauso lang wie die zwischen 0 und 6. Dadurch können auch halbe Punkte vergeben werden. Möchte ein Juror seine Bewertung korrigieren, z.B. nachdem die Tasse ihre geschmacklichen Verwandlungsphasen von heiß nach kalt durchlaufen hat, so setzt er einen neuen Strich auf die geeignete Stelle und verdeutlicht mit einem Pfeil – entweder in Richtung 0 bei einer niedrigeren oder in Richtung 8 bei einer höheren Neubewertung – seinen Sinneswandel. Ist er sich endgültig sicher, schreibt er die Punktzahl, die er dem Kaffee bei diesem Kriterium gibt, nochmals deutlich und eingekreist über den Maßstab.

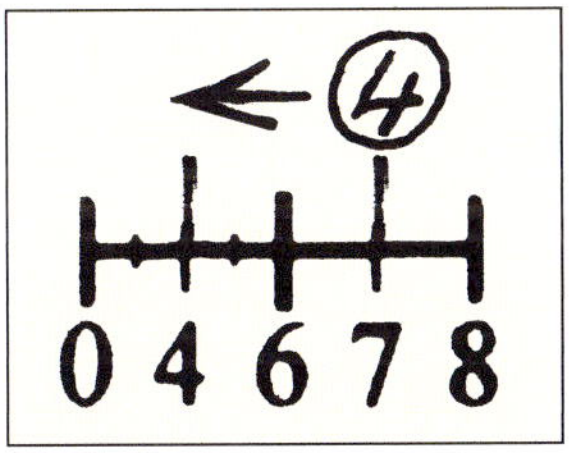

Endgültige Punktevergabe hier: 4 Punkte.

Die leeren Zeilen unter den acht Bewertungskriterien sind für Notizen gedacht.

Erhält ein Kaffee bei einem Kriterium 0 Punkte, wird er von der weiteren Cup-Teilnahme ausgeschlossen.

- *Clean up* meint ein klares Geschmacksprofil, welches frei ist von jedwedem Makel oder Fehler. Im Idealfall scheint der *Terroir* durch die Tasse hindurch: Dieser ursprünglich aus dem Weinbau stammende französische Begriff beschreibt die naturgegebenen Faktoren, welche die Charakteristik eines Weines beeinflussen können. Im Wesentlichen sind diese das Zusammenspiel von Mikro- und Makroklima (Temperatur und Niederschlag), von Sonnenenergie und -einstrahlung, Bodenrelief (Topographie: Höhenlage, Hangneigung und -richtung), Geologie (physikalische und chemische Charakteristik des Bodens) und Hydrologie (Bodenfeuchtigkeit). Der Terroir kann selbstverständlich auch die Güte von Kaffeebohnen prägen – wenn Sie eine Tasse Blue Mountain genießen, wissen Sie sofort, was Terroir für den Kaffee bedeutet. Wie im Weinbau muss aber auch beim Kaffee der Produzent geeignete Rahmenbedingungen schaffen, um die natürlichen Voraussetzungen bestmöglich nutzen zu können: indem er etwa hochwertige Arabica- oder Robustavarietäten anpflanzt, für eine gute Humus- und Nährstoffversorgung sowie nachhaltigen Pflanzenschutz sorgt, selektiv erntet (also nur die reifen und gesunden Kaffeekirschen) und vieles andere mehr. Auf diese Weise können einzigartige Kaffees entstehen, die typisch sind für ihre Herkunftsregion.

Das Gegenteil von Clean up und Terroir ist eine geschmacklich indifferente, modrig-muffige, unangenehm erdige o.ä. Tasse.

- *Sweetness* meint den einheitlichen Reifegrad, den die Kaffeekirschen der Steinkerne wohl hatten oder haben mussten, um die vor mir stehende Tasse hervorbringen zu können. (Beim Wein würde man nach den erreichten Oechslegraden fragen.) Sweetness meint also nicht ausschließlich den natürlichen Zuckergehalt der Tasse, sondern das Gesamtergebnis, das entsteht, wenn Rohkaffeebohnen aus optimal ausgereiften Kaffeekirschen geröstet werden (vgl. Maillardprodukte usw.).

  Das Gegenteil von Sweetness bezeichnet man als grün, unreif, sauer usw.
- Unter *Acidity* werden die Juroren nach dem Grad (leicht, mittel, hoch) und vor allem der Qualität (hart, kantig, dünn usw. oder lebhaft, erfrischend, fein usw.) der Säure gefragt.
- *Mouthfeel* ist die Vollmundigkeit der Tasse: ihre Dichte, Viskosität, Textur, ihr Schmelz usw.

  Das Gegenteil wäre dünn bis wässrig, schal, ohne Zusammenhang.
- *Flavour* meint die Geschmacksaromen, also die Kombination von süß, sauer, bitter, salzig, scharf mit den im Mundraum wahrnehmbaren Aromen.
- *Aftertaste* ist der Abgang. Welche Qualität eignet ihm: Ist er sanft, lang anhaltend usw. oder eher rau, bitter, pappig, unsauber usw.?
- *Balance:* Wie sind die einzelnen Bestandteile der Tasse – Säure, Süße, Aromen – ausbalanciert? Verändert sich diese Balance mit dem Erkalten des Kaffees? Fehlt der Tasse etwas? Ist etwas auf störende Weise dominant? Und so weiter.

- *Overall:* In dieser Rubrik geben die Juroren der Tasse ihr persönliches Abschlussprädikat.

Bevor die Juroren nach Ablauf einer Sitzung ihre Bewertungsbögen abgeben, addieren sie noch die einzelnen Punkte pro Sample. Beispiel: Eine Jurorin bewertete Probe 2 so: Von vier Tassen hatte eine Tasse einen ganz leichten Fermentationston, was gemäß der weiter oben angegeben Formel einen Punktabzug von 1 × -1 × 4 = -4 ergibt. Die übrigen Qualitätskriterien wurden im Einzelnen mit folgenden Punktzahlen bewertet: 4; 7,5; 8; 7,5; 7; 7; 7,5; 7 = 55,5 minus 4 = 51,5. Folglich wird die Zahl 51,5 in das kleine Quadrat unter der Zahl 36 gesetzt und mit dieser addiert, um auf eine prozentuale Aussage zu kommen. Probe 2 erhält von der Prüferin also 87,5 Punkte, die in das große Quadrat eingetragen werden. Bevor nun für Probe 2 der Mittelwert aus sämtlichen Jurorenbewertungen errechnet wird, wird die jeweils niedrige und die jeweils höchste Bewertung gestrichen. Mit 87,5 Punkten in der zweiten Runde würde Probe 2 mit dem Cup of Excellence prämiert werden, jedoch wohl nicht mit der Goldmedaille.

Kaffee mischen

Ich für mein Teil bin kein Freund des Kaffeemischens. Hochwertige Arabica-Sorten haben es nicht nötig und auch nicht verdient, vermischt zu werden. Gartenkaffeesorten und solche aus Qualitätsbetrieben sind das Ergebnis intensiver Arbeit und repräsentieren im Kleinen die ganze Landschaft, in der sie angebaut werden. Eine Kenia-Tasse ist immer auch ein kleines Stück Afrika, so wie in einer Lintong-Tasse das tropische Klima und die ganze üppige Vegetation Sumatras enthalten ist. Und gottlob schmecken sie nie gleich! Diese Individualität möchte zumindest ich unverfälscht in der Tasse bewahrt haben.

Dennoch gibt es Gründe dafür, warum Kaffee gemischt oder, wie es in der Fachsprache heißt, „verschnitten“ wird. Die Gründe der Kaffeeindustrie kennen wir bereits: den Kaffee so billig wie möglich zu machen, solange nur der typische Geschmack der Marke gerade noch erkennbar bleibt, sei dieser nun voll und rund, mild und aromatisch oder kräftig und würzig. Die Gründe des Kaffeeliebhabers sollten andere sein: Ihm wird es darum gehen, Eigenschaftsmängel eines Kaffees durch Verschnitt mit einem anderen auszugleichen.

Beim ältesten Mischrezept, der Jemen-Java-Mischung, wird dieser Zweck vorbildlich erreicht. Man nehme 1/3 Jemen-Mokkabohnen mit ihrem weinig-pikanten, leicht scharfen Geschmack, dem feinen Körper und der fülligen Säure, und mische sie mit 2/3 aromareichen, würzigen, säurearmen Java-Arabica-Bohnen. Die füllige Säure des Jemen-Mokka belebt den Java, während der Java mit seinen tieftonigen Aromen den Jemen-Mokka ideal ergänzt. Das Ergebnis ist nicht eine bloße Geschmacks-Addition, sondern ein anderer, neuer Kaffeetyp: ausbalanciert und intensiv, dafür weniger charakteristisch und eindrucksvoll.

Andere Gründe, Kaffee zu mischen, sind kultureller Art. Dazu zählt die Espresso-Kultur; die besonders im Orient geschätzte Zugabe von Gewürzen (Kardamom, Koriander, Anis, Zimt, Vanille etc.); das Mischen mit gerösteten und gemahlenen Chicoreewurzeln (im Anteil von 10 % bis 40 %); das Mischen mit Schokoladenpulver u.v.a.m.

Bevor Sie jedoch mit dem Mischen (dem „Blending“) beginnen, sollten Sie in der Kaffeeprobe einigermaßen geübt sein. Es sollte Ihnen keine allzu großen Schwierigkeiten bereiten, Säure, Körper, Aroma und einige individuelle Merkmale einzelner Kaffeeprovenienzen sensorisch zu erfassen und zu beurteilen. Erst wenn Sie darin halbwegs firm sind, ist es sinnvoll, sich mit der Kunst des Mischens vertraut zu machen.

Vor dem Mischen sollte Ihnen auch klar sein, welche Eigenschaft Sie an Ihrem Kaffee bevorzugen und welches Resultat das Mischen erbringen soll. Soll es z.B. ein säurereicher, volltoniger Kaffee werden? Oder ein kräftiger, aromareicher Kaffee mit wenig Säure? Soll der Koffeingehalt Ihres Lieblingskaffees durch Beimischung von koffeinfreiem Kaffee gerade soweit reduziert werden, dass der volle Geschmack Ihres Favoriten dennoch gewahrt bleibt? Oder möchten Sie das Potenzial eines Kaffeelots durch unterschiedliche Röstgrade voll ausschöpfen (säurereich plus Röstbitterstoffe)?

So gut wie alle Arabica-Sorten aus dem mittelamerikanischen Hochland liefern eine wunderbare Frische und Säure. Trocken aufbereiteter Santos, Mandheling oder Lintong vermehren die Fülle, den Körper; dunkel gerösteter Santos, El Salvador oder hochwertige indische Arabica-Sorten sind bekannt für eine sehr angenehme Süße. Subtilen Geschmack, Duft und Fruchtigkeit liefern Kenia AA und Jemen-Mokka. Mit ein wenig Yirgacheffe setzt man jeder Tasse ein liebliches Dufthäubchen auf; ein Mandheling macht den Kaffee komplexer; kurz: Auf dem Gebiet des Blending gibt es viel zu entdecken. Experimentieren Sie ohne Scheu! Die einzigen groben Fehler, die Sie beim Mischen machen können, sind die Null- oder die Minusmischung: Wenn Kaffeesorten mit gleichem Geschmacksprofil gemischt werden, z.B. ein Antigua mit einem Cobán oder ein Kenia mit einem Kenia, ergibt das eine sogenannte Nullmischung. Und eine Minusmischung entsteht, wenn zwei Kaffeesorten je für sich besser schmecken als die Addition beider, etwa ein Blue Mountain und ein gewaschener Yirgacheffe.

Im Übrigen sollten Sie nicht mehr als fünf Sorten mischen. Mischungen, die aus mehr als fünf Sorten bestehen, sind vom Risiko sensorischer Indifferenz bedroht.

Mischen vor oder nach dem Rösten?

Wenn Sie mit verschiedenen Kaffeelots und Mengen experimentieren, ist es besser, die Lots einzeln zu rösten und erst dann zu mischen. Wenn Sie das Mischverhältnis schon kennen, und wenn die verschiedenen Lots der Mischung (etwa der Jemen-Java-Mischung) den gleichen Röstgrad haben – empfehlenswert ist hier der Full-City-Röstgrad –, ist es einfacher, die Rohkaffeebohnen erst zu mischen und dann gemeinsam zu rösten. Um gegebenenfalls unterschiedliche Feuchtigkeitsgehalte der Rohkaffeebohnen auszugleichen, sollte die Mischung mindestens eine Woche vor der Röstung erfolgen. Und da jede Röstung etwas anders ausfällt, sollte eigentlich jede Mischung vor der Röstung erfolgen. Andererseits müssen Rohkaffeebohnen unterschiedlicher Größe und Aufbereitungsart (trocken aufbereitete Arabicas benötigen mehr Hitze als nass aufbereitete) oder solche mit einer Neigung zur Buntröstung (Äthiopien, Jemen) vor dem Mischen separat geröstet werden. Was natürlich auch für Mischungen gilt, die aus Bohnen mit unterschiedlichen Röstgraden bestehen.

Einige Mischrezepte für Filterkaffee

- *Wenig Säure* (Röstgrad City bis Full City = mittelbraun bis mittleres Dunkelbraun): Java 25 % + Sumatra 50 % + Indien (Küste) 25 %
- *Mild und wenig Säure* (City bis Full City):
  Santos 50 % + Indien (Küste) 50 %
- *Viel Säure* (City bis Full City):
  Neu-Guinea 25 % + Kenia AA 50 % + Costa Rica 25 %
- *Guter Körper mit viel Säure* (City bis Full City):
  Guatemala 40 % + Costa Rica 20 % + Neu-Guinea 20 % + Indien 20 % (Mysore, Nilgiris oder Baba Budans)
- *Kräftig, würzig* (Full City bis French = dunkelbraun):
  Sumatra 50 % + Kenia AA 50 %
- *Floraler Duft, fruchtige Säuren, schöner Körper* (City):
  Äthiopien Harrar 50 % + Sumatra Mandheling gewaschen 50 %
- *Wenig Säure, feine Schokoladen- und Erdaromen* (Full City):
  Äthiopien Djimma 15 % + Harrar 35 % + Sumatra 50 %
- *Sehr empfehlenswert: kräftiger Körper, tieftonig, intensive Aromen* (Full City):
  Sulawesi Toraja 75 % + Jemen 25 %; oder: Sulawesi Toraja 50 % + Harrar 50 %

Einige Röstgradmischungen für Filterkaffee

- *Guter Körper, gute Säure, Röstgeschmack:* Kolumbien, Full City 40 % + Mexiko, French 30 % + Kenia AA oder Costa Rica, City 30 %
- *Guter Körper, bittersüße Geschmacksaromen:* Kolumbien, Full City 60 % + Kenia AA, City 40 %
- *Feine Säure mit Körper, ausbalanciert:* Nicaragua oder Kolumbien, Full City 60 % + Nicaragua oder Kolumbien, City 40 %

Espresso-Mischungen

Jede geröstete Kaffeebohne kann als Espresso zubereitet werden, sofern sie richtig gemahlen ist. Ein Espresso ist nicht vom Röstgrad abhängig, sondern vom richtigen Mahlgrad. Gleichwohl haben sich in der Espresso-Kultur zumal Norditaliens (Credo: Je kleiner die Tasse, desto dunkler die Röstung) dunkelbraun (nicht schwarz) geröstete Bohnen als Gradmesser für die richtige Espresso-Zubereitung durchgesetzt. Der Röstgrad-Name „Espresso" wird jedoch für eine Vielzahl von Röstgraden verwendet: von mittlerem Dunkelbraun bis Schwarzbraun.

Die Basis vieler Espresso-Mischungen sind ein oder mehrere nass oder trocken aufbereitete Arabica-Sorten aus Brasilien, Mexiko, Kolumbien oder auch Peru. Um den für Ihren Geschmack passenden Röstgrad herauszufinden, sollten Sie die Basisbohnen in verschiedenen Abstufungen rösten und daraus je eine Espressoprobe zubereiten. Probieren und experimentieren Sie so lange, bis Sie glauben, die richtige Röststufe gefunden zu haben. Diese kann durchaus auch hell sein: das verstärkt den Duft der Tasse. Dies ist dann die Basis Ihrer persönlichen Espresso-Mischung.

Möchten Sie eine Tasse mit Süße, feinem Aroma und weichem, rundem Körper, empfehle ich Ihnen als weiteren Mischbestandteil eine Bohne aus Mittelamerika, z.B. einen Antigua mit maximal 25 % (bei einem höheren Anteil gehen zuviel *Crema* und Körper verloren). Für Körper und Süße können Sie indonesische Bohnen nehmen: bis zu 50 %; bei Bedarf sogar mehr. Biss und Schärfe, verbunden mit einem erdigen Ton, bekommen Sie mit trocken aufbereiteten äthiopischen Bohnen (ca 25 %). Bohnen aus Jemen (25 % bis 50 %) liefern würzige Schärfe und viel *Crema*. Einen besonderen Geschmack (der allerdings nicht jedermanns Sache ist) erreicht man mit Monsunbohnen (25 %) aus Indien (Malabar). Für Süße und intensiven Schokoladenton ist der Altura aus Mexiko bekannt. Und einzig in Espresso-Mischungen haben die Robusta oder andere Varietäten der Coffea canephora für den Kaffee-Gourmet ihre Berechtigung: Zugaben von 10 % bis 15 % verleihen der Espresso-Tasse Tiefe und Körper; zudem wird die *Crema* vermehrt.

Einige Rezepte für Espresso-Mischungen

Italienischer Standard: *sehr mild und süßlich, kleines Profil:*			
Brasilien, Arabica, Santos, Cerrado, nass oder trocken aufbereitet	40 %	50 %	50 %
Kolumbien, nass aufbereitet	40 %	25 %	
Mittelamerika, z.B. Guatemala	20 %	25 %	
Guatemala Antigua			25 %
Sumatra Lintong, Mandheling			25 %
Besondere Espresso-Mischung (empfohlene Röststufe: dunkel, aber nicht schwarzbraun; bis weit ins zweite Knacken hinein; Bohnenoberfläche glänzend):			
Brasilien, Santos, trocken aufbereitet	40 %		
Jemen, Matari	20 %		
Guatemala, Antigua, San Sebastián	20 %		
Sumatra, Lintong, Mandheling	20 %		
Pikant, leicht scharf, mit schokoladigem Unterton:			
Brasilien, nass oder trocken aufbereitet	50 %		
Äthiopien, Yirgacheffe, Sidamo	25 %		
Sumatra, Mandheling, Lintong, trocken aufbereitet	25 %		
Bei dieser Mischung scheiden sich die Geister:			
Indien, Monsoon Malabar	55-60 %		
Java oder Sulawesi, nass aufbereitet	30-25 %		
Indien, Robusta, nass aufbereitet	15 %		
Nicht schlecht auch die folgende:			
Brasilien, Santos, nass oder trocken aufbereitet	40 %		
Costa Rica	25 %		
Mexiko, Altura, Coatepec	25 %		
Java (Robusta)	10 %		
Entkoffeinierte Espresso-Mischung (nach der CO_2- oder der Schweizer Methode):			
Brasilien			50 %
Sumatra			50 %

Übrigens: Wenn bei einem Espresso die Farbe der *Crema* ins Dunkelbraun spielt mit grauschattierten Reflexen sowie gröberen, weniger kompakten Bläschen, zeigt das an, dass die Espressomischung zu viele Robusta-Bohnen enthält. Die optimale *Crema* eines guten Arabica-Espresso hat immer eine intensive rehbraune Färbung mit rötlichen Reflexen und kleinen, kompakten Bläschen, durchzogen von dunklen Streifen, den sogenannten Tigerstreifen. Der Koffeingehalt der Robusta-Bohnen ist doppelt so hoch wie derjenige der Arabica-Bohnen, folglich vermehren jene den Gesamtkoffeingehalt der Mischung. In der Regel hat aber ein Espresso um ca. 2/3 weniger Koffein als Filterkaffee. Bitte verwenden Sie nur die Qualitäts-Robusta aus Indien, Mexiko oder Java (Giava), trocken oder gewaschen.

Wenn Sie Espresso lieber ohne Milch und mit wenig Zucker trinken, sollten Sie säurereiche Bohnen aus dem Hochland Mittelamerikas (v.a. Guatemala, Costa Rica) oder aus Kolumbien bevorzugen und diese mit hochwertigen Bohnen aus Äthiopien, Jemen, Papua-Neuguinea, Sumatra oder mit Monsunbohnen aus Indien komponieren. Ostafrikanische Bohnen, wie etwa die wunderbaren Kenia AA, geben der Tasse für meinen Geschmack zu viel weinige, füllige Säure. 10 % bis 15 % gewaschene Robusta aus Indien runden diese Mischung ab.

Mögen Sie den Espresso lieber mit heißer Milch und/oder Zucker, sollten Sie eine Mischung zusammenstellen, die von einer gewissen Schärfe, Bitterkeit und Süße geprägt ist. Die Basis könnten Bohnen aus Brasilien, Guatemala oder Mexiko abgeben. Weitere Bestandteile sollten Bohnen aus den äthiopischen Regionen Harrar oder Yirgacheffe sein, die dem Espresso Komplexität und Kraft verleihen. Die Geschmackseigenschaften von Mandheling, Lintong oder Monsunbohnen aus Indien harmonieren ebenfalls gut mit Milch. Zum Schluss geben Sie der Mischung noch eine oder zwei Handvoll Qualitäts-Robusta (10 % bis 15 %) aus Indien bei.

Entkoffeinierungsverfahren

Als isolierte Substanz ist Koffein vielleicht etwas bitter, ansonsten aber geschmacksneutral. Die Entkoffeinierungstechnik ist mittlerweile so raffiniert, dass selbst der Feinschmecker entkoffeinierten Kaffee von koffeinhaltigem nur schwer, bei der CO_2-Methode überhaupt nicht unterscheiden kann. Insofern sind gentechnisch veränderte Kaffeepflanzen, in denen die für die Produktion von Koffein verantwortlichen Enzyme durch Genmanipulation blockiert werden, so überflüssig wie ein Kropf. Zudem wurden erst kürzlich in Äthiopien fast koffeinfreie Pflanzen der Gattung Coffea arabica entdeckt, die durch natürliche Genmutation entstanden sind.

Als Heimröster sollten Sie wissen, dass entkoffeinierte Bohnen ziemlich schwer zu rösten sind, weil sie schnell verbrennen. Das liegt daran, dass ihre Struktur insgesamt poröser ist, die Feuchtigkeit mithin sehr schnell entweichen kann. Ehe Sie also koffeinfreie Bohnen rösten, sollten Sie sich erst einmal mit dem Rösten koffeinhaltiger Bohnen vertraut machen.

Seit 1905 die Bremer Firma Hag das erste Patent zur Entkoffeinierung angemeldet hat, sind zahlreiche andere Verfahren entwickelt worden, den Bohnen das Koffein zu entziehen, ohne dabei ihre Inhaltsstoffe zu verderben. Die heutigen Techniken lassen sich in drei Verfahren gliedern: die direkte Koffein-Extraktion mit Hilfe organischer Lösungsmittel; die Extraktion nur mit Wasser; die Destraktion mit überkritischem Kohlendioxid. Bei allen drei Verfahren sind Rohkaffeebohnen das Ausgangsprodukt. Um die Extraktion zu erleichtern, werden die Rohkaffeebohnen mit übersättigtem Wasserdampf zum Anquellen gebracht und dann eingeweicht.

Extraktion mit Lösungsmitteln

Das Hag-Patent von 1905 beschreibt das Entkoffeinierungsverfahren mit Benzol, welches später durch die billigen chlorierten Kohlenwasserstoffe (Chloroform oder Tetrachlorkohlenwasserstoffe) ersetzt wurde. Ende der siebziger Jahre verwandte man weltweit vor allem Trichloräthylen, das später von Methylenchlorid und Ethylacetat (Essigester: fruchtig riechende Substanz, die als Aromastoff Verwendung findet) abgelöst wurde. Beide Substanzen extrahieren aus den Rohkaffeebohnen gezielt das Koffein; da aber dem Methylenchlorid eine Mitwirkung bei der Zerstörung der Ozonschicht nachgewiesen wurde, ist sein Gebrauch in Europa (nicht jedoch in den USA) verboten.

Bei der Extraktion mit Lösungsmitteln gibt es eine direkte und eine indirekte Methode. Bei der direkten Methode werden die Bohnen nach dem Anquellen im Wasserdampf in die Lösungsmittelflüssigkeit eingetaucht. Das Lösungsmittel verbindet sich selektiv mit dem Koffein. Die Bohnen werden dann mehrmals mit Wasserdampf behandelt, um die Lösungsmittelrückstände aus ihnen zu entfernen. Dies kann auch durch Vakuumtrocknung erfolgen.

Bei der indirekten Methode werden die Rohkaffeebohnen für einige Stunden in siedendes Wasser getaucht. Dieses Wasser wird dann von den Bohnen getrennt, mit einem Lösungsmittel versetzt, welches selektiv nur das Koffein bindet, und dann gefiltert. Anschließend wird das gefilterte und abgekühlte Wasser den Bohnen reimprägniert, wobei sie sich mit den wasserlöslichen Inhaltsstoffen, die sie zuvor abgeben mussten, wieder vollsaugen.

Das Problem bei diesen Verfahren sind die Lösungsmittelrückstände in den Bohnen. Allerdings sind die mit Lösungsmittel-Extraktion arbeitenden Entkoffeinierungsverfahren heutzutage so ausgereift, dass die Rückstände toxikologisch unbedenklich sind. Doch ein Rest bleibt immer; und außerdem gibt es bessere, allerdings auch teurere Entkoffeinierungsverfahren, die ganz ohne Lösungsmittel auskommen.

Das Schweizer Wasserverfahren

Dieses Verfahren arbeitet ausschließlich mit Wasser und Kohlefiltern. Zu Beginn werden die Rohkaffeebohnen in heißem Wasser eingeweicht. Das Wasserbad entzieht ihnen das Koffein und alle wasserlöslichen Stoffe. Die Bohnen werden dann aus dem Einweichwasser entfernt und weggeworfen. Kohlefilter entfernen sodann aus dem Einweichwasser selektiv das Koffein. Übrig bleibt ein Wasser, welches nur die wasserlöslichen Inhaltsstoffe der Rohkaffeebohnen enthält. Wenn nun diesem koffeinfreien Wasser neue, koffeinhaltige Rohkaffebohnen entsprechend der Menge der weggeworfenen Bohnen zugeführt werden, geben diese neu eingeweichten Rohkaffeebohnen aufgrund der Koffeinvakanz des Einweichwassers nur ihr Koffein ab, nicht jedoch andere lösliche Inhaltsstoffe, da das Einweichwasser mit diesen schon gesättigt ist. Dann werden die Bohnen aus dem Einweichwasser geholt und getrocknet. Fertig! Das Einweichwasser wird gefiltert und steht wieder für die nächste Ladung Rohkaffeebohnen zur Verfügung.

Sensorisch entwickelt Kaffee, der nach dieser Methode entkoffeiniert wird, etwas mehr Körper. Säure und feine Geschmacksnuancen werden hingegen etwas reduziert.

Die CO_2-Methode

Diese ist das Non-Plus-Ultra der Entkoffeinierungsverfahren. Es werden keine Lösungsmittel verwendet, und der Geschmack des solcherart behandelten Kaffees entspricht ohne Abstriche demjenigen von koffeinhaltigem Kaffee.

Ersonnen wurde diese geniale Methode im Max-Planck-Institut für Kohleforschung in Mülheim an der Ruhr. In den sechziger Jahren suchte hier der Chemiker Kurt Zosel nach einer Methode, Erdölfraktionen mit Hilfe von Propan zu trennen. Da er zu diesem Zweck Destillations- und Extraktionsprozesse miteinander kombinierte, wurde dieses Verfahren „Destraktion“ genannt. Es war die Zuckerindustrie, die zuerst den Wert der Destraktion für die Nahrungsmittelherstellung erkannte.

Bei der Entkoffeinierung mit CO_2 macht man sich die Tatsache zunutze, dass Kohlendioxid bei bestimmten Druck-Temperatur-Kombinationen (z.B.

bei 75 bar und 33 °C) in einen teils flüssigen, teils gasförmigen Aggregatzustand tritt. In diesem Zwischenstadium kann es aufgrund seiner Eigenschaft, idealerweise ausschließlich das Alkaloid Koffein (1,3,7 Trimethylxanthin) an sich zu binden, alle anderen Inhaltsstoffe der Bohnen aber unberührt zu lassen, die Rohkaffeebohnen fast vollständig koffeinfrei machen. Auch die niedrige Arbeitstemperatur des Verfahrens ist der vollen Geschmacksentfaltung der Rohkaffeebohnen dienlich.

Die Destraktion mit CO_2 wird heute auch für die Entkoffeinierung von Tee verwendet, zur Reduzierung von Nikotin in Tabak und zur Herstellung von Pflanzenextrakten, Hopfen und Gewürzen, seit neuestem auch zur Behandlung von neuen Weinkorken als Maßnahme gegen Korkgeschmack im Wein.

Anhang

Bezugsquellen für Rohkaffeebohnen und Equipment

Wie schon im Vorwort zur zweiten Auflage erwähnt, bietet sich dem Kafferöster heute eine geradezu himmlische Auswahl an Rohkaffeebohnen an. Nach wie vor betreibt der Autor des vorliegenden Buches einen eigenen Internetshop, der ausschließlich Produkte für den Bedarf des Heimkaffeerösters liefert: *www.rohkaffeebohnen.de*. Unter dem Link *www.kaffeewiki.de/index.php?title=Rohkaffee_kaufen* können Sie weitere Adressen von deutsch- und englischsprachigen Internetanbietern finden, die Rohkaffeebohnen und zum Teil auch Equipment für das Kaffeerösten zu Hause anbieten.

Web-Adressen

www.chemieunterricht.de/dc2/lehrmat.htm –
Prof. Blumes Bildungsserver für Chemie
www.bvl.bund.de –
Bundesamt für Verbraucherschutz und Lebensmittelsicherheit
www.coffeeandhealth.org
www.cupofexcellence.org
www.globales-lernen.de
www.ico.org – International Coffee Organization
www.kaffee-netz.de
www.oxfam.de
www.rohkaffeebohnen.de
www.terroircafe.de
www.scaa.org – Specialty Coffee Association of America
www.scae.com – Specialty Coffee Association of Europe
www.fairtrade-deutschland.de
www.wasser.de
www.wasser-lexikon.de
www.was-wir-essen.de
www.wikipedia.org
Software für die Kaffee-Qualitätskontrolle:
Cropster: *www.cropster.com*
Roast Log: *roastlog.com*

Roaster Dynamics: *www.roasterdynamics.com/RoasterDynamics/Welcome.html*
Artisan – Free: *code.google.com/archive/p/artisan*
Typica – Free: *www.randomfield.com/programs/typica*
Roaster Thing – Free: *www.roasterthing.com*
Cupping Lab, iOS and Android app: *coffeelabasia.com/2013/05/02/cupping-lab-the-coffee-cuppers-app*
RoastMaster, iOS app: *coffeelabasia.com/2013/05/02/cupping-lab-the-coffee-cuppers-app*
Coffee Roaster, Android app: *play.google.com/store/apps/details?id=alex.cofferoaster*

Ausrüstung für das Labor des Kaffee-Profis

Coffee Lab Equipment: *www.coffeelabequipment.com*
QC Lab Equipment: *www.qclabequipment.com*
Javalytics Color Measuring: *www.javalytics.com*
Photovolt Instruments: *photovolt.com*

Firmen, die sich mit der Entwicklung und Herstellung von Kaffeeröstern beschäftigen:

Giesen: *www.giesencoffeeroasters.eu*
Diedrich Roasters, USA: *diedrichroasters.com*
Primo Roasting, USA: *www.primoroasting.com*
Renegade Roasters, USA: *www.renegaderoasters.com*
428 Roasters, USA: *428roasters.com*
Loring Smart Roasters, USA: *loring.com*
San Franciscan, USA: *www.sanfranroaster.com*
US Roaster Corp, USA: *usroastercorp.com*
Ambex, USA: *www.ambexroaster.com*
Java Masters, USA: *www.javamasters.com*
Sonofresco, USA: *sonofresco.com*
Ashe, USA: *www.ashellc.com/coffee.htm*
Wolverine, USA: *www.wolverineproctor.com*
Roastaire, Kanada: *roastaire.ca*
North Coffee, China: *www.northcoffee.net*
Buckeyecoffee, USA: *www.buckeyecoffee.com/sedona-elite-roasters.html*
Santoker, China: *www.santoker.com* oder *www.x-coffeeroasters.com*
Aillio, Taiwan/Dänemark: *aillio.com*
Bella Taiwan, Taiwan: *www.bellataiwan.com*

Yang Chia, Taiwan: *www.feima.com.tw*
Mercury, Taiwan: *www.cloudbean-tech.com*
You Wei, Taiwan: *www.you-wei.com/e/e-profile.htm*
Genesis, Südkorea: *genecafe.com*
Proaster, Südkorea: *www.firstcrack.com/2014/04/25/proaster-coffee-roasters*
Digiroaster, Südkorea: *digirosto.com/product/?lang=en*
Ceroffee, Südkorea: *en.ceroffee.com*
Stronghold Technology Inc., Südkorea:
www.stronghold-technology.com/en/main.php
Probat Burns, Deutschland: *www.probat.com*
Novoroaster, Deutschland: *novoroaster.de*
Nepro, Deutschland: *www.nepro-vortex.com/nepro.htm*
IMS, Deutschland: *www.ims-deutschland.com*
Joper, Portugal: *www.joper.pt/en*
Discaf, Spanien: *www.discaf.com*
Roure S.L., Spanien: *www.rouretectosa.es*
Petroncini, Italien: *www.petroncini.com*
STA, Italien: *www.sta.it/en*
IMF Srl, Italien: *imf-srl.com*
Sweet Coffee Italia, Italien: *www.sweetcoffeeitalia.it/Download/A3_SweetCoffee.pdf*
DIP Machine, Italien: *www.dipmachine-italy.com/com/home_eng.php*
ING. Napoli & C., S.L.R., Italien: *www.ingnapoli.com*
IKAWA, Großbritannien: *www.ikawacoffee.com*
Fracino, Großbritannien: *www.fracino.com/roastilino.html*
Toper, Türkei: *www.toper.com*
Garanti, Türkei: *www.garantiroaster.com*
Has Garanti, Türkei: *www.hasgaranti.com.tr/en*
Ozturk, Türkei: *www.ozturkroasters.com/en*
Akaneks, Türkei: *www.akaneks.com.tr*
Roaster and Roaster, Türkei: *www.roasterandroaster.com*
Alecos, Griechenland: *www.alecos.gr*
Zara, Griechenland: *www.zara.gr*
Coffee Tool, Griechenland: *www.coffeetool.gr*
Coffee-Tech, Israel: *www.coffee-tech.com/products/shop-roasters*
Lilla, Brasilien: *www.lilla.com.br/website/produtos/cafe/*
Bühler Group, Schweiz: *www.buhlergroup.com/global/de/produkte.htm*
Fuji Royal, Japan: *www.fujiko-ki.co.jp/eng/index.html*
Genio Roasters, Südafrika: *genioroasters.co.za*

Maße und Gewichte

Längenmaße

1 inch (in) 1“		= 2,54 cm
1 foot (ft) 1‘	= 12 inches	= 30,48 cm
1 yard (yd)	= 3 feet	= 91,44 cm
1 furlong (fur)	= 220 yards	= 201,17 m
1 mile (m)	= 1760 yards	= 1,609 km
1 league	= 3 miles	= 4,828 km

Handelsgewichte

1 grain		= 0,0648 g
1 dram (dr)	= 27,3438 grains	= 1,772 g
1 ounce (oz)	= 16 drams	= 28,35 g
1 pound (lb)	= 16 ounces	= 453,59 g
1 stone	= 14 pounds	= 6,348 kg
1 quarter	= 28 pounds	= 12,701 kg

Temperaturumrechnung

Fahrenheit ► Celsius

°F	°C
0	–17,8
32	0
50	10
70	21,1
90	32,2
98,4	37
212	100

Zur Umrechnung 32 subtrahieren und mit 5/9 multiplizieren:
Beispiel:
50 °F–32 = 18 × 5/9 = 10 °C

Celsius ► Fahrenheit

°C	°F
–10	14
0	32
10	50
20	68
30	86
37	98,4
100	212

Zur Umrechnung mit 9/5 multiplizieren und 32 addieren:
Beispiel:
10 °C × 9/5 = 18 + 32 = 50 °F

Literaturverzeichnis

Allen, Stewart Lee: Ein teuflisches Zeug. Auf abenteuerliche Reise durch die Geschichte des Kaffees. Frankfurt am Main 2003.

Baltes, W.: Lebensmittelchemie. Berlin u.a. ^{3}1992.

Ders.: Röstaromen. In: Deutsche Lebensmittelrundschau 75 (1979) 2-7.

Ders.: Die Bedeutung der Maillard-Reaktion für die Aromabildung in Lebensmitteln. In: Lebensmittelchemie und gerichtliche Chemie 40 (1986) 49-54.

Banks, Mary: The World Encyclopaedia of Coffee. London 1999.

Barham, Peter: The Science of Cooking. Berlin u.a. 2001.

Bersten, Jan: Coffee floats, tea sinks. Sidney 1993.

Buchner, N.: Die Alterung von geröstetem Bohnenkaffee. Gordian: Internationale Zeitschrift für Lebensmittel und Lebensmitteltechnologie 58 (1959).

Bürgin, G.; Wolf, K.; Ulbrich, V.: Warenkunde Kaffee und Tee. Leipzig 1963.

Ciupka, Paul: Kaffee. Ein Lehrbuch in enger Anlehnung an die Praxis. Hamburg 1937.

Ders.: Taschenbuch des Kaffee-Fachmannes. Hamburg ^{2}1949.

Ders.: Kaffee-Röstkursus. Hamburg 1949/1950.

Clarence-Smith, W. G.: The global coffee economy in Africa, Asia and Latin America, 1500-1989. Cambridge 2002.

Clarke, R. J.; MacRae, Robert: Coffee. 6 Bde.: Chemistry; Technology; Physiology; Agronomy; Related beverages; Commercial and technico-legal aspects. Oxford 2001.

Clifford, Michael N.: Coffee. Botany, biochemistry and production of beans and beverage. London 1985.

Davids, Kenneth: Coffee. A guide to buying, brewing and enjoying. New York ^{5}2001.

Ders.: Home Coffee Roasting. Romance and revival. New York 2003.

Douwes Dekker, Eduard [alias Multatuli]: Max Havelaar oder die Kaffeeversteigerungen der Niederländischen Handelsgesellschaft. 1860, Neudruck 1997.

Dürr, Simon (Red.): Kaffee: Röstereien in Deutschland. Manufakturen und Spezialitäten-Röster. Stuttgart 2004.

Eccardi, Fulvio; Sandali, Vincenzo: Coffee, A Celebration of Diversity. 2002.

Edelbauer, Leopold J.: Kaffee. Alles über ein Genußmittel, das die Welt veränderte. Wien 2000.

Ferre, Felipe: Kaffee. Eine Kulturgeschichte. Tübingen 1981.

Flament, Ivon: Coffee flavour chemistry. Chichester und New York 2002.

Graeber, David: Schulden. Die ersten 5000 Jahre. Stuttgart 2012.

Hoffmann, James: Der Kaffeeatlas. Die ganze Welt des Spitzenkaffees. München 2015.

Huschke, Reinhard: Industrielle Kaffeeveredelung. München 2007.

Illy, A.; Viani, R.: Espresso Coffee: The Chemistry of Quality. San Diego 1995, 2005.

Illy, F.; Illy, R.: Kaffee. München 1994.

Jansen, Gerhard: Rösten von Kaffee. München/Emmerich 2006.

Jacob, Heinrich Eduard: Sage und Siegeszug des Kaffees: die Biographie eines weltwirtschaftlichen Stoffes. Berlin 1934, Neudruck München 2006.

Kandel, E. R.; Jessel, T. M.; Schwartz, J. H. (Hg.): Neurowissenschaften. Eine Einführung. Heidelberg 1996.

Kienreich, Martin: FAQ Kaffee. Ein Handbuch über Kaffeewelten. Mannheim 2009.

Klinke, Rainer; Silbernagl, Stefan: Lehrbuch der Physiologie. Stuttgart 1994, ^{2}1996, ^{4}2003.

Leeb, Thomas; Rogalla, Ingo: Perfekt zubereitet: Kaffee, Espresso und Barista. München 2002.

Lenoir, Jean: Le nez du Café. Editions Jean Lenoir 1997.
Lima, Darcy R.: Coffee, a Medicinal Plant: All About Coffee and Its Effects on Human Health. New York 1990.
Mai, Jürgen K.; Mallebrein, Benigna: Sensi di Vini. Die Weinprobe findet im Kopf statt. Bozen: 2005.
Maier, Hans Gerhard: Kaffee. Berlin und Hamburg, 1981.
Moldvaer, Anette: Das Kaffee-Buch. Sorten, Anbaugebiete, Barista-Wissen und Rezepte aus der ganzen Welt. München 2014.
Müller, Edgar: Kaffee und Rösten. Ein Handbuch über die Beurteilung der Kaffeesorten, über das Rösten und die Zubereitung von Kaffee. Hamburg 1929.
Rao, Scott: Everything But Espresso. USA 2010.
Rao, Scott: The Professional Barista's Handbook. USA 2008.
Reiter, Bernhard: Der perfekte Barista. Freising 2010.
Rothfos, Jan Beernd; Lange, Hans (Hg.): Kaffee – Die Zukunft. Hamburg 2005.
Rothfos, Bernhard: Kaffee – Der Verbrauch. Hamburg 1984.
Ders.: Kaffee – Die Produktion. Hamburg 1979, ^{2}1982.
Ders.: Kaffee-Handbuch. Hamburg 1960.
Rotzoll, Frieder; Müller-Henniges, Hans Georg: Kaffee-Bibliothek. Hamburg: Deutscher Kaffee-Verband e.V. 1997.
Dies.: Kaffee-Digest 5: Unternehmen Kaffeespezialitäten. Hamburg: Deutscher Kaffee-Verband e.V. 1999.
Schiaffino, Mariarosa: Le ore del caffè. Mailand 1983.
Schorrmüller, Josef (Hg.): Handbuch der Lebensmittelchemie, Bd. VI: Alkaloidhaltige Genußmittel, Gewürze, Kochsalz. Berlin u.a. 1970 (Überarb. d. Ausg. von 1934).
Sivetz, Michael; Foote, H. Elliot: Coffee Processing Technology. Westport, Connecticut, 1963.
Söhn, Gerhart: Kleine Kaffee-Kunde. Hamburg 1955, ^{2}1956, ^{3}1957, ^{4}1964.
Spriestersbach, Hans: Rohkaffee von A-Z. Hamburg ^{2}1962.
Streuli, H.: Röstaromen. In: Solms, J.; Neukom, H.: Aroma und Geschmacksstoffe in Lebensmitteln. Zürich 1967.
Teutsch, Ingo Armin: Einfluß der Rohkaffeeverarbeitung auf Aromastoffveränderungen in gerösteten Kaffeebohnen sowie im Kaffeegetränk. Diss. TU München 2004.
This-Benckhard, Hervé: Rätsel der Kochkunst – naturwissenschaftlich erklärt. München 1998, ^{8}2003.
Trautwein, Ellen: Untersuchungen über den Gehalt von freien und gebundenen Aminosäuren in verschiedenen Kaffee-Sorten sowie über deren Verhalten während des Röstens. Diss. Univ. Kiel 1987.
Trillich, Heinrich: Rösten und Röstwaren. München 1934.
Troost, Gerhard: Technologie des Weines. Stuttgart ^{5}1980.
Ukers, William H.: All About Coffee. ^{2}1993.
Verbraucherzentrale Nordrhein-Westfalen (Tel. 0180/5001433): Durstlöscher Wasser. Düsseldorf 2005.
Vitzthum O.G.: Chemie und Bearbeitung des Kaffees in: Eichler O.: Kaffee und Coffein, Berlin, Heidelberg, New York 1976.
Wechselberger, Johanna; Hierl, Tobias: Das Kaffeebuch. Für Anfänger, Profis und Freaks. Wien 2014.
Wechselberger, Johanna: Filterkaffee. Wien 2013.
Wintgens, Jean Nicolas: Coffee: Growing, Processing, Sustainable Production. Weinheim 2004.
Wrigley G.: Coffee. London 1988.

Register